# 群學肄言

# The Study of Sociology

赫伯特・斯賓塞
Herbert Spencer 著
嚴復 譯

臺灣商務印書館

# 救亡圖存，富國利民

## 臺灣商務印書館重印嚴復先生翻譯名著叢刊序

祖父嚴幾道先生，身當清末衰頹之世，首先有系統的把西方的觀念和學說引進中國，因為他看到了中國面對的危機，必須救亡圖存，全盤維新。祖父的一生，他的所學、所思、所為，離不了憂國之心，愛國之情。

祖父譯述之西方名著，包括《天演論》、《原富》、《社會通詮》、《群己權界論》、《孟德斯鳩法意》、《群學肄言》、《名學淺說》、《穆勒名學》等八部巨著，原先已由商務印書館出版，稱「嚴復先生翻譯名著叢刊」，絕版已久。現臺灣商務印書館決定重新編排發行這八本書，以饗讀者。囑我為序，謹識數語，以表我對祖父的思慕。

一八九四年甲午戰爭之敗，給祖父的刺激最深，當年十月他給長子嚴璩的書信中痛心的說，清廷「要和則強敵不肯，要戰則臣下不能」，國事敗壞至此，非變法不足以圖存。他接著在一八九五年發表了四篇充滿血淚的文章，「論世變之亟」、「原強」（原強續篇）、「闢韓」、「救亡決論」，提出中國振衰起敝的辦法，強調必須認清中國人自己的缺點，吸收西方的優點，以「鼓民力」、「開民智」、「新民德」，再造富強，所以有學者認為嚴復是清末維新運動中一位最傑出的思想家和言論家，誠可信也。

祖父是一位典型的中國知識分子，他對時代具有強烈的使命感，以天下為己任，企盼國家富強，人民安樂。他服膺孟子「民貴君輕」的主張，所以他的「闢韓」論，駁斥韓愈「原道」中所謂「君者，出令者也⋯⋯民者，出粟米麻絲，作器皿，通貨財以事其上者也。」他說韓愈「只知有一人而不知有億兆」人民。祖父希望發揚的是西方自由主義啟蒙思想的民主概念，以「新民德」，而臻富強。

祖父一生，處於國力積弱、戰亂頻仍的時代，在政治上難以發揮，轉而引介西方學術思潮，從事中西文化的整合與重建工作，對中國現代化具有深遠的影響。

祖父的譯述工作，提出了「信、達、雅」之說，用力甚勤，故梁啟超曾說：「近人嚴復，標信達雅三義，可謂知言。」清末桐城派文學家吳汝綸也說：「文如幾道，可與言譯書矣！」又說：「自吾國之譯西書，未有能及嚴子者也。」今臺灣商務印書館重印祖父譯書八本，當可印證其歷久常新也！

祖父翻譯西方名著，重在思想之傳播，而非僅僅文字之傳譯，他認為「一理之明，一法之立，必驗之物事。物事而皆然，而後定之為不易。」所以他在譯書中也會表達自己驗證的意見，希望真正做到富國利民，以達不朽。

嚴倬雲　謹識

# 嚴復先生與商務印書館

一九二〇年代以前，商務印書館編譯所在創館元老張元濟的主導下，出版了許多介紹外國新知識的翻譯書，對中國的現代化產生重大的影響，其中影響最大的，應該是嚴復譯介英國學者赫胥黎（Thomas Henry Huxley）的《天演論》（Evolution and Ethics）。

## 翻譯《天演論》，影響深遠

達爾文（Charles Darwin）在一八三一年乘坐小獵犬號探險船環球旅行五年，蒐集有關物種進化的證據。回到英國後，又花了二十年的時間加以研究整理，到一八五六年開始寫作，一八五九年出版《物種原始》（Origin of Species），提出物種進化的證據，引起學術界和宗教界一片嘩然。

赫胥黎本來是反對物種進化理論的，當他看完達爾文的《物種原始》後，恍然大悟，從此非常積極支持進化理論，甚至於一八六〇年在牛津大學講堂，與威博佛斯大主教（Bishop Samuel Wilberforce）公開辯論，威博佛斯識笑赫胥黎的祖父母是否來自哪一個猿猴？

赫胥黎從此努力研究進化論，甚至提出人類進化的證據，證明猿猴與人類的大腦構造是相同的。他把有關的研究寫了許多本書，其中《進化與倫理》（Evolution and Ethics）是討論有關進化的倫理問題，提出物競天擇、適者生存等理論，於一八九三年出版。

## 留學英國，譯介西方名著

嚴復於一八五四年陽曆一月八日在福州出生，家中世代以中醫為業。十三歲喪父，遂放棄科舉之途，十四歲進入福州船政學堂學習駕駛，四年後成為學堂的第一屆畢業生，先後分發在「建威艦」、「揚武艦」實習五年。

一八七二年，他取得選用道員的資格（正四品，可以擔任地方主官），乃改名嚴復，字幾道，於一八七七年三月前往英國格林威治皇家海軍學院（The Royal Naval College, Greenwich）學習。兩年後學成返國，在他的母校福州船政學堂擔任教習，翌年升任天津水師學堂總教習，一八九〇年升為總辦（校長），但與李鴻章意見不合，有意另謀發展，一八九五年甲午戰後，開始在天津「直報」發表文章，主張變法維新。

一八九六年，張元濟進入總理衙門服務，開始勤讀英文，認識了嚴復。次年，在嚴復的協助下，張元濟創辦西學堂（後改名通譯學堂），傳授外國語文，聘請嚴復的侄兒嚴君潛擔任常駐教習。這一年（一八九七年），嚴復與夏曾佑等人在天津創辦「國聞報」，宣揚變法維新以圖存的主張，並開始連載刊登他所翻譯的《進化與倫理》，改名為《天演論》，介紹西方最新的「物競天擇、適者生存」理論。

一九〇五年《天演論》由商務印書館出版。嚴復在自序中說：「赫胥黎氏此書之指，本以救斯賓塞任天為治之末流，其中所論，與吾古人有甚合者，且於自強保種之事，反復三致意焉。」可見嚴復翻譯此書，正是要引介外國新潮流來啟發國人。

一八九八年，張元濟與嚴復都獲得光緒皇帝的召見，談到變法維新的問題。可惜百日維新在九月二十一日隨著「戊戌政變」而失敗，張元濟被革職，永不錄用，當年底回到上海，次年獲聘為南洋公學譯書院院長。梁啟超從天津搭船逃往日本，「國聞報」因為詳細刊登政變經過而被查封停辦。

## 商務出版《原富》等世界名著

一八九九年六月，嚴復將他翻譯的《原富》（即《國富論》，Adam Smith, An Inquiry into the Nature and Cause of the Wealth of Nations）寄給張元濟，南洋公學決定以二千兩銀子購買版權，嚴復同意，一九〇一年由南洋公學分冊出版。後來因為版稅沒有正常給付，嚴復再將《原富》交給商務印書館出版。

一九〇〇年義和團之亂起，嚴復離開天津避居上海，參加正氣會發起成立的中國議會，容閎被選為會長，嚴復被推舉為副會長。

張元濟在一九〇二年為商務印書館創設編譯所後，出版了很多本嚴復翻譯的書，除了《天演論》、《國富論》外，還有《群學肄言》（Herbert Spencer, The Study of Sociology, 1872, 商務在一九〇三年出版）、《群己權界論》（John Mill, On Liberty, 1859, 商務在一九一七年購得版權）、《穆勒名學》（John Mill, A System of Logic, 1843, 商務在一九〇三年出版）、《社會通詮》（Edward Jenks, A History of Politics 商務在一九〇三年出版）、《孟德斯鳩法意》（Montesquieu, Spirit of Law, 1750 Thomas Nugent 英譯本，商

務一九〇六年出版）、《名學淺說》（William Stanley Jevons, Primer of Logic, 1863, 商務一九〇九年出版）。（《勇往向前─商務印書館百年經營史》，臺灣商務出版）

《穆勒名學》上半部在一九〇五年由南京金粟齋木刻出版，一九一七年十一月二十七日由張元濟購得版權，並請嚴復繼續把書譯完。

商務印書館也曾在一九〇四年出版嚴復編寫的《英文漢詁》（英漢辭典），提供讀者另一本研讀英文的工具書。

《天演論》是影響最大的一本書，銷行很廣，從一九〇五年到一九二七年，這本書共印行了三十二版，對當時的知識份子產生很大的刺激與影響（劉學禮，〈達爾文學說在近代中國〉）。後來馬君武等人也將達爾文的《物種原始》翻譯出書。臺灣商務印書館在臺刊行北京商務印書館新譯的《物種原始》，列入OPEN系列。《天演論》在臺灣仍然一再發行。

嚴復在一九一〇年曾獲宣統皇帝賜予文科進士出身，並擔任海軍部協都統、資政院議員。一九一二年京師大學堂更名為北京大學校，嚴復擔任首任校長，但到十一月間即辭去校長職務，次年擔任總統府外交法律顧問，發起組織「孔教會」。一九一四年曾擔任參政院議員，參與憲法起草工作。

一九一六年袁世凱死後，嚴復避禍於天津。一九二〇年氣喘病久治無效，回到福州養病，一九二一年十月二十八日病逝，享年六十九歲。

嚴復一生最大的成就是，致力翻譯介紹西方思想，商務印書館全力協助出版，對中國的現代化產生了重大的影響。他所翻譯的書，提倡「信雅達」，以半文言寫作，至今仍然流傳在世。

臺灣商務印書館自九十七年（二〇〇八年）起，推動臺灣商務的文化復興運動，要將商務歷年出版或已絕版的知識好書，重新增修編輯發行。「嚴復先生翻譯名著叢刊」的重新編輯出版，正是為了推介嚴復當年翻譯西方文化名著的成就，同時也希望新一代的讀者能夠重新閱讀世界文化名著，共同創造我們這一代的文化復興。

臺灣商務印書館董事長　王學哲　謹序

二〇〇八年十一月十二日

# 嚴復先生翻譯名著叢刊總目

第一種天演論

Thomas Henry Huxley: Evolution and Ethics

第二種原富

Adam Smith: An Inquiry into the Nature and Cause of the Wealth of Nations

第三種社會通詮

Edward Jenks: A History of Politics

第四種群己權界論

John Stuart Mill: On Liberty

第五種孟德斯鳩法意

Montesquieu: Spirit of Laws

第六種群學肄言

Herbert Spencer: The Study of Sociology

第七種名學淺說

William Stanley Jevons: Primer of Logic

第八種穆勒名學

John Stuart Mill: A System of Logic

# 嚴復先生翻譯名著叢刊例言

一　嚴幾道先生所譯各書，向由本館出版，久已風行海內，茲特重加排印，彙成一套，並將嚴先生之譯著，向由他處出版者，亦徵得原出版處同意，一律加入，以臻完備。並精校精印，版式一律，既易購置，尤便收藏。

二　本叢刊共分八種，乃輯合嚴先生所翻譯之著作而成，至嚴先生之著作，不屬於譯本之內者均未輯入。

三　嚴先生之譯名，為力求典雅，故多為讀者所不能明瞭，且與近日流行之譯名不盡同；本叢刊在每冊之末，均附有譯名對照表，一面將原文列出，一面將近日流行之名詞，附列於後，使讀者易於明瞭。

四　凡書中所引之人名地名，均分別註明，以便讀者易於查考。

五　書中各名詞之用音譯者，則將其原文引出，以便讀者知其音譯之本字為何。

臺灣商務印書館謹識

# 譯例言

譯事三難信達雅。求其信已大難矣。顧信矣不達。雖譯猶不譯也。則達尚焉。海通已來。象寄之才。隨地多有。而任取一書。責其能與於斯二者則已寡矣。其故在淺嘗。一也。偏至。二也。辨之者少。三也。今是書所言。本五十年來西人新得之學。又為作者晚出之書。譯文取明深義。故詞句之間。時有所值到附益。不斤斤於字比句次。而意義則不倍本文。題曰達恉。不云筆譯。取便發揮。實非正法。什法師有云。學我者病。來者方多。幸勿以是書為口實也。

西文句中名物字。多隨舉隨釋。如中文之旁支。後乃遙接前文。足意成句。故西文句法。少者二三字。多者數十百言。假令仿此為譯。則恐必不可通。而刪削取徑。又恐意義有漏。此在譯者將全文神理。融會於心。則下筆抒詞。自善互備。至原文詞理本深。難於共喻。則當前後引襯。以顯其意。凡此經營。皆以為達。為達即所以為信也。

易曰脩辭立誠。子曰辭達而已。又曰言之無文。行之不遠。三者乃文章正軌。亦即為譯事楷模。故信達而外。求其爾雅。此不僅期以行遠已耳。實則精理微言。用漢以前字法句法。則為達易。用近世利俗文字。則求達難。往往抑義就詞。毫釐千里。審擇於斯二者之間。夫固有所不得已也。豈釣奇哉。不佞此譯。頗貽艱深文陋之譏。實則刻意求顯。不過如是。又原書論說。多本名數格致。及一切疇人之學。倘於之數者向未問津。雖作者同國之人。言語相通。仍多未喻。矧夫出以重譯也耶。

新理踵出。名目紛繁。索之中文。渺不可得。即有牽合。終嫌參差。譯者遇此。獨有自具衡量。即義定名。顧其事有甚難者。即如此書上卷導言十餘篇。乃因正論理深。先敷淺說。僕始繙卮言。而錢塘夏穗卿曾佑病其濫惡。謂內典原有此種。可名懸談。及桐城吳丈摯父汝綸見之。又謂卮言既成濫詞。懸談亦沿釋氏。均非能自樹立者所為。不如用諸子舊例。隨篇標目為佳。穗卿又謂如此則篇自為文。於原書建立一本之義稍晦。而懸談懸疏諸名。懸者半也。乃會撮精旨之言。與此不合。必不可用。於是乃依其原目。質譯導言。而分注吳之篇目於下。取便閱者。此以見定名之難。雖欲避生吞活剝之誚。有不可得者矣。他如物競天擇。儲能效實諸名。皆由我始。一名之立。旬月踟躕。我罪我知。是存明哲。

原書多論希臘以來學派。凡所標舉。皆當時名碩。流風緒論。泰西二千年之人心民智係焉。講西學者所不可不知也。茲於篇末。略載諸公生世事業。粗備學者知人論世之資。

窮理與從政相同。皆貴集思廣益。今遇原文所論。與他書有異同者。輒就譾陋所知。列入後案。以資參考。間亦附以己見。取詩稱嚶求。易言麗澤之義。是非然否。以俟公論。不敢固也。如曰標高揭己。則失不佞懷鉛握槧。辛苦迻譯之本心矣。

# 訂正群學肄言序

余與嚴子幾道。雖同里閈。而少不相習。嚴子厚余。嘗數千里外。寄所述作相示。余於嚴子之作。亦無所不讀。尤喜群學肄言一書。其版久逸。因以重印請。嚴子曰。子肯為一序者。吾從子請余何足以序此書。顧望其行世則不能不勉一言矣。余嘗家居讀書報。從女君珈侍側。恆作而問曰。某與某孰賢。某事利害何若。余必誦孔子之言曰。言不可以若是其幾也。蓋少年盛氣、師心自用、論議古今人是非得失。若老吏高坐堂皇片言折獄。曾不稍假思索。豈知天下事理、恆有兩端。是非相表裏。得失相倚伏。執其一端。以概其餘。又何怪其言之易。群之為事。極天下之至。賾建一議。行一策。欲徵其效。近者數年。遠者數十百年。影響所及。或且遍于世界萬國。其關係之鉅若是。乃世之言群治者。以為可不學而能。隨吾意所至。信口以道。曾若無所庸心。無怪乎。人人言群治。日日言群治。而群治終不進也。群學肄言一書。幾二十萬言。千端萬緒。而極其究竟。亦曰群治之難言耳已。亦曰。言群治者之必由學耳已夫。苟誠知群學之難。

學之必精。言之必慎。其庶幾矣。嚴子所譯著。大半言群治。而是書實為先導。吾敢正告世之喜談群治者。曰。欲讀嚴子之書。必先讀群學肆言。長樂高鳳謙序。

# 譯群學肄言序

群學何。用科學之律令。察民群之變端。以明既往測方來也。肄言何。發專科之旨趣。究功用之所施。而示之以所以治之方也。故肄言科而有之。今夫士之為學。豈徒以弋利祿釣聲譽而已。固將於正德利用厚生三者之業有一合焉。群學者。將以明治亂盛衰之由。而於三者之事操其本耳。斯賓塞爾者。英之耆宿也。殫年力於天演之奧窔。而大闡其理於民群。蓋所著之會通哲學成。其年已七八十矣。以其書之深廣。而學者之難得其津涯也。乃先為之肄言。以導厥先路。二十年以往。不佞嘗得其書而讀之。見其中所以飭戒學者以誠意正心之不易。既已深切著明矣。而於操枋者一建白措注之閒。輒為之窮事變。極末流。使功名之徒。失步變色。俛焉知格物致知之不容已。乃竊念近者吾國。以世變之殷。凡吾民前者所造因。皆將於此食其報。而淺譾剽疾之士。不悟其所從來如是之大且久也。輒攘臂疾走。謂以旦暮之更張。將可以起衰。而以與勝我抗也。不能得。又搪撞號呼。欲率一世之人。與盲進以為破壞之事。顧破壞宜矣。而所建設者。又未必其果有合也。則何如稍審重。而先咨於學之為愈乎。誠不自知其力之不副。則積朞月之勤。為迻譯之如左。其敘曰：

含靈秉氣。群義大哉。彊弱明闇。理有由來。哀此流俗。不知本始。在筌忘魚。操刃傷指。譯**砭愚第一**。

執果窮因。是惟科學。人事紛綸。莫之掎摭。雖無密合。寧尠大同。籀此公例。彪彼童蒙。譯**倡學第二**。

真宰神功。曰惟天演。物競天擇。所存者善。散曰么匿。聚曰拓都。知微之顯。萬法所郛。譯**喻術第三**。

道巽兩間。物奚翅萬。人心慮道。各自為楦。永言時位。載占吉凶。所以東聖。低佪中庸。譯**知難第四**。

難首在物。是惟心所。傳聞異辭。相為旅距。見者支葉。孰察本根。以槿議椿。如蝨處褌。譯**物蔽第五**。

主觀二義。曰理與情。執己量物。哀此心盲。簡不逮繁。小不容大。滯礙僻堅。舉為群害。譯**智絯第六**。

憂喜惡欲。皆使衡差。以茲目眚。結彼空花。所嚴帝天。所畏魔蝎。以是言群。幾何能達。譯**情瞀第七**。

心習少成。由來學最。楊取為我。墨尚兼愛。偏至之德。所傷實多。曷建皇極。以救厥頗。譯學詖第八。

民生有群。而傅以國。竺我忘人。愛或成賊。反是為粤。矯亦失中。惟誠无妄。其例乃公。譯國拘第九。

演深治久。群有眾流。以各爭存。乃交相鰌。或怒譸張。或怨施奪。民德未隆。安往不剌。譯流梏第十。

國於天地。基命黔首。云何胥匡。獨責元后。朝有政黨。樂相詆諆。元黃水火。鑒蔀衡迻。譯政惑第十一。

天人之際。宗教攸資。聽神蔑民。群治以衰。舉人代天。教又不可。釋景猶回。皆有負荷。譯教辟第十二。

夫惟知難。學乃殆庶。厲於三科。曰玄閒著。玄以觀法。閒乃窮因。習著知化。乃凝於神。譯繕性第十三。

一神兩化。大德曰生。咨此生理。群義以明。群實大生。而生之織。欲觀拓都。視此么匿。譯憲生第十四。

我閒佛說。境胥心造。化萬不同。肇於厥腦。主道齊者。民情是田。不洞幽漠。孰知陶甄。譯述神第十五。

惟群有學。以因果故。去私戒偏。來導先路。盍勿孟晉。猶懷蘧廬。譯此懸論。敢告象胥。譯成章第十六。

# 譯餘贅語

群學肄言。非群學也。言所以治群學之塗術而已。此書樞紐。在知難一篇。其前三篇。第一砭愚。言治群之不可以無學。第二倡學。明此學之必可以成科。❶第三喻術。則隱栝本科大義。凡此皆正面文字也。顧治斯學有甚難者。一曰在物之難。次曰在心之難。三曰心物對待之難。故第五物蔽。所以著在物之難也。而在心之難。又分兩義。有見於理者。故第六稱智絯。有見於情者。故第七曰情瞀。是二者之惑不祛。未見其人之可與論治化也。若夫心物對待之難。則意逐境遷。一視其人之所薢茩。略而舉之。則所承之學。所生之國。所業之流。所被之政。所受之教。斯其尤大犖犖者矣。蓋作者之意。以謂道之不明。起於心物學交蔽。故為學之方。始於解惑。假其篤時拘虛。雖學未必不為害。又必知其難之所在。而後省察克治之功有所施。此前八篇意也。雖然知其難矣。使徒知之。於脩己治人考道講德之功。猶未濟也。則亦不足以與於斯學。故繕性尚焉。今夫學有三科。而各有姱心之用。必於學之事無闕。而後於心之德無虧乃至群學。則有其尤切者。自民質言之。則生理也。自民彝言之。則心靈也。故言憲生矣。而繼之以述神。君子由此。庶幾為成章之達。而與言民生治道。可以弗畔矣夫。

荀卿曰。民生有群。群也者。人道所不能外也。群有數等。社會者。有法之群也。社會。商工政學莫不有之。而最重之義。極於成國。嘗考六書文義。而知古人之說與西學合。何以言之。西學社會之界說曰。民聚而有所部勒❷祈嚮者。曰社會。而字書曰。邑。人聚會之稱也。從口有區域也。從卪有法度也。西學國之界說曰。有土地之區域。而其民任戰守者曰國。而字書曰。國古文或。從一。地也。從口以戈守之。觀此可知中西字義之冥合矣。

東學以一民而對於社會者稱箇人。社會有社會之天職。箇人有箇人之天職。或謂箇人名義不經見。可知中國言治之偏於國家。而不恤人人之私利。此其言似矣。然僕觀太史公言小雅譏小己之得失。其流及上。所謂小己。即箇人也。大抵萬物莫不有總有分。總曰拓都。譯言全體。分曰幺匿。譯言單位。筆拓都也。毫幺匿也。飯拓都也。粒幺匿也。國拓都也。民幺匿也。社會之變象無窮。而一一基於小己之品質。是故群學謹於其分。所謂名之必可言也。

斯賓塞氏自言。此書為旁及之作。意取喻俗。故其精微潔淨。遠不逮會通哲學諸書。不佞讀此在光緒七八之交。輒歎得未曾有。生平好為獨往偏至之論。及此始悟其非。竊以為其書實兼大學中庸精義。而出之以翔實。以格政誠正為治平根本矣。每持一義。又必使之無過不及之差。於近世新舊兩家學者。尤為對病之藥。雖引喻發揮。繁富弔詭。顧按脈尋流。其義未嘗晦也。**其繕性以下三篇。真西學正法眼藏。智育之業。舍此莫由。**斯賓塞氏此書。正不僅為群學導先路也。

又是書出版當一千八百七十三年。去今蓋一世矣。其中所有譏彈之時事。今日什九皆非其故。東方學者。聞見囿於一隅。於彼所言。將嫌渺不相涉。雖然寓言十九。皆筌蹏也。寓言交臂成故。所寓歷古猶新。使學者有所住而生其心。則所論者雖取本國目前事實。猶無益耳。

## 附註

❶ 凡學必其有因果公例可以數往知來者。乃稱科學。

❷ 東學稱組織。

# 目錄


砭愚第一……001
倡學第二……022
喻術第三……047
知難第四……072
物蔽第五……076
智絯第六……113
情瞀第七……145
學詖第八……178
國拘第九……209
流梏第十……242
政惑第十一……266
教辟第十二……297

繕性第十三……323
憲生第十四……340
述神第十五……372
成章第十六……402

# 砭愚 第一

每歲田功告隙。三五佃傭。銜菸斗。揚酒巵。箕坐山邨酒肆間。盛氣高談。言牛疫盛行。議院毫無補救之術。農頭揎拳抵几。栖棧鏗然。罵今歲屠牛。利入曾無往時之半。皆當官不恤民依之所致也。更論農商利病。輒云某事當興。某令當廢。極口無所疑難。氣象大似護商律初罷時當彼時鄉民皆言。本國稅重。使此令果除。將他國輕稅之貨。源源入市。與本國重賦者競。事如此。有不知其妨民病國者。非妄則愚耳。

以下言民所以易為政論而責上無倫者。坐知識微淺之故。且不獨小民為然。士大夫時亦有是。

聞者曰。無惑乎其如此也。隴畝小民。未嘗學問。謀生不越手口間。胡能慮遠。乃試與觀績學都人士之持論。其言民生也。嘗曰奢侈雖非。然利小民生計。民有告饑饉苦乏絕者乎。斂財振之。無餘事矣。夫由前之說。是徒知業可養民。而所產者之利害損益。為漏巵否。有後利否。舉不論矣。由後之說。是徒知財可振貧。而不知此之所贏。彼之所絀。此財未用為振之先。非無所用也。選材鳩工。待斯而辦。貨賴以殖。民賴以蘇。今既裒之以養無業之游民。則待此而業者。其數必減。況振者彌多。待振彌眾。振之之力有時而極。待振之困無時而輕。世固有以仁術得至不仁之效者。此類是已。今夫生與食二者之間。理至繁賾。紛紜委曲。殆難猝明。其人言易若此。何怪詖辭謬論。旋闢旋熾者乎。總之。常智論事。知近因而不知遠因。見近果而不見遠果。如是而言國計秉國成。國焉得以不病。

民智愈淺。則希望彌奢。其責上也亦彌重。謂興利除弊。官自不為。果其為之。何莫不舉。日者太晤士報。以商船之多沈碰。遂謂國家宜立監督海郵之官。不悟海軍戰艦。一歲沈者兩艘。其三僅免。兼督商船。果遂濟乎。又某報論民間築室。漫無定制。國家應設總營造司。繪式頒圖。俾其循用。不見官營坊表。所造官廨。形制劣惡。見譏行路。或又謂倫敦屋密人稠。氣水渾濁。國家宜設衛生之官。為埽除之隸。庶免積溷。以生厲災。不聞郎波拉疫。即由官濬地溝非法所致。或又言鐵路公司。多相排軋。不能得利。宜改官辦。一切整齊。則又不知國家庶政已繁。海部船廠軍政刑獄邦交殖民。百司紛紜。方滋謬戾。報章私著。屢書特書。加以鐵路。詎即稱善。夫議院者。吾英最重之寺署也。而乃謀一疏氣之方。費帑二十萬鎊。名師大匠經營期年。迄無成績。他何論焉。彼責備執政之人。終罔聞覺。今日則謂宜備輕息母本。俾民資生。明日又謂宜廣嬰堂。以收民孽。**主事者愈不勝任。責事者日以益多。一若官固無所不能也者。**法國公主聞人餓死。驚謂左右。救飢最易。何遽令死。聞者哂之。可哂者獨法公主耶。

**品物理簡。民群理繁。**世未有不精於格物。而長於治國者。經一人家。聞主若僕言。圍爐鼓炭。但以鐵桿橫庋爐櫺。則炭自熾。火之益烈。桿實為之。又言合席促坐。人數不可十三。犯者其一不利。夫人在淺近易明之端。於因果相及之致。妄誕不根如此。則國群之立。政教之行。微眇奧殫。仟萬於此。冀其能明。真無望爾。發言輕易。責備不倫。亦其所也。**又凡人有崇拜鬼神之意者。其於國家政府也。亦以崇拜鬼神之意行之。**耶穌教徒。見異邦人禋祀像偶。戚然以為大愚。謂像者人所自造。雕范土木。橫施丹青。幾何能靈。乃從求福。此其愚之是也。**獨不悟國家之與像偶。大小相殊。等為人造。蠻夷以一部之貨財力役。造為偶像。信其有無限之威靈。吾人亦出通國之賦**

以下言未學之夫於尋常物理。且以不明其於群理昧昧固無足怪。

稅征繇。建一國家。信其有無窮之能力。君公大夫士。受俸食租職司典常。以治人為業。篤而論之。與里社之鳩資選長。有以異乎。且既為一社公立之長矣。故其人亦以一社之智慧為智慧。以一社之權力為權力。使里社貧而無資。愚而無識。則其長之能事亦窮。此不必甚智之夫而後能喻也。何獨至於論政。則若政府無所不能。初無待賦稅征繇而皆舉。見一事當興。則瞋目語難曰。奈何不圖是以福我。及征調煩苛。官吏宂雜。又蹙頞相告曰。奈何竟為是以苦我。彼直以國家為無事於民智與民力也。往者格物道淺。有欲為常動不息之機者。迄以無效。逮奈端、格里遼諸公出。發明全力常住之理。乃知用力少成功多。為宇內絕無之事。汽機一頃不煤。則歇。人身一日不飯。則飢。今之責望國家者。皆欲造不息機者也。惟然。故謂國群盛衰。盡由法制。恃吾法制。弱民可使為強國。貧民可使為富國。愚民可使為智國。此何異夢食求飽者乎。

夫格致不明。無以與於治平之理。固矣。然而明格致者。亦未必遂與於治平也。每有格物之家。與論國群之事。及政教風俗所由然。與常智殊不相遠。豈民群之理。果奧博精微不易見歟。抑人心聳於變

以下言雖有格物學。人然亦於物理

故之繁。遂熒而不知其一體也。今夫變萬不同。要皆相推以質力。質力二物。又皆常住。常住故不生滅。不生滅故不增減。不生滅不增減。故不能自無而有。自有而無。**是故用力少而成功多者。言乎其權藉也。設無權藉。則屈申相報。不爽毫釐。**此不獨天運為然。形氣動植。乃至感情思理。莫不如是。何獨於群而疑之。**且群者合眾萬之生以為生。有官知神欲之大物也。**故其消息盈虛之致。與一切生理可參伍焉。**有一事之效實。必先有一事之儲能。方其效實。儲能以消。而是效實。又為儲能。展轉相生。不可終究。其中果必承。因品數相倚。斷可識也。**格致之家。用此例於他所則無疑。論群則依違之。噫、使質力常住一語。可以依違。非最大公例矣。

**達於理之謂學**。明於權之謂方。理賾則學彌難。權微則方彌審。群治進。分功密。術業有專家。未有不治其學。不通其方。能然否是非於其際者。忒德者。英數家之眉目也。講方維術。❶以窮力理之艱深。亨蒙、和志者。德格物家之職志也。唱二量空間之說。謂外緣若異。幾何形理有不信時。二者近世理數最深之說也。今使不精象數之人。聞忒、亨二子之言。妄參論議。則疇人笑之。顧與名數專家。論

則密於群理。則疏中用日中黑子一事以見其於物情之不苟。以形其於群理之忽疏。

政教繁難之事。彼乃矢口論斷。絕無疑難。意蓋謂天下惟象數之理。乃有艱深。若政教固盡人能喻者。豈知二者難易之分。正與所言相反耶。**夫象數之理。縱極幽糸。其所據之今有。❷必先周知其用事之物。亦有限域。獨至國群。一事之本原流變。往往迎不見首。從不見尻。其今有既不周知。用事之物。又常無限。其曼衍蕃變之情。皆象數所無有。**由此言之。孰難孰易。然彼卒易之何也。曰。惟其不知。故以為易。

格物之學。無論天地人物動植身心。遇一回穴之題。疑似之理。必實測以求至確之證。明辨而運至精之思。比及會通。然後標為公例。不妄斷也。此舉一二事。可概其餘。夫天學至今。可謂精審。而疇人聚訟。莫若日中之黑子。蓋知黑子為何物。則日之體質。由此可推。故汲汲若此。論次諸家之說。以韋理森為最先。其說曰。太陽外輪。為自發光氣。猶地之風輪。再下則為雲輪。以裏日體不發光不透光之凝質。與大地同。日面見黑子者。外輪光氣震盪。如大地颶風。震盪故有襞積。襞積故有綻裂。黑子者。以綻裂而呈內質者也。全露則為深黑。半露則為闇虛。此璇璣遠鏡中所以見柳葉諸相也。是說維廉侯、失勒極主之。緣古人嘗持星球世界之說。意日球可住。等諸地球。又測黑子。常有窪陷之形。行至日旁。每呈微缺。故謂韋說可通。維廉之子約翰。紹隆家學。精過其父。駁曰。韋說雖足以解黑子之形。然據全力常住之理。**曜靈光熱二物。必當有所從來**。韋說於此無所發明。是為巨謬。今案太陽全體。乃極熱流質。能自發光。而自元始來光熱二度。不甚減者。由以攝力吸取本天散質。時時射入日體之故。其外輪純為光氣。布濩渙溢。乃諸金散氣所成。用析光陸離圖。❸可以驗也。是說也。與世界本始為涅菩星氣之說合。然則黑子究何物乎。嗣德人克齊、卡佛以析光陸離圖。測太陽本質。所有原行。與地球無異。異者彼流此凝而已。黑子者外輪金氣。摶結成雲。由其質稠。故隔光景。至種種變相。則日輪自轉甚駛致然。合而觀之。似於韋說為進矣。顧黑子變相。實與雲氣不倫。克氏之言。猶未得實。於是法費扆進曰。太陽外輪。誠能發光。內質則非凝非流。乃極熱氣。而無光彩。❹外輪震盪綻裂時。內氣衝鑄而出。遂見黑子。非他物也。細測黑子。常有自內外衝之相。其言中闇外明。亦有或然之理。則費氏之說。不可盡非。然有不可通者。日面黑子。常現迴旋之狀。又極熱氣。雖不自發光。然不隔光景。使近處見鎛。對徑之遠處猶明。理同觀空。不應見黑。漏此二義。其說未圓。最後約翰侯失勒乃折衷群言。斷以己見。論曰。**日體有決無疑義者。全體神熱。非人間一切諸電諸火所可方擬。一也。金氣騰上。化為光輪。苞舉全體。煊赫照耀。二也。日球中衡左右。若地員之赤道溫帶。常有大力斡旋。成羊角飆母之屬。三也。當迴旋處。中心成虛。❺壓力外椮。質點內吸。以其輕虛。熱度驟減。氣質凝沍。遂能隔光。四也。**以此四理。黑子情形。冰融雪解。而一切柳葉窪陷罔兩闇虛諸相。皆有真因可言。黑子之說。庶幾論定。雖然猶有疑者。蓋用約翰之說。凡有黑子。當盡旋形。而實測又不盡爾。豈為旋較。微遠難測耶。抑約翰之言。尚未盡耶。然則日中黑子一物。至今尚有疑義也。其格物之精。審理之嚴。有如是者。始也歷觀物變。繼乃即變為推。融會貫通。著為一說。稍有牴牾。即從棄捐。方其求解。非不先為懸擬。❻然必廣求實證。有以盡其變異紛紜。其立一公例也。且用且驗。未嘗為固。苟歷試不多。推較未廣。則寧視之為懸詞。不目之為定論。此格物內籀之大略也。至於實測試驗。亦不敢以所接物塵為實。外緣之差。既已謹為增減。內因之異。亦必以之乘除。譬如測天揆景。其儀器測位地徑蒙氣諸差。此外緣也。此外尚有人差。人差者。揆景紀時。目治手誌之交。腦脈之行。所差秒息。遲疾之度。人各不同。❼寒暑迭異。凡斯之類。皆必謹覈。誠哉窮理之道。無所苟也。

至於謀國議政。則又何如。國家立大政布大令時。試訊前此格物之家。以此政此令之利弊。則沛然云如是當利。如彼當弊。絕迴翔審顧之情者。常百人而九十九也。其同此政令。行於他群異族者。變象何如。未嘗一考也。其同此政令。行於本國前朝者。收效何若。未嘗一問也。設立是政。設布是令。與現行之政令果相得否。與一國之情勢。一群之民心。不牴牾否。未能細也。不立是政。不布是令。而任民物之自然。使各趣其所宜。不更善否。又未為計得失也。乃至國之能力。止有此數。甲有所長。乙有所消。今茲稱便。後或為梗。消者見於何許。梗者將為何形。期其鄭重宿留。愈非從政者所能辦矣。吾非謂彼於數者舉瞶瞶然無所計及也。縱其及之。而未嘗如格物之精審。固可決也。意其所考。將不過一時報抄之中。積年案牘之內。不通不賅。不精不詳。合於其意者據之。異於所云者堙之。其有高識遠睹之彥。為之甄綜史志。要刪國聞。以求其變滅之源委。則累世不一遇。又不幸前史體例。於國事常載其然。而不載其所由然。於帝王將相之舉動。雖小而必書。於國民生計之所關。雖大有不錄。故一群強弱治亂盛衰之故。至為難知。而積廚連軫之書。祇以紀淫侈爽德佞幸褻瑣之穢跡。兵家戰伐紛論。焚轟相斫。朝黨袄師。陰謀秘計。佹得佹失。於治理何關焉。則置之無足道也。其尤可異者。向也揆日觀象。必審人差。以不如是則目治者失其實也。雖然人差在測驗庶物者小。至於論世觀人。則所係至鉅。蓋人之情感理想。心習躬行。種業不同。居養相異。發言制行。人自為差。而當局者每不自覺。此賢不肖之所同也。故不審人差。則事多失實。顧世人在格致則致嚴。在治平則反忽。可謂倒置者矣。

雖在格物之家。其用思號研練有法。然亦觀物審而察群疏。近取數端。較而論之。可共證也。人目視物。若氣若水。皆成中塵。光線入眼。受其波折。物之形位。從以失真。譬若夜觀星象。皆較真位為高。彌近地平。折差彌大。臨水叉魚。若當影下叉。魚不可得。蓋其真位。常距視位尺許。彌深彌遠。此格物者所共喻也。顧乃觀人察

以下更為兩兩相形。見人群變端其繁賾難知真不亞於物

事。則不知亦有中塵。論古則盡信古人。談今則偏從時論。風氣之動。固符力理。然使衝旋排盪。為變已繁。斯難調御。故至今造室調氣。俾利居人。尚無定術。此又格物者所共喻也。顧乃國民謠俗。風會轉移。所趨何方。為力幾許。則視若弁髦。謂為易御。莫破質點。雖皆至簡。而二質相遇。愛拒之理。微渺難知。往往訢合成觀。超人慮外。此又格物者所共喻也。顧以人為質點。變化尤多。性品不同。聖狂互有。風潮接搆。運會遂成。則目為無奇。不資微驗。物境對待。變化因生。往往人意所思。違真千里。故北球之民。意夏令炎熇。地必近日。冬寒遠之。憑相實測。始訝不然。此又格物者所共喻也。顧乃民群對待。變境尤多。至於眾力相推。敏者莫測所至。而乃人自為說。皆若前知。因然果然。何假實測。物質化例。少常多奇。故二冷相和。或成涫熱。二清相雜。忽呈濁泥。爍金純白。手撓不糜。水入礦強。凝於紅鐵。此又格物所共喻也。顧乃人心殊致。合為群情。洎然相遭。都無異效。凡此比事為稱。殆難悉數。其用思違反。在不學者何足深訝。訝者以出於格致之家。彼將謂人事為無奇乎。然而人事難測。日有其徵。苟為宿留隨地可遇。夫行詢謀僉同之

理。見難於物而見易於群者。其知識之大謬可知。

政。其得效非始願之所期。成古未曾有之功。其操術為庸人之所笑。凡斯祈報相反之事。豈必曠覽一群。遠觀一代而後遇哉。夫優游暇豫之夫。宜其有所為作者也。然而徒有暇人。乃無暇晷。事功所就。轉在日不遑給之人。少年從學久者宜淹通。士人記誦博者宜明察。然而通才多晚學之夫。明智非記醜之士。今試以處置病風狂瘨之道。咨之眾人。必曰內檢既失。外束宜嚴。然而養風院中。用禁錮之舊法者煩擾。行寬弛之新術者便安。名醫杜克巴特治狂獨優。常言狂人逃思。與禁錮之力為正比例。禁錮盡去。逃思乃亡。古刑名家言。莫不曰禁民為非。須用重典。然吾英自魯密里修律以還。民之懷刑自重者日多。作奸犯科者日少。此不獨驗之於英已也。馬歌諾支驗之於那弗島。迪克森驗之於西新金山。倭巴米爾驗之於日耳曼。蒙德新奴驗之於西班牙。數公皆言。處治罪人。倘第收其身。期毋害群而止。則化民之術最神。非常智所夢見。嗟夫。使常智可用。何取於群學乎。

蓋民心入群之用。微眇難知。為治者恃其勢力。武斷主張。萬無一當之理。前舉數端。期於人人能喻。其因果之不測已若彼矣。此猶是言其同種並世者也。乃至異種殊世之人群。其因果尤未易測也。今但就吾人所知者以為揣。孰能知異邦種人。有為媚神之事。穿臂懸爐。抽矢臿肉。或割股冀以療親。或委身泥塗。輾轉匍匐數十百里。號進香以還願求福者乎。又本吾人之政俗以為推。孰能知東方之民。有代人斷頭。而得財與妻子者乎。則更觀上古。往者英國神甫。創為洗業天閽必待懺悔之說。乃卒使英國土地之半。盡歸教會。國家立永業不售之律。乃使都鄙之民。皆捨其田為墳墓。凡斯事效。夫豈造教立法者所前知哉。歐洲前古。王侯將相。大抵盜魁。橫恣睢盱。殆無人理。而孰知如是之夫。其身與子孫。持兵徒步萬里。不辭戰伐苦辛。求復耶穌之墓。且耶穌生時立教。言求天國尊榮。不主人間權力。詎知教行之後。有教皇者。號彼得宗徒。為數百年歐洲之共主。夫十字架。行暴之器也。兇埒炮烙。乃後世以為地基形制。必如是始建神堂。是知人心之行。發為群業。其因果之間。必有不可思議者矣。故吾得約舉之曰。**群之為物。無論觀於何種。察於何時。大抵一政之為用。一教之所祈。原始要終。其所求之效。不必得。或暫得而輒廢。而浸淫日久。恆遇其所不期者。**此亦一公例也。

群理難明。何待曠觀而後喻。察近知遠。即一人之身已可見矣。

夫一飯之所陳列。麪麰成於俄羅斯之麥。羹脯資於蘇格蘭之牛。薯蕷種於愛爾蘭之田。白餳製以摩理哈斯之蔗。胡椒致之雅墨加。蓉莉運諸身毒。酒醪釀於法蘭西。乾葡萄產於希臘。橘柚長於西班牙。鱗集臠萃。不可枚舉。乃至清水一杯。吾茲所飲。可謂至常無奇。若窮其所自。由瓨而川。由川而源。派交流別。千里為遙。更溯為雲為雨之時。則一口清涼。乃函蓋百千由旬海宇之物。苟於所飲所食。物物思所由來。將吾茲藐焉。乃無數原行。初徧大地。因緣際會。萃成是身。嗚呼。豈不繁哉。

有形有神。前言形之事也。乃至於神。凡吾人之知識性情。所鎜成其如是者。其繁賾殆過之而無不及。晨起飲茶而腹疾。可以推支那人之好欺。夜分歠酒而瞑眩。又以見德意志人之售偽。以吾國領事與阿泊沁尼亞王違言啟釁。致算緡有加。而汝之家之以乏。以北美富民不願蠲復黑奴。議院喧豗。而汝與親知。中成決絕。此遠言之者也。更言本國。支那君臣。夜半受朝聽政。南洋島夷。日中閉關而寢。子夜乃起為市。吾英商賈交易。每日不逾八小時。誰為約束。而行之若素。三餐時刻。於吾病體不宜。顧人既為然。則吾不得不爾。交際酬

以下表群理之繁。先從形質。次及思想言行。三以生計之一事為喻。

酢。所以合歡也。而束縛虛拘。反成苦趣。**凡汝之意識議論。若政若教。皆國俗所已具。而汝受之。雖心所深疑。不敢叛也。野鳥乳則汝出。野鳥蟄則汝入。倫敦議院開闔。為汝執業作輟之程。汝云自由。幾何其能自由也**。此近言之者也。更言既往。問歐民來復息業所由起。必上溯數千載而後知。且來復息業。摩西之舊約也。捨業而嬉。非摩西之舊禁也。然法德奧義則循以為俗。英倫蘇格蘭則斥以為非。苟考所異之由。必論世觀風。遠至數十百傳而始見。義大利希臘之村莊鎮集。多處山巔。至今汲水負薪。民有㩻㩻登高之苦。叩其所以。乃古世之寇奪虔劉致然。支那嫁娶。男女無一面之謀。親喪三年。凡挂名仕版者。即日罷去。如獲罪然。考選貴近之臣。以能書為取舍之的。席地之舊俗雖去。而九拜投地之禮仍存。**凡此皆沈縛牢固。雖極憎甚苦。莫可誰何。一俗之成。民違其性。咎始作俑。而作俑者不獨任其咎也**。多因成果。不其然乎。

群理至繁。物變難測。此豈徒謀國者所宜兢兢者耶。即在尋常一生計間。其難亦見。今試設一織廠主人。欲趁一時市價。增屯棉花。此誠世間所恆有事。顧使主人以折閱為憂。欲所為之有利。則其持籌握算。不可苟已。略言其事。厥有數端。

一、須計本國諸廠成布。屯者若干。發者幾許。二、須計依當時市價。零售各肆。是否爭相積布。三、須計各國布市。為盈為虛。四、須計此時外國織廠造貨。緩耶急耶。是四者計銷路也。銷路既得。五、須計同業收棉。用意何若。互相觀望。冀價跌乎。抑策其必騰。已爭購乎。六、須計積布名區。所屯多寡。其已議買而未入屯者幾何。七、須計天下各埠。見貨多少。布價騰跌。八、須計出棉處所。如南美、身毒、埃及。花年衰旺。夫使以上八端。皆所計及。此其為慮。可為周矣。然則可操必贏之券乎。曰否否。未盡也。蓋棉價視其銷路。而棉之銷路。視布之銷路。布之銷路。又視雜采縑繪之銷路也。往者南北美鬨。棉不出口。而布大昂。人用毯枲。布價斗跌。當是時屯棉者皆大折閱。然則所不容不慮及者。此又其九也。聞者曰。止止。至矣盡矣。蔑以加矣。曰未已也。尚有大者二焉。倘主人於此而不審。其虧折之數又什八九也。一曰商情。從來貿易之家。計市價也。縱有碩才魁能。祇能得其近似。而拙者常有逕庭之差。商情起伏如波瀾。時而過實。時而不及實。如是日而有之。若夫軒然大波。峯起谷落。則年月間事。不數遇也。故其見於商情也。忽無端而爭趨。忽無端而卻步。如群羊然。其始也。瞻眺躑躅。各懷狐疑。一勇先登。諸懦競進。往往而過。則虧折僨仆隨之。是以善計之家。既審貨物之真形。復睹商情之差率。不苟然逐物為轉。此所以能為眾勝之先。而又居眾敗之後也。其次曰泉市。❽必將統一國之商利而覈之。而後知泉市之舒促。蓋廢居居邑之業。必以版克。❾為之挹注。泉市而促。無買期帖息之交易。商業殆將廢矣。尚何利之可圖乎。是故前九後二。廠主人必統十一事而迭籌之。語精慮詳。乃克操必贏之券。夫都市貨物。朝暮騰跌。在分毫累黍之間。昧昧者目為無奇。而孰知成是之因。其繁若此。

且此不過一物價之騰跌而已。夫物價者朝成暮更。幻若雲煙。不留形迹者也。其坌集駢羅。已若是爾。則由是而推。事有常留人間。而悠久蓄變者。其往因來果又當何如。蓋天演無在而不然。而物競天擇之用。政教實等諸動植。方其既立。皆能吸攝質點以為滋長。收羅養已者以為自存。故或孳乳而寖多。或滋大而墳植。其究也。強者兼弱。舊者蛻新。輪囷離奇。不可復識。非立政施教者之所慮及者矣。

如西班牙之羅若拉。創為葉舒伊會。本以保教。後乃樹黨擅利。權傾國家。而終於屏逐。如英國印度公司。本為商業。乃不數百年。舉全印而有之。禍福皆有基胎。變化難以逆覩。略舉一二端。學者可觸物而悟矣。

由此觀之。喜事少年。動謂使我當權。則天下事不足治者。其言過矣。未嘗肆力於學。故不自知其不足也。於是議者曰。民生在群。日有應行之事。在朝則有當官行政之責。在野則有選舉議事之權。諸務紛乘。皆取當機立決。若悉俟學優而後從政。則政之不舉者。亦已多矣。雖然。此似是實非之言也。彼所云日有應行之責者。未必果有此責也。意蓋謂不可以無事事而已。不可以無事事。故不能自安於無為。為且令身與群交受其害。夫人生如此國。為如此民。見其中有弊政稗俗。心乎群者。莫不願有以祛此政變此俗也。此其意甚可尚。惟不學無術。鹵莽滅裂。以圖其功。則於群豈惟無益而已。譬如庸奴老婢。見小兒趨而仆地。必急捽之。不知既仆矣。臥地無傷。而急捽者乃生害也。又如村嫗。見鄰里疾痛。必言某藥有驗。可以試服。就令未瘥。當亦無損。嘗至一友家。見其僕取主人賸藥。向口傾盡。怪而

以下言人於群理其疏如此喜病在不事不肯安於無為也無。一知民不為卑質誠無雖二也益以治群為無事學雖學亦不能如他科之精審三也。

問之。則云此藥既利主人。當亦益我。捐棄餘瀝。為可惜也。故惟民智進。醫學精。而後知有病不服藥為中醫之至言。藥之治病者少。而轉生他恙者恆十七八也。昔者之醫。其臨診也。必云如是病者。針乎灸乎汗乎。吐若下乎。用鉛汞乎。而今世之醫不然。既審病情。使其證可不用藥。則但調理服食起居。節適水土氣候。以期自瘉。其操術彌精。其用方乃彌不易。嗚呼。醫國之事。豈異此哉。

**大抵纓冠被髮。用違其宜。而視天下事數著可了者。皆審事甚膚者也。知之益審。則措施益難一政之敝。一俗之隳。由近因而及遠因。由正果而推旁果。至三四層。其緐已不勝計。且衰世雖有更張。弊泯於此者。必發於彼。害消於甲者。將長於乙。合通群而覈之。弊政害端。常自若也。是故民質不良。禍害可以易端。而無由禁絕。**昔者奧國嘗患過庶。而小民嫁娶之不審也。則制男女之年格產業。神甫始為牉合。嫁娶固如律矣。而野合之子滿街。雖設育嬰之園。而棄兒益夥。吾英覽屋宇之䀉惡。制為法式。頒諸國中。且以法為之。使造小屋者不能得和民不更造小屋矣。而下戶舉家老少。溷於一室之中。俗益弊而癘疾興。乃又制室居之人數。人數有限。貧者乃夜宿坊下。

或臥牛矢馬勃之中。以資冬暖。此皆已事。老人所親見也。且極上之能事。使除一弊。而其弊果除。且不更見於他所。此可謂武健愉快者矣。乃自明者察之。不過化聚為散。轉有形者為無形。何以言之。蓋欲弊之絕。其詗察必嚴。其吏捕必眾。此無他。廣費之所為也。費之所出。仍取諸民。關榷必繁。盻盻之生。日以狹隘。曩法國官吏大小至六十萬人。不耕而食。農工商賈。出重賦而後給。執事之男。已疲而不休。相功之婦。育子有未暇。穉子恆飢。而租吏益惡。舉國愁歎。戚戚無悰。革命之厄運。乃不可挽矣。凡此嚴詗察而眾吏捕之所為也。弊竇盡塞。亂萌愈生。其於國也。究何補乎。吾故曰。民質未進。禍患可以易端。而無由禁絕。何則。勢有不能。理有不可也。當此之時。雖有聖者為之。亦不過視所易之何端。等害相權。擇其可忍。彼曰。數著了者安在其能了也

難者復曰。果如此則政烏乎行。向之為政也。亦僅就吾識力之所及。為相時而制宜焉。至於深追遠溯窮流討源。固未暇也。且治平之功。異乎格致。國群之大。不同名物。彼之實測易為功。此之求是難為力也。壽命易歇。民生多艱。萬幾當前。何暇問學。亦竭智殫謀。

與時會相將迎而已。責之已甚。不其苛歟。是言也。察其微指。無亦謂群雖有學。必不能如格物之精審。而內外籀因果相求諸術。無所於施。群之變化至蕃。即加討論。未易得實。總之以謂群非科學云耳。然耶否耶。則試於第二篇明之。

## 附註

❶ 其師罕彌勒登所造。

❷ 西名第佗此言所與。

❸ 西名斯辟脫拉。

❹ 案尋常燈主亦內黑外明。費氏之說似係由此而推。

❺ 理如海中龍挂。

❻ 西言海卜梯思乃科哲諸學習用名義。此云覆置。

❼ 每秒三十邁達至九十邁達不等。

❽ 俗呼根銀。

❾ 俗名銀號。

# 倡學 第二

歲季秋行田野間。輒聞農人指相告曰。歲云暮矣。今冬必奇寒。何處處棘實之多耶。其意蓋謂天心至仁。隆冬洊至。則先為群鳥養羞。又記數夏以往。英北部多鶫鶍小鳥。有友語我。歲方有蜚。而此鳥食蜚。天相下民。有其害即有其救害者。又美以美教會人。將有遠行。抑將徙宅。輒披二約。取目擊之文。以卜天意之向背。俗又謂英倫盛富。即以吾人守安息日之誡。謹於他邦。乃克臻此。又某年鼠疫流行。則謂此因泉局造幣。沙汰舊有天恩二文。用遘斯罰。諸如此說。觸事有聞。蓋陰騭下民之說。其入於人心者深矣。

以下言凡人以種之衰盛、國之廢興為天心運會使然者則不可與言群學。

於耳目近事如此。乃至國土朝代之盛衰。亦無往非天意之有屬。蓋近代格物窮理雖精。然於物變之簡易而明者。乃能言其因果。至變故較繁。機緘奧賾之世局。則若不關人力。而皆真宰所張施。且無一不如其私願。此古今載記之所同也。如近某報論阿富汗兵事。曰。以全能上帝神心之悅豫。故降福於大不列顛之軍。使克全濟。以合大群之力。開通芝那卜雄關云云。❶常沐伯著英史。於威廉之得國。曰蓋至仁之宰。特假手於斯人以掃除此土之荒穢。使之復即於日強。於顯理第七即位則曰上帝之於英倫也。以謂吾既施大罰於其國矣。可無使仰首伸眉。復為大邦。以為天下所則傚。爾迺眷茲天顧。以降集大命於一人。曩布法之戰。法人著書。名人手天指。曰俯觀人事。仰察天心。知所以摩厲法人之故。其假手於布魯士者。猶用彼為鞭箠。以自董其驕子。使終執歐洲之牛耳也。

雖然。是所舉者。大抵覆瓿束閣書耳。其無足道。乃至今世史家。如福勞特之歐史。其論條頓、羅馬二種人之戰也。曰世人嘗以此為莫之致然。而條頓之勝羅馬為僥倖。不知脫來法加之戰。必得倪而遜為之指揮。窩得路之役。亦必有威林吞為之渠帥。況是役之勝負。人種休戚視之。而曰如林之旅。冥冥之中莫有為之司命者。吾不信也。東起黑海。西盡北海。聯數十部之種人。鼓行而南下。西有黑林。東有脫來斯特。是二者所必爭之要隘。而勝敗之樞也。彼條頓者。小蠻夷耳。無地圖書計。愈無所謂韜略者。羅馬之眾。當其前而捶其胸。匈奴雜種。揿其後而拊其背。以久困之民。處維谷之勢。憤不慮難。夫亦自詭必亡矣。而終之不謀而戰。皆合於法。以存以勝。且以興焉。此而曰莫有陰驅潛率之者。誰能信之。嗟乎。今之學者。往往以物理概人事。其於此役也。彼曰是其眾如泥沙然。以地之攝力。而歸於其所。此無論其說之不然也。就令如是。其亦天之所欲。而非人之所使明矣。吾若曰於是役也。見天之所欲立焉彼將局局然笑我為虛妄。誚我為妖巫。雖虛妄。雖妖巫。吾猶將以是自憙。而決然曰。條頓之民。有在天者為之司命。其勝羅馬。以吾儕先祖父。為天之選民故也。

右所引錄。乃福勞特之羅條合史。所以天謀名篇者也。夫虛妄妖巫。凡有識者所同諱。而作者獨以是自憙。此其恢詭固無論已。顧吾所滋惑者。即以語言常道言。念欲者應機起滅。無常定之詞也。而地攝力者。平均通普。周於萬殊。其數則隨地而可稽。其用則無時而或變。二者為物。絕然不同。則何得以地攝力為天之所欲者。又使人事紛然。一切皆由於前定。猶形氣之變之可以前知。則物理與人事。其異又安在。**然則循作者之言。將形氣不得言因果。抑念欲之非無常。而向者形氣因果之談。念欲無常之義。非棄其一焉必不可矣。雖然。**

此固讀福氏之書者之所自處。無取不佞為之深辯者也。而吾所欲與學者稍加討論者。則其天謀之篇名為足異耳。

其足異奈何。夫既以宇宙為大果。則必有其大因。顧世之人則名之為造物。為大匠。為鴻鈞。豈以大因太極諸名為無奇。而必擬之工垂陶冶。而後工巧見歟。獨至天謀之稱。則吾百思不能通其義。蓋以彼為大匠。則所造者資已庀之土木。以彼為鴻鈞。則所運者假夙具之炭銅。至土木炭銅。從何而有。謂即大匠鴻鈞之所自庀自具者。於言未違反也。然而其義固已難矣。乃至天謀神略諸語。其義必不可通。何則。謀略者。慮難之謂也。必有所難而求克此難者也。是故使天而謀。使神而略。將必有具同帝齊天之力者。與之為難。夫而後其謀略有所用也。是故必如作者之稱。將淺之全能之名宜以除。深之太極無極之義可以廢。其物為有對待。有對待者非吾黨所云之大因也。尊天而轉以褻天。顧猶以是自憙焉。何也。且世所號為尊天者。固安往而不褻天乎。吾黨之於天也。自其上下之昭著。依乎現象。以求其理。不敢參以秋毫之私。洎竭耳目心思之既久。見其相從與並著者。而後立之為公例。假有未合。則置之而更求其合。何則。人道至微。天道至孚。必不可以私與也。顧宗教之家。則以此為違天為慢神。而所謂敬天信神者。方奮區區之智。範其己私。尊以為萬物之真宰。真宰之喜怒愛惡。莫不自其私而推之。甚且設計謀運方略。以與異己者爭一旦之命也。使神而如此。是固非吾黨之所敬事者矣。

雖然。此旁及之論也。與不佞之大旨為無涉。所為雜引前文。加評議者。見凡人心習。謂一切世變。基於天命。則其人不知有群學。教會將為諭告。其發端必言帝旨。德國威廉皇帝詔書揚厲所殺戮之若干萬人。自謂渥膺天眷。而後臻此。凡若此者。其用意造言。無往而不與群學之義相衝突也。

以下言其人以世運進退為賢聖毫傑所主張者。亦不足以言群學。

主名世者之言曰。凡國有史。雖然。非其國之史也。其毫傑史耳。故萃各國諸豪之所為。而天下之底於如是者可以見。夫人意如是。蓋自其最初而已然。曷觀乎土番之會獵而歸也。列坐毳幕之下。爟火之旁。相與語一日之所見。某也趫捷。某也力搏。口寫手狀。加歆服之辭焉。小部戰爭。歸塗偶語。某酋之智謀。某長之勇氣。言者若身與其寵光。峒居無事。日月所見。碌碌無可言者。其所談必已往之豪雋。其種之祖先。歲時之會。為之夷歌。為之蠻舞。凡以貌其種之戰功。而存其古人之武烈於無已也。歌曲傳記。口口相傳。凡關於其種之存亡興廢者。必詠歎淫泆。致無窮之慕思。此誠後世禮祀樂舞。俳優詩詞。乃至表銘史冊。一切文辭之興之所由昉也。文物稍進。載記圖畫。事亦同然。故埃及之陶器。亞敘利之雕牆。無往非其古人之事蹟。摩閼伯之斷碑。❷非其君之戰績。靡所記也。欲考其時之聲教國風。獨能得之於言外。此象形六書。與旁行切合文字之所同也。從希臘、鄂謨之史歌。❸可以見其時所有城郭海軍車戰將卒祭祀葬婚之法制。顧其所為敘述者。則亞幾黎之戰勝也。阿雅克斯之雄略也。烏利時之謀略也。於文物闃如已。

吾黨號稱文明。顧髫年就傅所為。與未化之民無以異。自太古至今。事之有取於默識者。舍鉅子名人之言行無以為也。問阿伯拉罕以何物纏腰。得隱形而往來於其地。何撒穆爾傳其帝命矣。而唆盧不遵。何大闢自娉其牧羊。而帝謂其於王者為失德。此皆以二約課兒者之所謹也。而當日猶太之政教。雖斑斑於此書。非所重矣。歲稍長。課史事。晨起入塾。負手諷書。聽先生所覆。扣其徒者。則古當何代。英倫為某種之所寇也。何王守禦最力。而殺者之為誰也。阿爾弗列之行何優。剛奴特之言何善。戰雅占恪者何民。勝弗洛登者何將。棄王位者何君。篡前王者何氏。謹而識之。至矣盡矣。設問國中奴婢之令。以何時為始終。拂特諸侯。自何時而變制。則塾之師與徒。莫能對。

更長治希臘、羅馬古文。以謂根柢之學。顧所為學。不外自亞加、孟諾至凱徹之為君。與其驚奇譎詭之事已耳。初何嘗取其典章文物。民德風謠。考其進退盛衰之理乎。置一弱冠學子於此。設問以理塞古以前。希臘民智何若。亞利烏巴穀之制。其本原與功用為何。彼不能應者。未嘗引為恥也。獨至咀斯之甲鎧。馬拉頓之役。將兵何人。有不知者。斯為大詬已。

故有曰國史者人豪之國史。幾人人謂然。此其原發於蠻夷猺獠之所歆。而其例之行。散見於往籍。且人人受之於心智肇開之初。所以習若性成。欲自拔於其迷而不得也。雖然。心習之成。尚有故焉。則試得而數之。

民之察理也。常易其專顯。而難其渾玄。專顯者。物必某物。人必某人。既耳目所可加。亦心思所易附者也。渾玄者。會通眾事。不一不拘。類異取同。言足統物者也。喜專惡渾之心習。見於野蠻為最多。及其文明。猶未能去。故家童里兒。每樂翁媼為言故事。而小書稗說。銷售必多。家居晨起。取閱報章。於所記之獄訟盜賊。宮闈起居。死亡生育。嫁娶離異。皆所饜觀。未嘗嫌瑣。入五家之闠。其道路偶語。風過微聞。爾汝我他。累用不絕。大都鄙近人事已耳。吾聞乍遇生人。欲測其心量之廣狹者。術莫便於較其語次所用專名。與所用公名多寡之比例。大抵用會通之語多者。其為人必經學問。用專指之名眾者。其人神識不越下中。蓋人心之於事物。能違其凌雜。而得其貫通者寡矣。此心習之由然一也。

人情之為學也。常樂其淺易。而憚其艱深。彼以謂求史學於紀傳之中。則窮理之與娛情。可並行而不背。神思所寄。既樂於毛舉。乃今觀古人嵬瑣之蹟。即有以知教化世運之所以隆污。事之易為。孰逾此者。其神識之凡近。與村嫗竈養無殊也。故欲為村嫗竈養之所為。即有以學大人之所學。村嫗竈養。聞之於里曲盲詞。吾今求之於古籍雅記。古今人可喜可愕之事。章灼如斯。吾但繙帒及之。則世運之所由成已見。他日者即出而與人家國。取懷而予。夫已有餘。是真天下之愉快者也。而孰知已誤。此心習之由然二也。

常智之於窮理也。常安於模略。而憚於諦精。知世運之變。教化之蒸。固必有其所以然之故。然以彼術而言之。若甚近而易知。由真道而求之。則甚迂而難見。世俗論事。設漫然不圖其精審。則悠悠之說。亦若可用。而未嘗無當於人心。如言天象八星。則謂為真宰手造。納諸鴻軌。脫不窮手造之果為何狀。納軌之真為何功。乍聆其說。亦若不誣。草木昆蟲禽獸。一一皆化工所創造。使不求甚解。則其說亦若可存。惟諦而求之。斯所持之說皆廢。故以教化進退。為聖賢豪傑所轉移。使不問轉移之果操何術。則其說亦若可安。而不必更求其精審。此心習之由然三也。

使必求其精審。試問彼以世運為聖賢所陶鑄者。是聖賢人何自生乎。夫聖賢之生。有二說焉。一曰非常。一曰常理。以謂非常歟。則必稱其人為天亶。為篤生。甚且有一切感生之說。力辨其異於常種。亞洲開國皇王。多如此者。即常沐伯之為史。亦謂凱徹入英。仰承天意。而維廉若耳治諸賴耶。皆昊蒼所立。應運挺生。特無如今世之人。不盡信其說耳。非常之說既廢。則不得不率常理以為言。常理。

賴耶。本梵語譯言王

則聖賢之生。亦必有前因後果之可言。與世之萬物無攸異。五洲人者。眾。五穀所養。並世所生。僅處一焉。此不似涓塵之在海嶽乎。產於一國之中。智識語言。禮法謠俗。風土種植。是種種之無窮。萃其一身。不猶風雨膏液耒耜耘耔。萃於一穗一莖。呈其所結之果乎。夫生理之科。自然之學。治之而著其大例。遠者千年。近者百載。豈其說之皆誣。而所言舉無驗。使歐洲之父母。可忽生髹皮促項之護登都。使巴布亞蹶頤羯首之蠻。可忽生碧目黃髟之高加索。則雖謂聖賢不擇地而出可也。假奈端可育於亞斯吉摩之家。彌勒登可遇於安但曼之種。而飛支蠻島之上。有哈務德與喀拉遜之為民。而後稱風俗教化之成。皆偉人功績可耳。獨使生學種姓之言為不虛。心學積因之理為已確。則亞理斯多德之親。其面角決非五十度。而南海土番。炮烹人肉。讙諁狂咒。音若海潮者。樂師必妥文必無生中之理。然後知聖賢豪傑之起。其為因至繁。其為原至遠。必有人事政教為之根柢。尤必有天設國土為之首基。夫非闃然無所憑依。如海鳥隕星之飛來遙集者。斷可識也。夫曰得賢可以興邦。立法期於持世。此其說固非誣也。然而僿野之種。非明哲之所崛興。檮奇之宗。非元愷之所鍾毓。

此其說尤不誣也。天演之事。苟莫為其先。斯必無其應。故必有既進之程。而後能益為其光大。欲得偉人之鑄其群者。非其群之先鑄偉人必不可。彼所為變革轉移。開創戡定之業。固即其身而得其近因。亦於其群而得其遠因。非其局之既成。本之先具。將其業無由立。且其人無由興。必總其時之全局而言之。世無人固不治。人無世亦不生。世與人有相成之功。斯天演之行見矣

且即以其說為可從。而聖賢豪傑之生。無所待於如何世。則不知一群之中。忽得此首出庶物聰明睿智之一人。其於世於群又何益也。何則。其所權藉者亡也。凡大人之業。無論其為立德立功立言。皆必有其先事者為之權藉。是固其國庶寡貧富勇怯智愚之異。與其政法文物所以相養相生。皆其業之所待而立也。雖有文章若狹斯丕爾。使無數千年聞見之積累。以富其思。又無數百世修明之文辭。以達其意。吾不知其所為詞曲者烏從來也。雖有創物之智如瓦德。使生於不知用鐵之世。抑冶鍊之事至微淺而不足道。力學之不講。旋牀之未興。吾不知所謂汽機者。何從製也。雖有外籀之精如賴不拉斯。使未有埃及大食以來。所積進之算術。則其力理天學之作。果遂成乎。不獨此

也。夫世俗所樂膜拜而頂禮者。帝王將相。而以彼為持世之人也。然試觀希臘之芝諾芬。使所謂十萬眾者。皆怯弱無恥。或桀驁不馴。其戰功當為何等。又觀羅馬之凱徹。使無一時之練卒。與累世部勒之素。戰勝之威。其武功又何若。即如今日歐洲言將略者。推毛祿矣。然使其國無四百萬勝兵之丁壯。供其徵調指麾。是執兵以從者。皆羸弱不毅。或不服從號令而蠢愚。則吾不知其能事又將何從而見也

今使有人於此。見一礮之轟也。彈出於此。船沈於彼。乃掩耳咋舌。極論引燃之功。而置藥彈礮械之用於不足數。其為妄說。不辨可知。夫使必課其功。則豈徒藥彈礮械之數者為不可略耶。推之無窮。凡所以致引燃藥彈礮械。以成此一轟者。廢其一皆無由舉。乃今之論治化者。必歸其功於一二人。而悉置其所權藉。夫無涯之國力。必有所自來。而無盡之前因。以此為其果。彼劃而論之。吾未見其智之勝於若人也。

三古之初。民僿治簡。聖聖代興。開物成務。則謂世運之進。為屬於大人。猶有當也。然此如兒童之言戰陳。以勝負為一將之能。士番初起。各為小群。相惡相攻。互為起滅。故其群之可紀。舍眉目無

可言者。雖然已失實矣。而闇者乃推其所以言古者以之言今。斯益謬已。不知自射獵游牧之眾之日微。而小部漸合為大國。執兵與執耒者分。其群之體用日恢。國大政繁。相為比例。由是而新制立。亦由是而新功興。**遂至學術文章習俗。皆有日蛻其故。與時偕極之勢。凡此皆出於天演之自然。而所謂君若吏者。不獨無能為。且亦不之覺也。**嗟夫。欲知一群之天演。而徒即拿破侖伏烈德力輩之紀傳而求之。雖讀者知於口繹目盲。吾知其無所得也。

前之為說也。以世變為天意之所存。後之為說也。以運會從名世而為轉。之二說者。其中於人心至深。而持以論世者至眾。誠使其說為是。則群固無學。雖然是二說之於群學也。不過見其理之不兩存已耳。未嘗明斥吾學之必無有也。乃有人焉。持論著議。言群之必不可以成學。今者吾將深著其說之不中。則必俟此學大義之既明。而後有所基以發論。亂吾言之序。固不可也。雖然。議者之說。固有淺深。若先從其淺者而闢之。置其深者為後圖。未為失也。福勞特曰。今世所謂科學者。非但即物窮理已也。於先後因果之間。必有數往知來之公例。而後副名實。夫群之為物。有其因矣。而以人心志願之不齊。

以下言世有史家謂群必不可以成學者。如福勞特、荊士理二家是已。歷舉其說而糾其非以明群之得為科學。

其果或見或不見。故不可以稱學。今夫形氣動植。所以成自然之學者。以是因必從以是果。而公例行於其間也。惟人事則不然。為與不為。各由志願。是故因同而果異。因同而果異者。其公例為不行。公例不行者。其於物為無學。且其理亦至明已。向使群而有學。將人事為有常。人事而有常。則行乎所不得不行。而無所施其志願。志願者。人心之自由也。惟其自由。故有善惡可論。使群而有學。將善惡之分泯。而毀譽刑賞無所施。夫豈人事之理也哉。又曰謂世事有公例者。以民性有秉彝也。顧人理異萬物。而人人皆有怙非為惡之特權。故一事之見也。於事前其存心不可逆測以為因。於事後其用意無從順推以為果。又曰。拔可爾之為史學也。平稱人事之不齊。而常取其經數。此其術似也。雖然。經數亦隨世為差。未有暌違二時。而經數能相若者也。又曰。自我觀之。事之見於史傳者。未有複出者也。即史傳而考其事實。皆行乎自然。一見而不再見行乎自然。故不得如格物之設事以試驗。以其不再見。故雖為實測。而人事終不可以前知。凡福勞特之言群具如此。

駁之曰。夫人心之志願。或言其自由。或言其有定。二者聚訟舊矣。今福勞特拾其餘談。以攻群學。謂其與志願自由之說背馳。是亦不可以已乎。不佞於福之言凡四引。自其第一條而觀之。福之意不但謂人心起滅不可前知。無因果相生。如心學所指列者。且直謂人心為物。與形氣動植絕殊。無因果可以前知。亦與自然者異。夫既異自然而不錮於形氣矣。則人心為物。信為疑神。非格物致知者所得與。而意念之起滅出入。時時皆帝鑒所臨。此其言人事。正與本篇所發論者冥同。無怪其以群為無學也。不知謂人心志願。有不可以前知者。於理可也。謂人心志願。盡不可以前知者。於理不可也。且志願豈徒有可前知者而已。使其人居易而率常。將內外因應。若出一途。即境為推。常可得其八九。行絕五軌之衢。而奔車來於其右。則其人見之。必避而斜出者。斷可識也。汽軿時發。而其人急欲附行。自其所居有二塗往。一為五里。一為十里。坐而策之。其人從五里乎。從十里乎。又設晷餘二刻。而失車後至者有誅。則彼之疾走。抑易以騎者。又何決也。購日用凌雜之所需。有二肆焉。同閈者廉而美。出郭者貴而楛。使其人置同閈而取出郭者。則必有所以使然之故。無疑也。人之售其宅也。固有棄二千金之價。而取其千五百金者。然不得用此而議計學買賤售貴之例為無驗也。夫一國之民。其酬酢往還。志慮之可齊如此。斯本隱之顯事。迹之見於其中者。亦必有可齊之形。與相應也。且猶是一人之用心而已。使總一群而論之。則因果相從之際。其可齊而有定。將過於前所言者。何則。自其經數而言之。彼特別非常者。將泯而不形故也。

且福勞特之所謂學者。其所持之義。亦過狹已。必用其言。是捨形數力質而外。無科學也。夫科學者。所以窮理盡性。而至誠者可以前知。顧前知於物有品量之互殊。於術有內外籒之相異。故其可以前知一。而所前知之等次乃不同也。但使有可前知。斯將成其科學。不得以所前知者之尚泛。不能具滿證。而以得物情之所不遯者。遂可靳學之名。擯之使不得列於專科也。此如氣候之學是已。雖達爾背之賽馬。有時可以遇風雪。而六月盛夏。或圍爐而後溫。然此之變常。不害言冬寒而夏熱也。英國西南風之司令也。歲早歲遲。歲舒歲暴。顧其來也必當秋。風雨之表。以空氣之積重。定雨暘之屢遷。雖非至精。而舟師寶之。何則。即此已足以利舟行審趨避也。故使群之成學。其逆筴世變者。不過如氣候學之所為。已甚可貴。矧乎其於群之大理。精審不僅此也哉。

且福謂史傳之事。未嘗有複出。以其不再見。故雖加以實測。人事終不可以前知。今無論史傳之事。未嘗無複出而再見者。即謂人群之事。為垒出而莫有同。而福之所言。亦非摯也。蓋學舍形數力質而外。其求諸自然而為摭實之科。論之事實。大抵無重規疊矩首尾相侔也者。則何為而獨責諸群學。今夫數術緯諸形氣。至於天學。則至精密蔑以加矣。顧其事未嘗真複出。而莫不有所異同。乃至地學。此亦輓近科學之至精者矣。而其言㕏藰之理。淫淤之形。地火為其掀騰。山水為其淪陷。其致然之眾因。雖皆有公例可循。至於總果。則錯綜雜糅少有合者。特不必皦然相殊。使外籀不可加。前知無由用耳。夫使天文地質如此。而皆可立為科學。則何獨於群而疑之。

且何必嘵嘵乎。以福勞特前語。課福勞特之所自為。將有以知其言之不摯已。夫福勞特固近世史家之巨擘也。必如前言。彼且無所憑以為史。此略求之於其書而皆可得者也。如其論一千五百四十七年英國遊手之禁也。曰、民久遊手者。則著之奴籍。此時國之風氣猶蒙。故雖禁遏惰遊。其勢不可以猝效。此蓋謂二因並著一群之中有相剋之

**效也**。又如論占田併兼。曰、當顯理之朝。其事勢已趨於如是。特懸之厲禁。民憚法而不敢為。故顯理旦死。而其事夕興。**此蓋謂其時有群力之所趨。而適有他力者為之沮抑。至沮抑之力既去。前力之效乃卒呈也**。又其論市價也。曰、於時有二因焉。一為制錢之敗壞。一曰田法之新更。二因并行。而百貨遂由之而騰踊。**此尤論因果之較然著明。而無待一辭之贅者矣**。更即其英史而觀之。其推言世變。根於民德政教者。吾又不知其凡幾。其演說史學也。嘗曰徧讀天下史記之文。知所以告萬世者。有大法焉。雖謂之天律可也。曰、凡政之可久而不敗者。必其至誠而大公。不公不誠之政制。夫亦有傳世者矣。然必有降罰之一日。觀於法民革命之事。可以徵矣。已而復言曰。近者支那之亂。周於其國之太半。其呼謈唸咿之聲震全球。夷考所由。政法泰窳。上奮其私而下無學故也。❹**凡此所云云。雖不必標群學之大例。然已陰用其例而不自知。其於造因成果也。既已為其內籀。且立公例以為後此外籀之基矣**。乃猶曰於事前其存心不可逆測以為因。於事後其用意無從順推以為果者。吾又安得目之為篤論乎。

福勞特而外。其以群為無學者。吾又得一人焉。曰荊士理。荊教以下駁會先輩。故其言群理也。以為有天事焉。非人力所能致。謂民群之變。其例不純。不可以為科學之業。其平生著論。號科學限域者。大抵申此義也。有曰公等咸謂物有不易之大例。故人事亦有大例不可易者。此其說誠是。顧亦問所謂不易之例者。作如何解耳。夫所謂不可易。有言乎其儲能者。有言乎其效實者。若從其效實者而觀之。是不可易者不必信也。靜觀物化。例固與例相乘。力固與力相剋。萃因成果。果各不同。雖有至信之例。常忽有他例焉出而與之相勝。前例遂失其權。浸假且為後例所剋滅而不可見。今夫物質通攝力例。非所謂最為普及。而居物之所不遯者耶。然而天下之石。果皆墜地矣乎。甚不然也。使吾手取一石而持之。未見其墜地也。石持以吾手則不墜。此亦例也。通攝力之例雖行。不過使吾手覺重已耳。而其墜地。非吾縱之。必不能也。是故例雖不易實可易。不易者必自其儲能而言之。以言乎效實。則雖有至信之例。固無時不可為他例之所勝也。荊牧師之言如此。

荊士理言群無學之說。

曩此論之初出也。格物家為之大譁。抨擊幾無餘地。向使荊牧師悟其咋非。不更表而出之。不佞亦無為更理其前語。蓋其言之刺謬。

在用格物名義而界域不明。致言厖理紛。遂為學者所詬病。夫公例云者。無異言事物公理已耳。以無時而不然也。故曰公例。然則公例者。固非權力之謂。而安有相勝相乘者乎。且其言通攝力例也。亦異乎吾所聞。通攝力固無往而不存。但有物質。此力自見。而所謂公例。則二質相距。其相攝之力。與輕重作正比例。又與相距之自乘作反比例也。今荊牧師乃謂石未及地。此例為他例所剋滅。又謂二例爭勝。而其一不行。**凡此者於語言為不辭。而於物理為巨謬。不知石未墜地。通攝力與其例言無恙。**且荊牧師之於物理。一若數力相推。❺必相剋滅。而例遂爾不行也者。而自科學言之。**則有其相劑。無其相滅。此奈端第二動例之所明揭而滿證者。大凡數力相推。一力將自有一力之效。若不相謀。而其果則所會而釐成者。**譬如城頭大礮。平放一彈。其及遠之數。擊力之多少。皆可計知。**以藥所平推。於若干時行若干尺。無間於地力之存亡。而地力之下吸於若干時墜若干尺。亦與彈從礮口直墜而下者無所異也。**荊牧師於形氣至簡之理。尚不瞭然。無惑乎其於世變之繁。無往而非謬論。甚且謂其事無因果矣。寄語荊牧師。且置群學之論。以為後圖。未為失也。

雖然。群學有無之論。不可以不定也。請觀荊牧師他日之所言。其於前說自信不堅。可以見矣。荊牧師嘗以吾英作苦小民。合為冊黨。❻以與執政及富貴之家。為反對也。則本其解紛之意。為說部焉。名洛克傳自為之序曰。且爾曹何苦而為是洶洶者乎。自我觀之。化之進也。一國之制度典章。自君主而日趨於民主。始也權萃於搢紳。終也道公於通國。此雖有遲速舒疾之不齊。而國勢必至於此而後平者。殆可決也。故使一流之民。所求者不過欲其黨之眉目得入議院。為其代表。以與聞政事。此固公理。無憂所願之不償也。必恃其眾。奮氣力。嬰綱紀。以為其所必不可為於吾英者。濟否非吾所敢知矣。且所謂進化非他。**用其所得於格物。實以施諸行事已耳。而循常嗜故者。必欲奮區區之力以沮之。多見其不知量也**。他日又以其意諭小民曰。公等今日所以養其身家者。優於一千八百四十八年以往矣。知其所以致此者歟。**則計學例明為之也**。如此言即其意而繹之。固亦曰世變所以底於是者。以一群之中。有自然力焉。莫期為而為之。又皆有因果相從之公例。繼自今。世變成於何等。循其公例。可以前知。已往者可即果以窮因。未然者可循因以責果。然則荊牧師之所談。亦一一用吾群學之旨。乃於治群學者。漫然曰群固無學。何前後之不相應耶。

不佞於福勞特、荊士理二公之言。列其前後之自相鑿枘者如此。而二公之所以復者。又可擬而知也。彼將曰吾之於群也。非曰絕無因果也。特所以逆推而順數者。存夫無慮大凡之間。必求精確。如科學外籀之所為。理不可耳。然吾觀福勞特為史。於事變遷流。亦云理之所必至。第所指多食貨之事。而謂他變不然。顧一群之變。生於民心。藉使他變不能決因果之必然。則亦何有於食貨。荊士理於計學公例。既已親承之矣。且謂進化為格物之見於行事。治制則以民主為歸。而沮進化者為不知量。乃又謂天心人事。可相勝而公例不行。此非所謂多所抵牾者耶。若謂群事所可前知。存乎大概。欲為滿證密率其事不能。則二公所深辨者。固不佞所未嘗言也。又何爭乎。歐洲近數百年。科學立者如蝟毛。而其中得為滿證者。特其少少半耳。至於其餘。則進於外籀之科。其道幾無從也。然不得遂以為無學。若地質。若生理。若心靈。之數學者。皆僅及物之品。而未與乎其數。顧其變則可以前知。而其例皆誠而非妄。今之群學。正如此耳。**群之事**

以下總論前二家之言而歸斷於群之可以為科學。

變。其轇葛深隱。常過於他學之所治。則其術固不得如他學之簡至。類同事之變。以見其會通。其所會通者。常出於至寬之塗。而大其時地之界域。雖然。既有其會通矣。會通斯有其公例。有公例則可本之以明事變之所由。而即此遂得以成學。今夫民生而有群。群而有治術。非僅今日之事也。但使世有政法憲令。而又有利害仁暴之可言者。斯不得謂群理為非科學。而無因果之可言也。

且群學所有事。不僅政法憲令間也。福勞特荊士理雖以群為無學。而於政法憲令之用。深信不疑。過於吾黨。今夫刑賞所以勸懲。以其勸懲。而民行以異。以民行之異。其大效將於群而見之。故自所及之一二人而言。刑政之效。雖有聖者。不能定也。獨總一國之眾。則其效若可覩。福勞特謂拔可爾不知人事經數。隨世升降。而嘗稱以斬刈猘犴威民。其令行禁止者。恆什八九。夫此豈不自經數而求之。是故以一人之情性志慮為言。人事避趨。固不可以預策。而刑律之用。所禁其為彼。而開其為此者。亦存於通國之間。蓋人心去就。夫固可得以前知也。然則時世變遷。亦有可言而豫計者矣。民之好惡。不一端也。向也用其懷刑之情。而法令於群有左右之效。則設用其他情所同。若勞力食報之務厚。入世處境之求高。與一切所樂得於名實者。其愈有明效。滋可見已。使聞者以吾言為然乎。則群又有學。

總之群學有無。可一言決也。使群理不足為科學。則一國一種之事。無因果之可言。而講政教。言治平。皆為無取。不獨三古以還言治之書為可燬也。即今。議院樞府所裁決而著為令申者。皆可易之為占鬮枚卜。而無容然否於其間。充類言之。即廢其事可耳。何則。政之行也。其收效既不可知。令之布也。其所求或以相反。舉簇簇大亂而已。治云乎哉。反是而觀。使因果不獨存於物性。而於人事為尤。則群以內眾力相推。效有所底。其合散疾徐之故。皆有定理大法之可尋。道既不可以須臾離。序亦不可以纖毫易。吾黨含靈秉氣。身處其中。內之將以保吾生。外之將以淑吾世。方將竭其耳目性靈之能事。以討論其用事眾力之為何。其因果公例之何若。此固覺民之天職。而不必遠言御世宰物之功也。

然則群之有學。固可決耳。不佞將於後篇。進言群體。得此而後群學之真以明。彼以群為無學者。坐不知群事有兩宗之不同。其一宗為吾黨所重。而為史家之所忽。其一宗為史家所有事。而又為吾黨之所輕。蓋史家所重。固無定理大法之可言也。

## 附註

❶ 一千八百四十九年正月二十二日。倫敦日報。

❷ 此石於本稘六十八年出土於亞西之大阪。係腓尼加古文語與希伯來大致相似。所紀者鄂摩黎征服摩闕伯。自阿洽之死反攻以色列種人。皆中國周初時事。今其石在法之魯維。

❸ 以詩為史體。若今世之彈詞。

❹ 此指咸同間洪逆之亂。

❺ 從荊之說則為數例相推。

❻ 以其義本於約翰與英民盟約之大冊。故名其會曰冊黨。

# 喻術 第三

曷嘗觀坊者之成墉乎。使其甎堅實平等。火候純一。廉隅礩礩。雖無用塗堊。可以成墉。且其功以久。使其調埴不均。火候不至。谿髁觚斷。薜裂橋起。其成墉也。丸塞而塗附焉。雖高不及肩。猶慮圮已。營卒積員彈而峙之。生此而為員。於彼而為方。然其垛積之形。必下寬而上銳。斜倚以為固。欲其端之中懸不可得也。頑鐵出鎔。雜焉并下。凝為無法之渾體大者如甗。小者如拳。圈枅臼洼不可勝狀。夫如是而積之。雖有至巧。不能使其形之整齊也。是故凡群者皆一之積也。所以為群之德。自其一之德而已定。群者謂之拓都。❶一者謂之幺匿。❷拓都之性情形制。幺匿為之。

然此猶人為者也。更觀天設。有原行焉。有雜質焉。有雜質所合之雜質焉。其由流而凝也。亭屯甓合。以成其所謂結晶者。晶之為物。如形鹽。大小互殊。或如削觚。或如析圭。其穎邸多交迕而相入。然使從其䚡防求之。雖破之至微。其形皆純而法一。蓋晶有定

此下言凡物性質視其質點之何如。自人為園體至於天生動植乃及人群莫不如此。是故欲覘其國先觀其民。此定例也。

**則。合微成巨。為微為巨。無二形也。**雖有時以一質而成異晶。❸則質點凝結❹排次之有異。顧一局既成。無錯出者。此所謂同分之變者也。**以晶體之有法。故質學家能以物質之相似。推晶體之不懸。**物積微成著。本其幺匿。成其拓都。此天設同於人為。先驗於金石無機者矣。

更觀乎有機之動植。是幺匿定拓都之例。未嘗不行也。夫動植之為物。自草木以至獸人。各具形體。**顧其身質點之微。實各具合成是形之理。特天演之階級彌峻。官部之整成較繁。斯其理隱難見耳。**乃至下品眾生。生機甚簡。其支骸恆幹。非若繁者之大具而難於更張。斯前例之行。顯然易見。此治自然之學者。所共明也。其見於動物者。如陂塘之蛭。海中之鯽。苟橫分之為數段。而因段成形。悉如其本具。此外見諸植物者。如多刺之仙人掌。赤葉之比根若。插葉置地。信宿遂生。甚或片鱗飄墜。不種自活。莫不幺匿拓都。聚散同體。是前例之行。普於萬物人為天設。無生有生。莫能外矣。

由是觀之。群之為物。可以見矣。其性情形制之大經。固聚其分者以為其合也。幺匿之品德既彰。斯拓都之形。有所範圍而不可過。他若外境之所進退轉移。或使散者不合。抑合矣而遲速不同。此皆時而有之。獨厶匿之所本無者。不能從拓都而成有。厶匿之所同具者。不能以拓都而忽亡。營卒之峙員彈。雖窮極巧力。不能使矗立而中繩。食鹽成晶。必不能為冰花之六出。蛭終為蛭。鯽終成鯽。雖極生物能事。不能化其分段為蠃蚌明矣。故眾生群法。皆依此例。或聚族共居。漠然無系屬之可論。或合而成體。有分職通功之可言。凡拓都之不齊。皆自厶匿而已見。斷未有合群之品德。與其物之性情形制。絕為兩法。使牴牾而不相似者也。

自少時習聞長老言。人為真宰所特造。與萬物絕不同。故宗教言理。萬物與人。不可通合。此其聞吾前說。并人物為一談。宜愕然而不敢信。雖然。是所謂例者。固人物諸群所莫能外爾。類古今之異種各國而觀之。將自見無以易。

天下種族之繁。禮俗之異。不可計數矣。乃置其所異。而觀其所同。莫不飲食也。而皆有饑渴之害。有所用力。其形必損。損而莫養則衰。而無以引而為長。莫不惡勞而樂佚。莫不有陰陽之患。形傷則疾痛從之。相感不相得。則慘怛而離憂。其苦也或由過焉。或由不及焉。同而無或解免者也。故猶大奚樂格之告耶穌教會也。曰猶大之民

以下言以厶匿為拓都。其例之見於人群者。乃表群學大義與其所講求之實。分大同、次同、特別三者。

無目乎。無手足乎。無官骸府藏乎。喜怒哀樂之情異乎。食豈不以穀肉。傷豈不以刀劍。吾病汝曹之所病也。吾療汝曹之所療也。冬寒而夏溫。其行於吾黨者。與行於汝曹者又未嘗異也。使汝吾刺。不流血乎。使汝吾撥。不狂笑乎。汝鴆吾豈不死。汝虐吾豈不怨。使吾與汝於此而盡同也。未見其餘之絕異也。

人性大同。顯然如此。然而有異。惟其有異。而群德之高下以分。二群之間。視么匿之所同。以為其拓都之所同。亦視么匿之所異。以為拓都之所異。故群之變也。視民德之進退。群性與民性。群德與民德。相待為變。其例則群學之所有事也。世尚有疑此言者乎。則請勿求其深。而先言其易見者。夫動物下者。於其類常畏而相避。使人而然。將其所以成群者幾何。知此則群道之本於感通相保不待論矣。悅我者附虐。我者讎。民之同情也。假其反是。而姑以謂有此群焉。則與今之群。其異同當何若。事樂其易。業惡其難。民之同性也。又假反是。而姑以謂有此群焉。則與吾所居之群。其異同又何若。自夫群之大象。常從民性之大同者而形之。則群之互殊。亦必從其性之偏異者而生焉。又何惑乎。

是故群學之開宗也。以厶匿之所有。定拓都之所有。群之能事。必視其民。常於二者之間。求其對待之公例。其進而考實也。始於最初之群。若漁畋游牧。小部散處之蠻夷。為指其民德民智之所萌孽。夷考國步局促不進之所由。乃繼而有外境之磨礱。外力之接搆。民志牖焉。民德親焉。大群以成。其事實則群學之所討論也。群既大。其中有主治受治之分體。有制節率作之異用。則區其別異。溯其本原。乃有物力。其於群之為用獨大。以行之久。而民德以變。於是有土廣民眾之效。制度日繁。指其力之方體。著其效之各殊者。尤群學之所務也。大抵人群之興。自微小極陋。洎夫盛大文明。**其中常有大同者。本乎民性之相近。有次同者。生於種族國土之不齊。最下本於人為。風教互乖。謠俗殊致。特用之既久。若不可離。且或守之甚力。**群學為分別而指實。闡因果之相承。而一群之立於天地也。有發生。有滋長。有形制。有功能。**凡皆其民性情才力所遘會。旁礴而成之。苟跡其所由。則有出於天理之同然。有本於地勢之特別。有生於人事之所矯揉。**析而觀之。群學之功。胥在此耳。

**蓋群者天演之一事。所本於民質者無論已。而所居之地勢。水陸**

寒燠。肥磽美惡。於群皆有以致其不同。即所通之鄰壤。所交之種民。亦砥礪交推。以成其如是。顧群學之事。所重者不在今日群種治化之已然也。在即其已然。推所必至。天生烝民。德不虛立。於其身有性情才力之可指。於其群即有強弱衰盛之可知。是則群之所以為學而已矣。

顧人群之因果。其理常隱約幽敻而難明。法立所以興利。政行所以救弊。然其效恆反其所期。事變之所由來。必及之而後悟。其始莫誰見也。故法國路易拿波崙興師。以沮日耳曼之合邦。乃日耳曼諸部。轉以其興師而合。方地亞士之造臺堡以守巴黎也。豈圖二十五年以往。乃反為其礮之所攻。此言禨祥者。不能測其兆也。夫群事之離奇如此。則欲觀其會通。標之公例。若科學之所為。無亦至難而不可也耶。

是言也。其難群學可謂至矣。士欲以群為學。而循格致之塗術。若前語者。實時時發於心目之間。沮其窮理致知之志。雖然。無傷也。是未嘗無以解也。其詳以俟異日。今請先發其大凡。

今夫執果知因。而得萬物之不遯者。名數之學可謂至矣。而二者

以下言群之因果最繁。故前知不若他科之易。然此不足為群學病也。蓋雖有至精之科如力學。其中亦有不可知者。而其可知自足成

皆玄學也。玄學者。設事以求理。而無與夫自然之實物也。若夫求物理於自然形氣之中。則其學離玄而入著。而著學於力理。所窮最遠而邃。故今之力學。雖未可即云乎造極。然其公例之精。凡以為順數逆推之用。迥非他科所敢望也。天文之所推步。製造之所成物。非聰明睿智。孰足以與於斯。則試以力學為窮理之模楷。而其於形氣之變為何如。**變有所前知。有所不得以前知。使知二者之常分。則責成群學者。可以知止而不過。**何以言之。今有地雷。瘞於某所而待發。為試豫計既發之後。其居上四周之土石。若塹坺瓦礫。為藥力之所騰激者。其事為何如。此自不通力學。用其常智而測之。則曰雷之發也。是土塊者。將騰奮於空中。其高下不一致。騰極而墮。其及地有域。其為時不同。如是而已。自通力學者言之。則稍過此。彼將曰是騰擲而墮地者。其理與七政彗孛之行天。無以異也。其軌將為曲線。大小不同。而皆合於法。設置空氣之差力於不論。彼將皆為橢圓。而以其橢之甚狹也。故為旁隤之曲線❺其及遠颺高之度。與藥力相比有定率。力學之所能告者。止於此矣。**雖於大分為而精。而自一塊一礫而云之。則疇人之智。與常俗無能異也。同居伏雷之上。是土與石。孰**

學物理由之而通人事由之而利。

為其直上。孰為其橫飛。孰為其高。孰為其下。孰連犿而彙征。孰蓬勃而霧散。孰得物而止。孰乘風而颺。千世以往。猶非人智之所能及也。非以其物為出乎公例之外。而法之所不能御也。以欲前知。其所據以為推者。無從得也。

故科學之於形氣也。至於理繁。雖在甚精之科。其可言而前知者。恆存乎大較。夫形氣之學。其因果之相待。非甚雜糅也。其推籀之所造。非不精深也。顧所能言。止於如是。然則群學。其所治之因果。無所往而不雜糅。而設科之日又淺。責望之言宜有畛矣。有大經焉。有毛舉焉。大經者。可以前知者也。毛舉者。不可以前知者也。此為異事之喻。其理已可見。若更為同事之喻。其義乃愈明矣。

一孩提之乳也。其後日之所遇。又孰從而測之。將襁褓而殪乎。抑稍長能行。乃死風癎與癘疫乎。將瘍而殤乎。抑疹而殄乎。雖聖者無由前知也。將娭而登高墜歟。將出而大車轢歟。將以膏之傾而衣焚歟。將墒飛繩斷。而肱折足蹇歟。此又非明者之所逆睹也。方其在阿保之手也。雖玉雪苗茁。究不能定其長之賢愚。人之成德也。本於天姿者有之。由於栽植與自致者有之。其立業也。或以巧慧。或以勤

以下言人生之事與力學同。亦有其不可知。有其所可知。不可知者人

勞。將後此之所藾苫者。助而使之濟歟。抑困心衡慮而終不克底於成歟。凡此者存於不可知已耳。故一人之身世。其年譜行述之所書。雖莫不有因果之可言。而曰是可推而得焉。難已。

今使於其一生也。置其毛舉。而言其大經。則事之可前知而逆睹者。稍稍出矣。有其早慧。有其晚達。顧靈襟之進。幹局之成。必有倫次。三周之孩。不可以學計。五齡之子。未足以與卒。心靈學非十歲所得窮。而治道之微。又非聲清未濁者。所能為慮也。理想如是。情感亦然。其人婚嫁與否。固不可前知。然弱冠之年。心必樂於有室。其牉合而誕育與否。又不可豫言。顧使有兒。情必殷於顧復。凡此皆十可得其八九者也。

事之偶然。可知者生理之倫次。

雖然。一生之事。一身之中。實有其可以前知。且無以易者。為官骸。為神慮。為消息盈虛之變。為形法功用之微。

自夫人之用智也。常易其專顯。而難其通玄。故其論生也。亦重其無端而儻遇。而薄其所同具而恆然。以謂既屬所同。則無取於重視。不知。是同具而恆然者。不徒其事可知。且非知之。則為害方鉅。夫言人身之天演者。有鉦驗之科。❻有內景之學。❼此不僅言經絡臟腑之形法功用已也。一軍之中。盈虛消息。總而論之。雖二學之公例。所以言並著相生之變。未必皆為其脗合。而形氣之事。亦時有其不齊。微鉅之度。遲速之期。亦不可以一概。然其於人身生理之自然。則固條理始終。井然見專科之可立。向使有人焉。以人生自少至老。常有無端而儻遇者。不可以逆計而順推也。而遂謂無人學。是則詖辭之蔽。由不知生理之與生事。固有殊也。

行術年譜之於一人。猶歷史紀傳之於一國也。行術年譜之所敘錄。積言行以綜其人之一生。即於此可以得其形幹心知之天演。歷史紀傳之所載誦者。積聲明文物。以為其群之成績。亦於此可以得其種民治化之天演也。使執言行之不一端。而曰人理無學。其語為非。則以聲明文物之互殊。而謂群理無學者。其謬亦猶是耳。

然而以人喻群。亦著其大較而已。非事事皆相類也。苟分而觀之。則群之為物。形法功用。於其類見同者多。見異者少。其受變亦易於人身。其所待之外緣。多方而莫有同。亦視一人之所遇為尤劇。第所不可不明者。是二物天演之中。其著於外。雖俶詭譎怪而莫有同。實皆有其同而不可見者。以為之根極。俶詭譎怪者。固不可以為

以下正言群理有其不可知。有其可知。有其可知是以成學且是可知者。分為三等。大同次同特異。

學。而根極之同。則吾學之所宜勤求者也。此如一人之身。必有其形幹心知之天演。而後有其言行之可傳。而一群之立。亦先有其種民治化之天演。而後聲明文物。史可得而書也。吾學之所盡心。在是二者體用之消息云爾。

謂群學與人學有比例者其言淺。謂群學與生理常有比例者。其言深也。群之為物。實與生物同體。而又有類別之可區。為類為別。雖不必若生物界畛之明劃。而等其所同異。固有幹條之可分。故生理學之言生理也。於物之形法官用。有其大同者焉。為有生所莫外。有其次同者焉。生物之大半從之。有其特異者焉。則一類之中所以得別也。群學之言群理亦然。本其大同。以觀萬國。即其次同。以辨種族。即其特異。以分國民。而群之形法官用。莫能遁矣。

然而拓都之為異。自么匿而著者也。民者群之么匿也。必本民情。乃見群德。故人類之所同然。凡群皆有其表。一種族之所同然。其表見於同種之國。最下一方之民之所獨然者。必於其國。乃著所獨有之表驗也。故無間自其冥同而觀其玄。自其各具而觀其著。前例之信。究竟皆然。員輿之上。總總林林。所謂僿野之蠻夷凡幾部。所謂文明之建國又幾何。第即其國土形制。而類族辨物焉。則民情群德。二者對待為變之理自見。即其散以會其通可也。立其通而徵其散可也。然則群理之可為科學。又何疑焉。

如前所云。特群學之大體。今試舉其學所已明之一二例。學者庶有以識群學之真。顧方為其始基。則持論不能不資其淺顯。非以其理之居要也。蓋以其義之易明。夫亦粗舉卮言。用示學者涂術云爾。

天演之界說曰。**天演者。翕以合質。闢以出力。由純一而為錯綜。由渾而之畫。質相力含。相劑為變者也。**此皆於群之進演而見之。群之由小而為大也。分官任職之局。必由簡而漸繁。最初之群。其數必少。而不相繫屬。無上下之相制。而不統於一尊。**故有長之群必眾。而有紀綱繫屬之可言。制治之權。定而能久。凡此之謂判分。判分者。天演之首事也。以有判分。故群之始純而無異者。浸假乃見異焉。而見異之情。莫先於分主治與受治者。分能制與所制者。此群演發軔之大經也。**

以下釋群學公例之一條。使學者明群學之大體。至其所釋之例。則群演必由簡入繁。由渾入畫也。

群之形演而進矣。其主治之制度亦降而益密。故小部之酋。更置如棊。而政事亦簡。獨至其群日大。并兼聯合。其主治之制。乃以日。繁有元首。有股肱。而治具益備。此判分中之判分也。

右雖人所習聞。顧其理所關甚鉅。不可忽也。民合成群。其么匿乃有分殊。殊而君民勢分。而後成體相生養。此言治之常談。亦群學之要義。生物之始形也。**無論科品高下。其體必先有表裏之殊**。惟最下之品。乃有胚無胎。渾然莫辨。此猶世間最下群品。居山林沙漠之中。其眾泊然相遭。不相隸屬。

方判分之始也。主治與受治之界嘗無定而不明。土番酋長。操業與眾不懸。眾漁畋酋漁畋也。自庀矛刺。自為綯索。脫有戰事。從役不異眾番。特權稍重耳。夫戰爭所以保群。力作所以相養。其君民之分不懸如此。故治群之事。如訟獄刑賞。其權亦不專。

稍進。則治權專矣。酋食賦而不自為養。然作勞趨功。猶與其豪埒。其群是時固有豪也。**治權雖萌長**。而宰制與力作之任。二者猶未分也。故耕牧則為之農老。司其分收。交易則為之監市。主其平價。而其身尚未離農工商賈也。更進而後力作生養之事。皆任民自為。酋長所謹持者。訟獄則為之士師。戰鬭則為之將帥。蓋至此而心力之勞始分。而食人食於人之誼亦定。天演益進。判分俱深。勞力之業。有生者為者分者通者之殊職。群之生事。於以粗完。而立治之制。則多循乎其故。

浸假事使之分大明。制治之權。亦由此而判分愈密。其始。王一身所兼者。士師也。將帥也。郊祀之祝宗也。演進。則數者皆有分司。群大政繁。乃克相副。徒自其名言之。王尚為訟獄之主也。而為民置司敗。尚為兵車之元戎也。而征伐有命將。乃至宗教之長。巫祝之師。亦皆有主器之祭司。非王者所有事。雖一國之典章功令。其頒定必由君權。而制置奉行。在在皆股肱之專職。此謂由純一而為錯綜。最為顯著者。

演之最後。錯綜之中又錯綜焉。前例之行。斯無往而不遇。設官分職。其始莫不簡也。莫不渾也。至是。諸司之所掌。又分為丞副。若幹有支。若臂有指。一群之內。治權宗教。財賦兵刑。莫不遞析迭分。釐為庶工。不相儳越。此謂天演之程。雖日繁而又日晝也。

雖然不佞此所欲言。非遂及群學也。粗舉綱要。見群學所講求。居何等耳。又將以見群之進而日大也。其形制事功。固皆有大同次同特別三者公例之可求。猶之動植之物。其天演之層累淺深。常有公例

此下言民群幹局與其生機二者對待

也。

今試設問題於此。而後徐解之。曰群之方演也。其幹局❽與其進長之機。相待之變為何如。又幹局之利於進長者。至於何時而止。幹局反為進長之拘閡者。自何時而形。而進長之事。為幹局所限域而不可過者。其事又何若。

則先即生學之事而喻之。有生之形。莫不有幹局。進長之功。傅之而見。二者有相待之變焉。微妙閎深。殆不可以言詞罄也。獨最微極下生物。生理稍與他物殊科。舍此則進長盛壯。非有甚大幹局不能。統有脊無脊動物觀之。此例之行皆可見也。若夫高等之族。以絕有力善走稱者。進長之程。常與幹局之成相終始。幹局既完而堅。進長之機。亦從而止。故當形骸官理未甚具之時。其進長之率常最大。其骨骼猶韌耎而未盡彊也。其肌肉猶濡弱而未盡燥也。其囟腦之襞積緦理猶未盡明畫也。總一身之幹局形制。皆必俟進長之既極而後完。然當進長方殷。所食不可以不消導也。營衛之血不可以不周流也。有呼吸之續焉。有滓穢之蠲焉。使非其藏府差完。脈絡既備。必不可也。物不能不資外以為養。則所以攫取之具。與其巧便之習。亦所演

之理。亦釋例以喻學者。使知此學所講為何等事。

爾。故肢體官知。與夫腦脊之用。又不可以不靈。然而皆具矣。皆未堅也。獨用此具而未堅之幹局。乃克致其進長之功。而且進且長。漸進漸長之時。是幹局者必息息焉為之易新。以與其進長之程度相劑。假使幹局大定。則利於一時者。必不利於方將。合於微小者。必不合於魁碩。故一物方長之秋。必時時有其改制。潛移陰易。方死方生。反是而觀。使舊有幹局。既堅甚完。其改制沮力。亦以愈大。而革故鼎新皆難。其物乃入於老死。此不易之公例也。

嗚呼。此吾國變法之所以難也。

更證以人身中之一骨。而其理乃益明。人身以髁骨為最長。童子之髁骨。其兩端椎桿相函之窟。恆柔而不堅。恆濡而不燥。骨之長也。其骨質常於是二處而傅之。必俟進長既足。身軀及格而後由柔成堅。由濡入燥。向使是為長者。適在骨之兩端。抑在髁之中部。方長之時。必弱而不任力作。乃今有骨端相函之用。而生機又不由之以沮。則自然之至巧也。夫髁骨特一端耳。實則一身之肌骼。莫不如是也。知此則所謂幹局為進長所不可無。而有時又為進長之拘閡者。其義可徐見已。請更徵一肢之進長。夫肢之大小。與全軀相副者也。然使用之獨勤。則將有偏長獨進之形。又使益致之功。為之甚早。若當遲弱之年。則此肢之碩。必逾常格。設為之於形足體成之後。則此肢之為進常微。顧是二之所加。皆有限域而不可過。蓋人於一肢一部而用力獨多也。以其用之多。肌肉筋脈麋之者疾。麋疾斯其補之也亦厚。而血之偏趨於其所者。亦較常時他所為獨殷也。殷故其所增。常過於所麋之數。此碩大之形。所以見也。顧血之偏趨其所而殷也。勢必為營衛大小之所制。營衛大小。又有定則。使所趨之血。多者有限。尚可弸其管而受之。設弸而過。勢必毀其故小。易其新大。而後容之。形之進也。營衛血管。毀舊易新之事。亦時有之。特其勢必甚緩。小絡差易。幹脈較難。且血之周流於一身也。以心為之匯。以肺為之澄。衛脈所以行澄清之血以生新。營脈所以運汙濁之血以去故。欲形之大進於其故。非營衛先大進於其故者不能。故曰生機必有待於形制。而形制既定之餘。生機乃受其範圍而不過也。且夫血者所以養形。而涅伏者❾所以主知覺運動。與心肺營衛之張翕也。故營衛進矣。必涅伏與比例為進而後可。況形定而府藏成。一身之血必有經數。非他部之血有所減。其一部之血不能有所增。故一部之營衛涅伏。以血增而易夫其故。他部之營衛涅伏。亦以其減而易夫其故。此所以欲一肢一部進長甚多者。拘閡之勢。與之俱多。多甚。將有不可踰之畛域。使其踰之。不獨一肢一部之形制。其故者必不可用也。將他肢他部之形制。其故者亦不可用。非革之而易其新者不能也。是故一形既立。使於所操之一業。所處之一境。甚宜而無憾。忽令易他業。遷他境。則仍求其宜也必難。蓋於前之生事既宜。幹局既備。一旦境移事遷。其改革之功必愈不易。使新境與舊形而甚迕。則生機由之而屈者。蓋比比也。何則。以變境之已驟。而革故之不時。

夫幹局與進長之機。其相待於生理者常如此。而其理之見於一群者又何如。群必有法度。凡所為至纖至悉者。既以建邦治於一朝。因之經綸愈密。章制愈周。後之變革從新。其進也遂愈不易。夫必具形制幹局而後有天演者。一群之生。與一身之生之所同也。顧幹局定。則生機之進長有窮。欲起其限域而大進之。非革其故形而為之新制不可。故守已陳之形制。則生機為之屈而不宏。從其後而更張之。則向所已成。又甚完而大固。此維新之事之所以難也。非不知群之為物。其與時推移。不若生品氣質之難化也。顧其事已為人力所不逮如此。一群既立。其形法制度。常日即於一定而不可移。一法之行。一制之

嗚呼。觀於此而知吾國變法當以徐而不可驟也。

立。**日計不足。歲計有餘。皆所以定之之資也**。試為舉群事之顯然者。則前例之行。可共明於其故矣。

自其細而驗之。則徑涂車軌之制是已。往者國未庶富。城邑徑術。偪仄湫囂。猶可用也。至於今非更新而充拓之則大不便。然以舊制之難圖。所在皆如此。顧此猶其小。若通國之鐵軌。則變易為尤難。方汽車之始用也。沿驛傳之式。軌狹車庳。狹軌之設。徧於國中。今雖有適用之寬軌。而易轍大難。即車廂之制。亦本於古者之傳車。其不便為旅人所共悉。然而其制已施。不及改矣。獨彼美洲之汽車。鑒於吾英之不便。且國多新闢之土。無舊制之梗於其間。其車制遂善天下。若夫英之車制。吾不知何以善其後也。**母財之注於舊式者既多。勢不可以悉棄。欲新舊並行。則以涂之交午分合。其勢又不可。狹軌庳車。遂忍此以終古。而民生無形之損。坐此至於不訾。此非幹局前成。反為進長之拘閡者耶**。

又觀倫敦宣洩之制。是例之行。又可見也。三十年以往。國家為厲疫之防。乃定為宣洩械竇之法。以鐵筩伏行地中。注之河海。大邑通都。莫不用此。乃今其弊大見。**蓋管伏地中。為養氣所不及。穢垢**

**鬱蒸。久而為毒。一也。管通民居。殢氣闐溢。封蓋不謹。傳染乃興。二也。正坐為之法令。乃使所欲塞者。反從而流。法之不良。於斯極矣。及議為之變法。欲使圊溷所出。不獨不能為害。且可施之田畝以為肥。則舊制為之大梗。**至今議院論城飲宣洩之政。數百里城市。猶相與聚訟於其所宜行。謀始不臧。漫為之制。制之既定。逮見其弊。乃謀所以補苴挽救者。嗚呼難矣。此幹局為進長之拘閡者。又其一也。

更觀吾國之商政。此例之行。又可見也。**蓋貿易之業。始也常曲折難行。及行而久。遂成風俗。後雖有易從之他道。而欲反所習。皆為大難。且有時而必不可。**此如英國書賈之業是已。方郵政之未修也。每緘費一先令。而簡帙無從遠寄。於是一書之行。自印局以至購閱之家。其中經批售之大商。有零鬻之小賈。其利遞分焉。至於今事不同矣。郵費至半便尼。而寄一書。費數便士耳。舊行之法。大可改良。使書價降廉。而受益者眾。顧中飽之利窒之。使有人焉以其書登報逕售。守舊書賈。必將大譁。而以法禁此書之入坊。使書主得不償失。**此以見法制利用於一時者。事異時移。反為民病也。**又向者讀書人稀。書因而貴。於是有書社之制。以嘉惠無力而好書者。始也其事行於一方。浸假乃徧一國。故書售於公社者多。售於私家者少。且一書給百人之用。則其價不得廉。廉則無以為著與編者勸也。以此遂成風俗。人欲讀書。必取於公社。雖書價今微。不思自購。獨美洲不然。一書之出。家而有之。故其勢甚便。而書價之廉。亦非吾英所能及。

其他尚可以為近譬者。則如學校之制是已。夫吾國學校。於作人。於肄業。皆遜於他國。此有識所共歎也。顧其舊之難革。而新之難圖者。因售制之行既久。學產公田之利。積而愈豐。一也。前輩名人學業。有成績先聲之可言。二也。人各保於所習。受學之子。先入之見既深。從而祖之。不知其短。三也。故新者雖有至美之規。欲其棄曖姝之見以相從。難矣。且資事之財。其數有畛。既豐於其舊。則嗇於其新。設學之地。宜者無多。舊者既取而據之。則新者無所於闢。又況舊學之子。心習既成。益以虛憍。道真難見。如此則雖有甚精之學術。極善之師資。常為舊學所抑而不用。專門之業。如刑名宗教。皆自成風氣。徧行國中。肉食之眾。由之而出。聯為徒黨。保護利權。以主持一國之政教。其為制也久。其立法已周。而利實又與之相輔。如此而言更張。固不待深察。而知其不可矣。此又一事也。

廣而言之。將一國之法度張施。無往不合於此例。群者生物。形與進之間。必有其相待而為變者。夫非形則生無所附。故無法制則群無由立。顧物欲生之進而益隆。非其形之蛻故而日新不可。使生為形之所限而不過。斯形累生矣。是故學者當知形幹既完。則生亦由此而不進。譬群制之大定。則滋大之機。亦因以止也。此其要義。常為世俗講治化者所不知。蓋彼徒即史家之意以觀群。不知若此類之公理。正群學之所重也。

有起而詰者曰。博哉吾子之言群也。雖然勤以治之。固何益乎。吾黨生於滋國。為滋國可矣。何必取蠻獠淺化之事而求之。彼古國之皇王。古民之生養。勞心勞力所由分。主政主教。權所由二。一國之風謠禮俗。定於民智民德。及其所與鄰者。是固有足論者矣。顧吾方汲汲然於一日一時之功。至斯決之而已矣。何暇若吾子之遠引而窮探為。群理固可以為學。亦有其可考而知者。見其會通。公例乃立。特不知是公例者。於乃公事又何裨也。

以下言讀史而但觀古人之事蹟。雖考之綦密。必不足以得盛衰治亂之由。惟知求群應之曰。子言固然。雖然獨無以為吾群學地耶。子以吾所論。且不足與讀史之心得比功。國君之世系。朝代之廢興。宮妾宦官之所陰謀而陽鬨。皆子之所重。而目為世變之所存也。鄂布查德之死。果李什斯特之謀。而額里查白與同惡歟。高懷利之變。與英王雅各之所自言。果皆合歟。凡斯疑獄。皆子之所論斷。謂由此而後國家之法度有以明也。普魯士之弗烈大力。嘗與其後母爭矣。始疑其鴆己。避而從姑。乃為選侯。乃行賄以求王位。死骨未寒。其子威廉乃盡逐其父之舊臣。一意聚斂治兵。以之自衛。而又甚不慈於其親子。凡若此之事蹟。其有涉於一王一帝之所云為者。皆吾子之所博考精思。謂由此民生舒戚世治進退乃可見也。他若拿波崙氏崛起發跡之由。其為談治者所要知。又無論已。始造攻於意大利。繼奮雄威於維尼斯。轉走埃及。屠城滅邑。少挫於阿克爾。遄歸乎法蘭西。轉戰於日耳曼。建藩乎西班牙。欲折箠以笞鄂羅斯。卒於此而天不假易。此其軍謀武略。勝敗之分。屠戮之數。稍或不知。則於言治也無本。將某制當立。某令宜罷。不知所輕重左右於其閒也。雖然。是誠重矣。而於前數者既通之餘。庶幾少慰神慮。以宿留於群理之自然。用以識民群二者。相

學籀其公例者。乃能據往事知來者耳。

待之為變。亦未必遂為玩物而愒時也。竊嘗謂群大物也。聚眾民之血氣以為血氣。聚眾民之心知以為心知。然則玩天演之致。考進長之機。一政一教之立。察天機之向背。未必於利害之數。皆無取也。夫因固有遠近之殊。而果亦有旁正之異。此非深考而明辨之。不能見也。吾於群學。夫豈私有主張。特以謂群之為物。同夫生理。以其有形體功用之可言。則天演之進退。人謀之否臧。何者可用。何者難行。非於因果諦觀。而執科學公例求焉。殆未可耳。

使議者聞此。而猶以群為無學乎。雖廢卷不觀可也。借不佞之言而可用也。乃將有以繼進。蓋群學未可以逕治。必有居乎其學之先。不然雖治猶無益耳。

## 附註

❶ 譯言總會。

❷ 譯言單個。

❸ 若炭質之為炭為黑鉛為鑽石是已。

❹ 物至小者名曰莫破。合數莫破而成質點。

❺ 俗稱拋物線。

❻ 西名安那托美。

❼ 西名腓支阿洛志。鉥驗學。所以治生物之體。內景學。所以考官骸之用。

❽ 他處或譯形制。

❾ 俗名腦氣筋。

# 知難 第四

嗟乎。群之為學。所遲之又久。而後成科者。寧無故哉。蓋科學莫不有其所治之事物。與能治其事物之人。而能所二者對待之情狀。科而不同者也。自是三者於群學獨異。而莫同於他科。此群學之所以難為。而其難亦為他科所未曾有。是固可得遞指其略者矣。

何言乎所治之難耶。夫天學高矣遠矣。悠矣久矣。顧其所揆候推算。如日星之躔。逆伏出入之變。皆目力所可以徑加。有璇璣之察。有晷刻之紀。而群學之所揆候推算者不然。力學之所治者。統熱電聲光以為緯。分流凝動靜以為經。質學之所治者。自金石之原行。逮動植之官品。號繁賾矣。然亦皆耳目所徑治。程驗所得用。其品可以類分。其量可以度別。而群學之品物權度。又不若是之易為。生學之理雖玄。然可得以微察也。心學之變雖隱。然可得以內照也。而群學所有事者。其為物互著。其為事間有。必彙其情境而詳審之並觀之。其變象又一一焉皆繁而不簡。散處於大宇長宙之間。勢不可以遽集。故

以下言群學難治。分三層說。一所治者難。二所以治之者難。三二者對待而見其難。作者以知難總挈此後八篇。故但舉綱要如此。

雖有至大之經例。至明之人理。若斯密原富所表而出之分功。皆遲之又久而後見。夫群進而民任職不同。此其通例固易見也。顧如是之經綸。非天創。非人設。非帝王之所詔教。非黔首之所利圖。出於自然。而莫為之所。故欲見其會通。立之公例。必取無數群之人事而詳審並觀之。又必於群演淺深。得其精粗疏密之致。而後通例見焉。夫分功理之易明。例之易立者耳。乃其事若此。知此則群學所治之難。可共喻矣。

何言乎能治之難耶。夫人於學絕無所治。則亦已耳。假有所治。則將有心習之成。而秉之以觀群理。夫習不可以為群學也。如或長於內籀矣。而有學不思之罔。或長於外籀矣。而有思不學之殆。一國之內。學士如林。能用耳目心思。以求一群之事實。又鈎稽參伍。以求其理之所由然者。亦已少矣。況能祛其已成之心習。故往往以前治之學較簡。神識致偏。不足以理雜糅錯綜之緒。人之才性。常不期而自與其所治之業相得。此所以有習者之門也。然亦以其一業之相得。於餘業之不相得以章。故人之自繕其才也。使其心與事物之簡易徑淺者既習。一旦轉為繁委紆深之業。必鋤其前習。祛其本領。而後得之。

此其難之屬於識理者也。又人情之於他學也。理有誠妄。事有然否。皆平情一視。無所訢厭忿好於其間。獨言群不能。由是則觀物不能如水之澄。而鑒毫髮矣。由是則審理不能如衡之平。而別銖絫矣。其求證佐也。合於己說者。則多取之。離於己說者。則棄擇之。其推效竟委也。所利者雖甚遙。常若可得。所害者雖目前。常若無睹。故學者言群。知成見己私之可以枉實蔽公。十人之中或一得之。至知其枉蔽之多寡淺深。謹豫計以為之地者。蓋絕無焉。今夫私之為害。固無學而不然。大抵先成乎心。而矜情中之。乃恥改作。而群學之與他科異者。則以私之最有力。而所形獨多。往往由權利之相涉。抑與其所忿好者有向背之殊。甚或篤教囿時而於所論者生訢厭。凡此皆難之屬於情感者也。識理情感。二者之辟不易祛。此能治所以難其人也。

若夫群學之難。生於能所之對待者。能治者群學之家。所治者群學之理。往往以能治者所居之不同。其觀理也輒異。在他科之學。所治與能治者。離而為二。若不相謀。獨至群學。其能治者即函於所治之拓都。而身為之么匿。故其察善惡苦樂之異。與夫成敗利害之歸。情不能不因之而動。理不能不由之而熒。夫以小己言群。以言其顯。

猶群之一羊。論其全種之進退也。以言其隱。猶身之一血輪。觀其全體之盛衰也。身為一國之民。夫亦各有其分職。必所職之日治。所居之日進。其生乃休。是身與群常相倚為休戚也。故於群之事變。其心必不能無概然。非若他科之學。其所信之理。所致之情。於能治者之身心固無與也。故其治之之難。亦為他科學之所無有。嗟乎。人生一世間。種族國土風俗。皆非其人之所自擇也。乃今欲獨立蒼茫。自別於所生之種族。所居之國土。所習之風俗。以脫然於所樂利嗜欲保持崇信之端。端坐晏然。視一群之變態。如堂上人聽堂下之曲直。不為墟拘。不為教束。又不為一己利害之所牽。而其理之真乃出。是固常人之所不能為。而能者為之所不能盡者也。

治群學之所難三。如右者乃姑指其大略。至其纖悉。則繼此八篇論之。

# 物蔽　第五

自歐洲民智日開。皇古史乘。幾成齊諧。又自格物日確。古人功罪。多所平反。蓋後之學者。於古書之說尤兢兢然。以彼為物誠難信也。然則群學難治。首著於史事之不足徵。且所謂不足徵者。非必荒遠難稽。如希史之阿墨宗。恢詭誕異。而古人特著錄之。圖像之。一若灼然可據也者。東海紐西蘭島民。耳目所可接也。或謂智勇而殘虐。或謂愚懦而慈祥。其稱之相反。若旦夜之不同。乃終莫定其孰信。嗟乎。自有文字來。世之所傳者眾矣。諦而覈之。其所稱大抵皆此類也。牴牾衝突。治之滋棼。則安得其必不誣者。以為群學之根柢乎。雖然。此皆遠於時。抑遠於地者也。曷嘗觀其時地之相接者。

以下言事實之難徵。載記傳聞多乖謬者。

客歲冬日。有榜於通衢。曰軵首鶩者。❶圖其形。作兩頭出肩上。而視同向。他日吾聞客言。曾親至水族院。聆其歌曲。見其形貌。與所圖者不少爽。且以書寫其所聞見。致遠道親知。言其事歷歷然。後此百年。設有人以謂事關生理之變。必考其實。勤搜博訪。而得此時之所榜所像。又得旁觀如客者之手書。將以謂所考之物。形貌確然。而徵據之真。無過此者矣。而孰知大謬。是所謂軥首鶩者。非以一女之體。而具兩頭也。乃二體釐然。而當背相傅。其視相偭。其肢體亦大較完。獨至脊尻。乃匯而合。其腸腑亦由此而通也。夫軥首鶩之來倫敦日久。幾人人所親見。其事之易知易明如此。其無所取於淆其真又如此。如此而一時傳聞。尚有如是之違反者。則世事之放紛泮散。察者隱約難明。傳述者之耳目。以私利之重。成見之深。朋黨之異。其聰明由之而蔽也。又可計乎。

故不佞之言物蔽也。多即所親歷者而徵之。非不得已。不遠引古昔也。使處今之世。以格物之日盛。民智之日開。而事實之得真。猶難如此。則況在往日。政教之爭方殷。門戶之見至重。聽言之不審。析理之不精。載筆者喜浮夸粉飾之辭。過於今世萬萬者耶。其為難信。滋無論已。

人之於世事也。往往。以見之新及於其事。為事之新見於其時。以其心之變也。向所漠然不加察者。乃今殷然而察之。察而有所見。則愀然曰。是世風之異古也。是俗之降而愈漓也。而孰意不然。客之

以下言物蔽起於認主觀之變為客觀

所見。自如是耳。於事實何關乎。是故人新得蹇疾。常忽訝跛者之多也。猝有脘鬲之疴。則曰當吾少時。病胃氣者不如是眾也。常以其父之僕役。為愈己之僕役。顧不謂當狹斯丕爾時。奴之惰窳已若是爾。不然。其責奴之曲何歌焉。有子而為謀生計也。輒曰近日謀生之艱。過於舊時遠也。

由是其論世變也。乃有不實者矣。**不謂一己之乍見。而以其物為乍來。所謂為益壞。其實乃日瘥。所謂為彌增。其實乃日損**。此可即數事而證之。當吾祖父之世。國多沈湎之民。人恆醉而寡醒。肴饌辛烈。渴飲者多。觶斝之制。侈上銳下。必一吸盡之。置几則傾矣。視鍾榼之多寡。第人倫之高下。物極則反。俗甚而更。於是中才以上之人。皆知縱酒為爽德。顧人情方知其事之為失。遂云其失之日滋。於是有節飲之會。已而加厲。有止酒之會。轟飲酣醉。其風日希。然而議者不以云日希也。而以為日甚。至於今乃大聲疾呼謂非議院立峻法禁之。必無濟也。

惟教育之事亦然。溯吾英數百千年以往。尊爵貴人。**例皆己不識字矣。且甚惡識字之人**。目為賤業。稍降乃獎教宗之學。意謂舍此而外。無足學者。人不為教。亦無須學狹斯丕爾。之時。王公子弟。例不解書。而謂女子能文為可厭。男子著書為可鄙。直至近世。農民積畜致富者。尚以文字之事為大難。然皆降而漸差。文明世啟。至於近今百年。則幾絕景而馳。不可量矣。昔時識字之難得。猶今者不文之難遇也。一千八百三十四年間。國中之民。幾無不學。而其時人則曰。吾民大愚。國家必有常費。以為黨庠鄉塾之資。顧學費始不過二萬鎊耳。逾三十年乃一百萬鎊。實五十倍於曩時。其進率可謂至速。然而議院之中。尚太息陳言。謂不蚤為之所。則以民智之卑。國將不救。假有人於前代民智何若。一無所知。但聞若輩之論。豈不曰蚩蚩之愚。於今為烈。惟急合通國之力以為之。而後有以挽狂瀾救胥溺耳。而孰知其與實正反也。

是故物論難憑者。**以常人認心識之變。為物情之變也**。其以今擬古。亦常坐此失而不自知。此考事實者所宜謹也。否則不為所蒙寡矣。**每見人生長一城邑山水間。及壯他適。經十數年或數十年而歸故鄉。輒覺少日所心壯神竦者。乃今若不足道焉。不知向之所大者。非其物之果足大也。腦力幼稚。所更境稀。其感物之量至新。而方物**❷

之能未具。不獨於景物然也。於人倫亦猶是耳。外物固未嘗變也。而吾之主觀變焉。其始鉅而終微之者。由閱事既多。權衡日精。不若前者之易震也。其於世事。常若昔盛而今衰。而實無所衰也。實且昔衰而今盛。此如人言其種民。昔魁碩而今微矬。或言其國財昔富厚而今空虛。至考其實。於形則考之衣器骨蛻。於財則案之物價簿書。恆與所言者。正相反也。

故治群學而聚其事證。欲袪前弊。無間古書今說。於主觀之變。皆宜謹為折除。至所折除之多寡。又當觀其說之見於何世。出於何人。其所爭者為何事也。

夫事實難明。以觀物者之多蔽。雖然。前之為蔽。蔽於心習之所同也。乃更有蔽於心習之所異者。則各懷成見之為害也。如近世禁煙會。直謂煙之為害。可以致怔忡。發顛癇。偏枯痺痿。與夫形幹之日以短小。其厲皆階於煙。此其為溢實謬說。固聞者之所共知者也。大抵常人心立一說。自以為得理之真。則常致其愛護之私。雖大反事實而不悟。往者衛生之政之初舉也。有人信之獨深。則考英北堪白蘭部。與英京倫敦。二地戶口之死率。將以見二者之異。起於衛生之力

此下言物蔽之起於成見者。

不力。乃不知倫敦有三百萬之居民。以呼吸炊燎於其間。空氣為之混濁。北部固無是也。且野邑民業大異。邑業不出戶而坐治。野業勞筋力而露處。又倫敦之民。勞心者眾。**勞心而過。非其種之所體合而任者也**。堪白蘭之民。大抵勞力。**勞力雖過。固其種之所體合而任者也**。置三者之殊於不問。而獨指衛生之疏密。夫衛生固可使死率減少。特此人之所考列。則與實事懸矣。

他日又有友。出一帙以示予曰。此倫敦城中某部與某部之死率比較表也。宣洩疏通之政行。則某部死率之少如彼。不行。則某部之多如此。此以見政之大可恃。而其效為不誣也。不悟彼所謂死率甚少之某部。背郭向山。獨據善地。而居其所者。又皆富厚之家。豐食美衣。生事甚備。又以其民品地之高也。無淫佚縱恣之戕賊。亦未嘗過於作苦以害生。至所指死率甚大之某部。處倫敦湫隘之隅。以其湫隘。力能辦徙者。相率徙去。惟赤貧窮乏力。不能擇善地。舍此莫居。大抵皆凍餒不蠲。沈湎自棄者也。**前部以其地之宜人。勢有以召善生之家。其力本足自存而長壽。後部以其地之無賴。勢有以徠不給之眾。其力本不足自存而夭殙。然則死率之多寡**。豈皆政為之歟。吾不曰衛生之政。不足以壽世壽民也。特不宜忽其所固然。而以天之功為己力。

是故陳一事實。**言者之知識。常為先成夫心者之所蒙**。而其真不見。古及今世盛世衰。民之為慮。明闇不同。**然皆有其共守之說。眾信之談。先入之以為其人心之主**。此又治群學者考求事證之所以難也。

且淆亂事實。而黑白相貿者。**尤莫重於人心自為之私**。**觀其所爭。大抵在名實耳**。故吾黨之詢事考言也。宜知無論傳者之為誰。其所稱群理之曲直。國政之是非。什八九皆私之所奮。而事物之情。每不在此。至於商賈貨殖之事。則自營之意尤多。此閱世稍深者所共見也。即如近世集股公司。開山造軌。此國民交利之事也。乃其始也。**以通往來振觝滯而為之**。俄而牟利之民。**或以廣其所操之業**。**或以運其所積之資**。則歆聳慫恿。**如雲而起**。**其計值課息**。**常稱倍蓰**。**轉輸人貨**。**源源無窮**。乍聆其言。**真若可信**。**顧與事實**。**則常大歧**。**彼出財入股之家**。**雖履之後艱**。**然已破產亡家**。**身受其禍而無及矣**。故群之商局大昌。其趨於姦利者亦日眾。勒章程。具契約。常若至公。**至**

此下言物蔽之起於己私者。

於陳列事實。則有意瞀亂之。以欺俗為得計。往者英國南海保險諸公司。所眾錫以浮漚之名者。明其易散也。其始也莫不欺以其方。而部署至為縝密。然其終常卒敗。近以作奸者眾。故國中為設特報。以暴此類之陰私。嗟乎。人遇此等事。必勿信寧疑。庶幾免耳。不然。豈有幸哉。雖然。是之為欺也。乃心知其欺。而以此自售也。至於他端。尚有其欺不必出於本心。而以牟利之殷。遂神愁智昏。因自欺而欺人者。又比比也。

彼所為歆聳慫恿者。將以為一公司也。故其害在商政。而亦有造言動眾。將以為一政法者。則其害在國群。而其求利己私則等。美國政治之家。自為一類。其守一主義者。為生計耳。吾國近亦有一類人。專持救災振貧之說。其本旨亦出於利身。得其事則有俸費。理其財則有畸贏。凡此皆害群之鄙夫。幸吾國此曹差不眾。年少教士。貧而覬一地之住持。則太息言其民之失教。奔走募乞。以建神堂。故其言民俗之漓。常過其實。不如是不足以動聽也。士夫流涕以言一國之顛危。一方之昏墊。列條陳。言補救。考其終事。不過欲上行一新政。而以己為之紀綱。實至名歸。而利亦己附。夫既言之而冀其事之必行。則不得不甚其詞。間有事言反者。必匿而飾之。又人情也。國家一善政之行。一善制之立。固莫不有其發之者。乃其始也。以其言之不見聽為憂。其卒之。以其身之不見用為怨。吾聞其語。吾見其人矣。此其人之宜用與否。非不佞之所敢知。吾特謂處。心如是者。求其始發之言。適如事物之量而止。殆無望已。故往者有人。平生三十年出入於私會社黨之中。其所更之事甚眾。已而著書。歷言其中情事。曰。今之所謂社會者。與古之教會同科。人必以其會之宗旨為便於己私。而後涉其足。至其論事也。則屈事以從己。有不可屈。而與其私利背馳者。堙之而已。凡吾所身與之社會至多。欲求一會一社之間。而無此欺者。未嘗有也。其言之絕痛如此。

由此觀之。夫人之論事。使是非然否之際。有涉乎其私。雖有忠信之夫。其考列事證也。亦將於其所合者勤。於其所不合者怠。是故察一人一眾之所為。由其所自言。與由其反對者之所言。皆不可不謹為之折除。庶幾可以得其實。嗟乎。古若今之事跡。其幸而有傳於後者。皆有私忿好者之所為也。其過也。或怙焉。或眚焉。胥有不實不悉之憾。則治群學者。又烏從而得一群之真情。

使前數端之為梗者合。則事證之求實愈難。此可即近日議院所行而見之也。自醫學之日精也。莫不知向所謂男女淫黷。發為瘡瘍者。其毒害今輕於古。日乃有人焉。於議院發言。謂非立甚嚴之法。以塞其流。則其害將至於不救。此正如向者禁酒會之所為。不悟酒失古盛今衰。而反以禁酤為不可緩。病方瘥而藥日峻。為術何其傎歟。且吾所謂今輕於古者。非無徵之言也。總大不列顛三島。與中洲數十百名醫醫報之所言。莫不同此。赫蔓孫者。於此疾為專門。當議院就詢。赫云國民患此者。五千口之中。不過一人。嘉德者。又國醫也。黨連一百八醫之名。上書議院。極言其不足憂。而醫會與為反對者。僅二十九人而已。顧院中決議之日。卒以此為殑疾。不早為之所。國種將以日衰。民力至於不振。且使無辜之婦孺。受害無窮。乃立為查驗衛生之苛法。夫裸驗。不獨侵小民之自由也。而其法又不能以無弊。何則。予督察者以權。而未嘗立之權限。且其權限。固不易立耳。成見與私心合。將使無根之談。反勝有徵之說。雖有甚深之閱歷。莫大之周防。一旦亦可以不顧。何以言之。吾英國律大義。**凡殺傷人者。非有明證定讞。則刑不得以遽施**。蓋律不如是則弊生也。故亞漠士為律

以下言數端萃而為梗之實證。

學專家。亦謂英律事制曲防。法王纖悉。所經累代之爭而後定者。欲必使無罪之民。不至以執法者之意有所疑。遂被以殺人盜賊與他罪之惡名而無訴也。此非所謂甚深之閱歷。莫大之周防歟。乃今日者。以一議員無端之聳聽。遂使前代法意。與其所保之民權。因而俱失。今夫予人以權。而無其責。則其勢常足以起姦。此各國歷史之所驗也。故權大無藝。則敗亡從之。立憲者。所以防無責之權也。數百年歐洲君民之爭。大都為此。一爭定。一無責之權以收。自由民權。乃以愈固。庸詎知今日之法。乃以歷驗於往古者為無足憑。意若曰無責之權。不至起姦。故遂背經法而從權宜如是也。以就衰日損之一疢。其殺人也不啻時疫霍亂十五之一。其所致死於十年者。不啻下利之所死於一年。而以隳數千年所辛苦而立之法防也。嗚呼。其亦不思也已。

自夫人師其成心。而牽於私利。故考覈之際。寧置其有徵。而取其無據。其遠則布諸簡策。其近或散於風謠。而吾學必得其真。而後有以會通而立公例者難矣。右之所述。皆並世之事也。其淆亂失實如此。又況求諸往古。時違事異。將其難又何如。夫廟朝之政令。鄉國之訟獄。刑章教典。與民之形貌性情。德行智慧。以至天時地利。鄰國之所互通。凡有一因。其於群也。莫不有果。而自傳聞之失實。則治群學者。於何考信而立其不撼之基。

今夫考事實於一群。以私心之奮。至於混淆黑白。貸貿褒貶。抑以智昏。用意膚淺。遂使是非紛如者。是無責已。乃有精心搜討。參聽平觀。此其用心。吾無閒矣。然而仍不得實。是又何也。蓋其所適**處之地勢。有以使一曹之事證。常處於明而易知。其一曹之事證。常處於闇而難察故也**。一千八百四十五年五月。吾英行圜田之政。林肯世爵言於議院曰。吾知議院遇此等事。固亦選派查辦之員。以求公允。然其侵小民權利。而使之失職者。常十事而九也。**吾非謂其知而侵之也。彼實不知而侵之。但議院不宜任查辦之員。安於不知。而致貧民遂見侵耳**。彼民既貧。勢不能來倫敦。詢事例。具人證以訟其所被侵之直。議院務察此意而為政。庶幾真公允耳。

以下言物蔽有起於主觀地勢不同而見有明闇。

王介甫所云新法坐不知此遂為天下後世所詬病。

且夫求證據。咨事實。顧常得其一而遺其二者。非無因也。其所由然者眾矣。國家將舉一政。則集百爾而議之。**每一說出。其俞咈常分兩曹。事之左右。一己之利害視之。往往徵某案則舊行之制可以廢。而彼之所待以贍生者。因之而失矣。乃徵他案。與前殊科。其效**

反是。又或持某議。則忤要人長官。而己之升遷。不可必得。獨持他議。可以結驩。且即使其事於己無密切之利害矣。然以發難建言。為國中巨室紳豪所不悅。則治郡鄙者。往往重之。以是之故。其所徵之證據事實。將皆佐一說。主一偏。而其反對之說。雖有證據事實。或有所諱而莫敢申。或無關癢痛而莫之舉。則雖有甚公之訊。甚平之議。顧於事實之際。仍但見其一偏。遂而成之。其弊必有形於他日者矣。

望舒東睇。一碧無煙。獨立湖塘。延賞水月。見自彼月之下。至於目前一道光芒。滉漾閃爍。諦而察之。皆細浪淪漪。受月光映發而為此也。徘徊數武。是光景者乃若隨人。頗有明理士夫。謂此光景。為實有物。故能相隨。且亦有時以此自訝。不悟是光景者。從人而有。使無見者。則亦無光。更無光景。與人相逐。蓋全湖水面。受月映發。一切平等。特人目與水對待不同。明闇遂別。不得以所未見。遂指為無。是故雖所見者為一道光芒。他所不爾。又人目易位。前之闇者。乃今更明。然此種種。無非妄見。以言其實。則由人目與月作二線入水。成角等者。皆當見光。其不等者。則全成闇。惟人之察群事也亦然。**往往以見所及者為有。以所不及者為無。執見否以定有無。則其思之所不賅者眾矣。**

如是妄見。常智皆然。不知地勢不同。事有見否。大抵其所見者。或於彼為特別。或於彼為相需。或於彼為易察。然數者之外。事實方多。乃皆無足重輕。置之度外。可乎。以此妄見。合之向所指之成見偏私。則無惑乎物之得情寡矣。

使觀物窮理之際。**以謨知者為接知。則又失其實。**蓋名學之例。**見甲知甲。謂之接知。見甲知乙。謂之謨知。**此宜別不宜混者也。而常人多混之。謬誤叢起。於群學其害尤著。所不可不謹也。

往有醫士名斯克格者。嘗取通國之丁口。分已昏未昏。已嫁未嫁。而較其死率。遂斷配合者多壽。而畸隻者多夭。其說初出。雖有指駁之者。然不以搖。後之人遂謂其例為已立矣。洎於近日某報。列其所考驗者如下。法國之丁口。自二十五至三十。其死率。既昏男子。千得六零二之數。未昏男子。千得十零二之數。而寡婦則千得二十一零八也。其在比京布拉索。已嫁女子千得九。而寡婦千得十七。荷蘭既昏男子。千得八零二。未昏者十一零七。鰥夫十六零九。已嫁

> 以下言物蔽之起於以謨知為接知者。案接知謨知出莊子。接知者直接之知。謨知者間接之知。

女十二零八。寡女八零五。而寡婦十三零八。若統而約之。則自二十五至三十。昏男死者千中得四。未昏死者千得十零四。而寡婦最甚。其數至二十二也。由此可知昏嫁之利衛生。而其見於男者甚於女也。云云。此其所推斷者。於寡婦最謬。其理甚顯。無待不佞更贅一辭。若取其餘所推者而論之。將見如其所列。雖若昏嫁一事。為壽夭專因。而其實則二者不相為因果。即令為然。而如某報之所考列者。必不能據以為證也。

夫民之胖合。必有其所以合之故。其不胖合。亦有其所以不合之由。使知其所以然。則死率之大小。非昏嫁所致然。大可見矣。今夫及其時則有牝牡之欲者。生類之大同也。男樂有室。而女樂有家。又人道之所大同也。然而有大同之情。而無大同之事者。其故何歟。自其最急者而言之。財力是已。吾非不知世固有無其力而漫舉其事者。雖然。是非常道。其自。量之趦趄。其父母之呵禁。其女子之愈疏。則無力者不娶。此文明之民之大凡也。故胖合之有無。視財力。視財力矣。其具此財力者。何如民乎。豈非壯佼榮譽。有其德慧術智者歟。然則有財力而嫁娶者之多數。必其康彊耐勞。而非罷癃善病者也。必其多才多藝。而非愚戇闇事者也。必其能忍遠慮。而非放僻任情者也。合是三者而觀之。前三者壽乎。後三者壽乎。夫然是有力者既與壽合矣。其壽夭方本於自然。而論者以昏嫁為之因。不知昏嫁因於有力。猶壽考之因於有力。以一因並生之果。為之一果一因。是何可耶。此其謬一也。

且其因有更切於前者。大凡高等生類。其傳種自續。必在己之生氣與形既備且充之後。故生生之能事。常視自善其生者之所有餘。往往於生理既備。形演至足之餘。而後傳育種胤之欲。發於天機之動而不自知。而牝牡之求與之俱至。蓋生物天演之公例。首於自厚其生。自厚而有餘。而後分為子姓。其種類乃孳乳而寖多也。是故約而言之。其耆欲之淺深。視所有餘者之多寡。而有餘之多者。必其生之甚厚。抑其形之甚充。生厚形充。毗於長存而久視。然則自事實而言之。彼形矼氣實。溢而為耆欲情感。使有樂於牝牡之求。而得昏嫁之效者。即彼生厚形充。毗於長存久視者也。由此言之。昏嫁與壽考。又同為一因之果。乃一因而一果之。夫寧非蔽歟。

不寧惟是。今夫昏嫁。其離合非男子之所獨為也。由於女子者恆大半。使他物勢均。則女子之擇對。必主於強有力。強有力者非他。形質魁碩也。性情敦厚也。術智優裕也。夫彼素號禮教之邦。而禁女子自揀所天者微論已。外是則女子自相攸。使女子而自相攸。彼不才之男子無幸矣。不才者何。形上與形下。一敝或俱敝也。顛醜殘疾。狂愚暴戾。凡天演之不備者。皆不才也。是故使昏嫁之際。女子之有權如吾俗。則男子之壯佼才藝者必易於得妻。而闒愚怯弱者否。夫壯佼才藝者。得天厚而毗於壽者也。闒愚怯弱者。其得天薄而毗於夭者也。由此觀之。又安得以久存為牉合之效乎。合前者之所論三。見人品之易以得壽者。亦易以得妻。蓋如是之人。其情感嗜欲之醲至。出於自然。而其力又輕俯畜之事。為女子之所樂得以為逑。然則前人所考而列之表數。必不足證昏嫁為善生之由。不過見二者之同出於一因。而常並著。

然不佞之舉此者。非論昏嫁也。將以見論事者多以謨知為接知也。以謨知為接知。則其治群學也必棼。而群之理隱矣。夫彼所考而見者。特有室之民。其年壽多過於獨處無妻者耳。此接知也。乃必謂其所以壽。徵於有室。是以謨知為接知矣。顧由前而觀。昏嫁壽考。

雖常並著。而不得以為因果事效也。以為因果事效者。其所謨知者失也。此以見群變難明。所待者多。論者常得其似。而忘其實。得似而忘實。固無適而不謬。

吾輩之察於事實也。常得其表。而失其所為表。表者常輕而無關係。所為表者重。而所係恆多。生於其群。耳目覩記之端。或以新奇。或以切己。爭樂得而傳道之。至物變之大且深。為群生進退之所繫。常忽不加察。抑隱而莫之知。此常智之家。閱世觀物之恆態也。不知人群一事變之形。常有無數因緣。匯而成此。或所由來遠。其推及者宏。或起於切近。至於纖悉。故論事變。使即事之所關甚鉅。則顯而易知。有其事雖無足重輕。以有致然之由。所繫於群理者重。則微而難見。此可即一二事而喻吾說者也。

憶數月以前。倫敦時報、刊布一訪事者函。言羯羅嶇闍大學堂。考選新生。所發問及答。其中多可笑者。蓋所試乃英文小說。斯考德所著之一種。名伊番和者。有司雜取書中名物當時語發問。諸生對射離奇。其拼切亦往往不中律令。在訪事者之意。不過謂竺乾學子。成業如此卑卑。於所問字義。多不通曉。將不足被選於大學堂也。顧使

以下言物蔽起於觀物之粗常。得其表而失其所為表。其表者所關於群常輕。其所為表者其關於群常重且大。

進而論之。將見函中所言。**其為考生之病者淺。其為有司之病者乃至深也**。夫聚百十少年。而試其可進大學與否。固無取鈞奇求深者也。乃今試者用他國之語言。以觀其材質之堪否。斯已奇矣。矧更取僻文奧義。數百年已廢不用之名詞。然則平心論之。此一試也。所可見者。**非就試者之不足教也。實主試者不足與於教育之事耳**。前者其所表者也。後者其所為表者也。所表者至不足道。所為表者。其關於群理深也。

顧此猶見於遠方藩屬者也。乃緣其事而反觀吾國之教育。則一時風會所趨。學校所為。有更異於此者。蓋自學部變法以來。所遣考官。其發策試人。什八九皆無當也。吾嘗聞一律師言。嘗見考試律學題紙。設以問彼。必將飲墨。又聞一古文專家言。國學前番試題。非己所能悉答。福勞特近世史家眉目也。於安得祿之會。對眾自承。某校所發史學問題十二條。所能對者僅兩條耳。又不佞親聞路益斯言。文部詞章諸題。己若就試。必曳白也。而路益斯為撰述老宿。乃國人所共知。則彙前事觀之。吾有以知今之試士者。其發問之題。**初未嘗為就試者地。以試驗其學之是否淺深也。將以自張其多聞。與所學者**

**之廣遠已耳。年齒壯少。身為有司。無聞則將以求名。有聞則將以副譽。於是因緣試事。力求所以衒其學者。而就試者之年力。與國家以中道求才之旨。同為彼所不屑俯就者矣。**

夫有司自鳴所學。不恤學者之年力。固為一時之風氣。然試思此風之所以行。則關於教育之尤大者矣。何則。有司試學者者也。而試有司選有司者誰歟。**此精於所學。而粗於試事者。誰實使之。**苟循此而求之。則教育之非其道。灼然見矣。**蓋必有不知教育之人。而主教育之柄。斯其張弛綱維。有如是之悖謬。**向使取主司而試之。且取是主教育之柄者而試之。**而發策設問。叩以試人之道。當以何者為正術。身為有司。其不可不知者云何。教育之方。以何者為節奏。吾恐曳白飲墨汁者。不僅來試之諸生也。**

且其事尚有深者。夫昏昏者不能使人昭昭。非有長於己者。不能校人之所短。**故教人必於所以為教者甚明。試人必於所以為試者甚裕。**固也。**特教育之方。將為之而使人受其益。斯其事不僅此耳。**為師傅。為試官。非兼明心靈之學必不可。夫心靈之學廣矣遠矣。彼試官師傅。各治專門之業者。烏得而盡明之乎。然彼之所期明者。非必心靈之全學也。**明夫人心智慧之所由開。思力之所以進。與夫才德之所以成達**。斯可矣。是故將為師道。之數者必先熟習而深明之。**具觀物之智。有內視之明。審於人心感覺往復會通之公例。孰為從著而入玄。孰為由簡而漸繁**。必層累曲折之致。瞭然於心。而後其施教也。不躐等。不逆節。而亦不後時。自非然者。其人雖明於所學。而不可以為教。亦不足以設問試人。於以驗所學之成否。與教者之實能實不能也。且吾抑不解夫世俗之論教育也。何獨以記醜聞博為成學者之多乎。夫記醜聞博。非成學也。成學云者。學而可致於用之謂也。學而可致諸用者。以學廣知。以知達材。近之則足以善生。而完其為人之量。遠之則足以造乎道。而進於知天之功。前之事所以成己。後之事所以利群。教育所求。盡於此矣。今之言教育者。非不知泛濫無紀之博學多通。轉不若專一之士。為一學而本末完具。可見於實功。收其實益者也。顧雖知之。雖言之。而見諸施行者無有。此所以吾國教育之政。雖經更張。而實則因循其故所守者。而化之不蒸。才之難得。舉坐此矣。

由前之言。乃益知吾生所見聞。與夫已往之人所以餉我而視我者。雖若要言。多非宏旨。而吾黨所貴。在置其毛傳。見其根源。知史書傳記之言。什八九皆糟粕塵穢。而所樂於把翫詳審之者。在從其所傳之細且輕。而得其所不傳之大且重耳。此又所以袪物蔽之一術也。

夫外物為蔽。使吾考之不得實。而因以生害也。又豈盡於右所言已哉。不獨觀物者之多疎而不密也。不獨以意為之。有所好樂。有所主持。有所私利。所論者遂失中也。又不獨人心常混所謨知者為接知也。不獨用意之淺。往往得其外果之微。而略其內因之鉅也。之數者之難固矣。而尚有難者。**則以地與時為大梗。地也者彼此之不相接也。時也者今昔之不相屬也**。所言者。政治可也。風俗可也。宗教之異同。懋遷之爭競。亦可也。雖同處一群之間。其事常散而不集。常奇而不偶。又益之以吾身與物對待之不齊。**則雖有至精之識。至練之心。其所思罕能與物情之繁事理之賾相酬者**。將申吾說。請先即其因於地勢者而觀之。

以下於前數諸種物蔽之外。更言空閒時閒之物蔽。而先論其見於空閒者。

觀群而觀其所居。若山川城郭。幅員疆索。屬於有形。非幽渺難稽者也。顧欲得其真形。使於意中。全局悉現。則雖熟於輿地者不能。夫言輿地之圖書眾矣。為之經緯焉。為之界域焉。著其地質。表其氣候。測繪之家。歲有所益。月有所增。志乘之所羅列。游紀之所綴聞。可謂至纖悉矣。然而治其學者。俯而讀。仰而思。欲得大地真形。其林藪川澤。田疇城邑。與夫夷險之相錯。坡陀之往復。水道之分豬。鎮集之類聚。欲華離繡錯之象。悉呈於胸。不可能已。即得其區分。亦亡其大合。夫使於有形之事如此。則彼無形之風俗。不可象之教化。及乎民智淺深。商業衰盛。人間攘熙林總之不齊。其為物既不可以圖。而記風土者。又耳食而肥造。甚者顯乖其實。似者僅得其膚。則吾黨欲求其真覈。又烏從而得之。是故言一國一群之事變。雖為其至。皆存乎近似髣髴之間。而不足以依據。觀夫議院之所爭。日報之所述。與夫巷議街談。幾無一說焉不有其牴牾衝突者。則悠悠之不可為典要。豈待深論而後明哉。

今夫一國一群。數十百年間。不甚異之物也。乃入其境而為之紀述者。同時一地。若不勝異辭焉。然則其為殊不在物。而在觀者明矣。嘗聞一法人來游吾英。方三七日。即欲搦管著書。以論吾國。逾三月。乃覺其所見不足以盡此邦也。則又久之。至於三年。喟然而歎。謂己於英國。毫未有知也。而其書終不就。此雖寓言。顧實理也。人生一國間。行年四五十。輒覺前之所以謂其國。且自信為不可易者。乃今皆化。訾其說為不足存。以往例今。安知今之所云者。又皆中乎。人莫愚於未覩其物而悍然為之論斷。於一鄉未歷也。心以為其俗當如是。於異己之業殊宗之教未考也。意以為其法宜如彼。乃至一卷之書。一科之學。莫不武斷而論之。至於及之後知。則何止一言之不智。使其明此。則於吾群學因地而難之說。將有莫逆於心者矣。

繪畫之學。必明視差。故同一物也。在近則大。在遠則小。當前則晰。遙望乃蒙。此人所日以目治而心正者也。為之既習。若不自知。故不以遠近貿物形。雖然。豈徒目之於物有視差哉。惟心之於事也亦然。至於心之視差。其能正之者寡矣。是以瑣細之變。出諸鄉鄰。則為之驚心雖有非常之故。見於異國。則置若罔覺。夫拘虛囿習。所以為士之通病者。正以切近者操先入之機。遂使心習闇成。後雖有廣遠之閱歷。足以證所先入之甚非。然已漠然無及已。

尚有難者。以科學常術。用之群學而不能也。科學之立公例而徵實理也。大都以參伍比較之術而得之。故生學之於動植。就一別而分治其獨。即獨而一別之所同具者見焉。就一類而分治其別。即別而一類之所同然者形焉。凡此皆參伍比較之功。從之以有類德別德者也。獨群之為學不然。參伍比較矣。而公例不可以必立。蓋其為物。雖皆本於相養相生。而牽天繫地之情。實皆異而未有同者。類異察同之術。乃至此而不可行。任舉一群。欲指何者為其常德。何者為其特德。雖有聖者。不敢云也。

故治群學。雖所考得其至實。至推論會通。則常有三者為之梗。散見睽孤。不可薈萃並觀。一也。以遠近泛切之殊。而人心以異。二也。至於彙不精不備之事實。而欲為之會通矣。又以群變至繁。群情難一。所立公例雖真。終不敢謂無變例之或見。蓋雖至似之群無全似。故雖至信之例無全信。此其難三也。凡此皆難之因地而見者也。

以下言物蔽之起於時間者。

群學之難。因時而見者。彼以世運為天開。而風會為成於名世。又謂天常生一代之才。以主一時之世局。得之者治。失之斯衰。問天下之治否。觀君相之所為。自彼言之。無所謂天演者矣。獨其人於格物既明之後。生學深造之餘。知兩間所呈。皆因果相生。無偶然忽至之一境。則知群者有生之大物。其形體性情。官神消息。一切皆演於

**自然。常始於至微。終於至鉅。**故考一時之政制風俗。必上溯千載。下觀百世。而後能得其真。則知時之於群。為義大矣。

論生理而不統其本末始終。考其漸及之致。其於生理也必蒙。愚母之慈子也。常恣噢咻之愛。以求一頃之安。不知循是所為。後將馴致於不可改。闇君愚相。於一國之治亦然。苟一日之無事。而不知百年之計。其行政也。視目前利否耳。至遠果所成。不暇察也。讀史之人。**觀一制度之立。一政法之行。溯其濫觴。窮其末造。將大效之見。非數十百年末以云也。**如吾英之貧算。蓋自歐洲拂特制除。采地之耕夫。非公侯之世僕。編戶各自為主。貧者無所依歸。弱者行丐。強者掠奪。至理查德第二。令勞力之民。若傭奴隸役。走卒乞兒。皆地著不得擅徙。顧貧丐日多。無所得食。則責其地之齊民惠養之。此政。在當時固以救一法之窮。而其意亦鄰於仁濟。斷不謂既行二百年無異復拂特舊制。使民地相資。民著於地。地養其民者矣。夫如是之所之後。其流弊乃大見如今。若無以承其敝。直將使風俗財政舉大壞而有餘。遊手既以日多。峻法無由禁止。於是令縣縣之民。出常算以養其地之貧丐。外立甚重之法。以杜流亡轉徙之民。察立法之本旨。

固以挽呰窳之風。而勸地著修本業也。顧數傳之後。法禁弛嚴。而因緣它端。遂使向之所以禁遊惰者。轉以勸遊惰。溯立法至今僅僅二百三十餘年而已。而振貧之算。歲增至七百萬鎊而未已。其為民生厲階。風俗大詬。則考諸私家著說而可知也。如某氏曰。愚民之意。直謂縣官所以待彼者。有不盡之公儲。其開口求食也。悍者毆辱吏胥。無恥者呈其野合之孩。以責哺乳。咸叉袖扶肩。倚柱瞠目。以待所分之徐及。蕩娃惡少。恃有食而嫁娶愈勤。鼠偷狗盜。倡妓窮子。再呼不得。從以惡聲。若索逋然者。鄉官揮霍公帑。以收民譽。有保護之責者。則援此以自便其私。遂使勤劬作苦之民。所出日重。自愛女子。日有凍飢之虞。而狂蕩鄰嫗。轉月受五先令六便士之俸。以養其莫知誰父之兒。仁政之效。乃如此乎。

當額里查白之議此政也。於鄙遠之地。則令田主司其散給。然積久弊生。往往以振貧之粟。為其傭之雇值。則是使餘民出費。而以耕有主之田也。以其事之不中。主傭之交。不由正道。耕耘鹵莽。田野因而不闢。廬舍倉囷之主。以避貧算之重也。相戒勿為其新。或且取其舊者而壞之矣。村集之民。口多屋寡。湫隘聚居。等諸牢圈。氣息殗殜而疾病生。民之形幹。斯以日劣。族居無別。而羞惡亡。民之廉隅。又日剗矣。雖有工藝之場。改過之所。本以策勤。適以獎惰。國為廣廈。其所庇者。佻男奔女。遊手姦偷。且以謂各享其身應得之權利。總之此政之立。數世之後。可指之弊。累簡難書。而其最為國民之害。勢且有以使吾種之日衰者。則在養國莠民。而使良者受其損。貧算號為仁政。既立之餘。理必世重。將使國之勤民日耗。惰民日蕃。課其終效。使人芒背。顧在當時。則出之甚易。苟以紓一日之難已耳。而孰知歷時之後。勢不可反。有如是耶。

是故一政行。欲知其利病。恆俟數世而後明。夫宏識遠量者不多覯。常俗所致謹者。不出於目前。顧事效之成。必俟數百年。民質從之為變。夫而後政之善否乃彰彰耳。以其理之所關者鉅。請更得而詳論之。

方一群之演進也。如生物然。闇長潛滋。而節節蛻化。其為此非一因也。必合眾因。以成此果。所謂因者何。諸力是已。力有本於天者。有本諸人者。本於天者。自然而然。本諸人者。其群之政若俗也。故一政既行。久之皆為用事之一力。其為狀也。少簡而多繁。不徑而常紆。與他力者匯。於是一群之變。萬有不齊。賾而莫可以究詰。然常有往復之致。消息之幾。必循其起訖。統首尾之全而觀之。使但即一晷之迹而言。其變不可得見也。以無往之不復。故每有所施。則旋得其反。其反之情。有顯而徑。有隱而紆。所為反不同。而所反自若。浸假而反者又得其所反焉。歧而彌紛。推之彌遠。必遞求而深觀之。夫而後一力之行。其變動損益之真。可以微見。必求之異代累葉。而後識其勢之所趨。此如數術之演曲線然。苟取弧甚短。則曲線之真形不可知。夫取任何五點。皆可貫之以一割錐者。微積之定理也。立五點於此。其貫之者為平員。為隋員。為拋物。為雙別。為直線。為平行。蔑不可也。使位置稍疏。則其形可擬。脫有一二獨遠。或由此而成無盡之曲線。此可悟群之為變。其因至多。其為度至緩。而其中有小往復者。有大往復者。錯綜并起。若逝而迴。使非自其久而觀之。則其勢之所趨。烏由得乎。是故論一律令禮俗。徒即數載抑數代之效以云者。其於世變之真。失之遠矣。

夫宇宙萬物。皆動以致變。獨群之為動。與他物殊。必求其似。其人身之天演乎。一外力之用事也。效不獨見於其近也。且將見於其遠者。不獨自為變也。且取他力之並行於其中者。而左右疾徐之。故國家著一令立一法。不獨民之行事從而異焉。性情好惡從而殊焉。乃至積力之久。且相轉而為種業。及乎種業之成。則民之愚智善惡。若根夫天性而群之百為。與夫天時地利之端。凡民力之所裁成。皆從之而為異。是故其始也群受範於自然者也。其終也乃使自然受其群之所範。向所不見者。今可以形。前所不能者。後可以至。旁通交推。不可究詰。其量之大小。不可以數計。其情之向背。不可以識通。故一政令之施。制治者意皆有所祈。而終之事效可以大反。故曰。時之於群。其義大也。

將於群而得其消息盈虛之理者。不得求諸旦夕年歲之間。必遠矚高瞻。上觀千載。下觀千載極天演之致。而後能得之。則試取各國制度禮俗之所同者而繹之。庶幾其義可以見。以下更取各國之制度禮俗以證前說。

今夫古之所為。所最怪而難明者。其諸用人於社。與以人釁祭之事乎。顧此可驗諸近世食人之野蠻。野蠻之豪酋渠帥。其食人恆最多。及其死也。祀之於廟。嚴以為神。而用人以祭。生則食其血肉。死則享其魂魄。蓋自彼觀之。魂魄之與形體。同為氣質物也。聞者疑吾言乎。則與讀墨西哥之舊史。其中言遇出戰而無所獲。其國之祭祆❸司祝。則告其王。以社鬼不血食之飢。王則賦人而祭之。而以其血釁偶。先歃而分其脤於群臣。**吾由是知芻靈作俑之事。非始象人而用之也。文明之運漸開。不忍於用人之虐。無已則象形以易之。又降則易人而用犧牲。凡此皆節次之可以徐求者也。**夫事鬼。古之人與今之野蠻。皆最嚴而致潔者。故所行之禮典。莫敢畔夫其初。如刀石最古。銅次之。鐵為下。至今數國祭神宰肉。與夫回部之薙毛割陰。其所用皆石刀也。摩西舊約前十二篇。言造墠劖石。禁用鐵器。而羅馬舊祠太歲。其祝宗薙首。猶用銅刀。夫鑽燧取火之事。其廢久矣。而天竺至今。凡祭所用。猶必以燧為之。他若冰臺就日之為明火。大蜃向月之承明水。凡此皆彰彰可見者也。**蓋化之進也。率舊謀新。二者常互相為用。無其謀新。則化不進。無其率舊。則化不成。而斯民率舊最篤之事。莫嚴於致孝鬼神。**而宗教之起滅。又常為人禍之最烈者。皆此理矣。

惟各國之言語文字亦然。其在埃及。凡所嚴重之典冊刻畫。皆用古象形書。而常用則從今體。猶太教經。必用希百來文字。羅馬則用拉體諾文。此皆歷久不渝者也。即至吾英。號通侻矣。顧新舊二約。其音訓文義。皆古之所有。非今之所行也。他若堂寺傳宣福音。其文字切合。亦從古法。非常談所可用者。至若教宗書冊。朱墨璘斒。率從古刻。故布齊❹與宗教禮家。皆主復古節文。使民重教之說。其餘繪刻圖像。凡在神道。亦皆以反古為宗。吾英教寺。首庚特巴里。近者新範二像。其一為山蒙納長老。作服袿衣。仰臥㰏弋上。膜手閉目。狀若古墓中甲冑壯士。尸體左右平均。無稍偏側。其為初民之制。一覽可知。蓋觀於童子畫人。及非洲土番所範諸偶。其為狀莫不如是也。

人情之篤舊也。或知而為之。或不知而為之。**顧知而為之者。其篤舊淺。不知而為之者。其篤舊深也。**故謂神父牧師。有言斯信。此不獨羅馬舊宗為然。即誓反新宗尚如是也。故厄達訥宗之聚訟。必以古經典為據依。而教黨內外之爭。歷茲未決。外者主於修明而更進。內者主於恪守而因循。此其大經已。

教既如此。政亦有然。夫一群法制之成也。其始多本於習俗。雖然。**習俗常變不居者也。惟勒為法制。乃守而不渝。故必有律令典**

**章。夫而後一群之勢定。而久道化成之理以興。然亦惟有法制。而其群之蛻故入新乃不易。**故往往一群之習俗大變矣。而其中之君子。以法制所自出。則猶身守其故而躬行之。此如吾英格鬬之俗。兩家違言。志在相死。則相約格鬬。選時擇地。有儐介質成之儀文。此在民庶。久不用矣。而搢紳有爵。猶時為之。夫兩造爭訟。不正於理。而正於兵。此野蠻之事。非文明之事也。而國與國。至於今猶用之。吾英舊俗。凡兩家爭執曲直。不願就理。而樂決於一鬬者許之。此直至若耳治第三之朝而猶用者也。嗣乃禁於平民。而不禁於官紳行伍之間。大洲此俗。至今不廢。且眾論以為宜然。此以見古之習俗。使其勒為典要。載之憲章。則雖至敝之端。可歷久而自若。至今國王加冕之日。必有介冑之士。號於朝廟曰。有欲鬬王者吾當之。習非勝是。動逾千載。誰復從而詰之乎。

即至簿書文具。亦有循古不變之迹。如質劑契約。尚用羊皮。而常事則用絮紙。其文多用古書。其名義亦守拉體諾那曼德之舊。其詁訓多與今語迥殊。畫押雖所通用。而重大者猶以印璽。股票則有浮簽加印。亦此意也。蘇格蘭民賣田及山。必飾載塊石。以與新主。示有士之義。凡此皆最古國俗。而沿用不廢者也。

其他官司所為。樂舊貫而憚改作。尤可見也。夫詰戎整軍。所以禦外侮。是宜循最勝之制。莫如武備矣。顧線槍必經至久而後改用針燃。其來復後膛諸制。皆經俗用歷年。而後行間勉從新制。經費帳錄。雖公司商業。悉用雙入平衡新法。而國家會計。則因循單入古法。直至一千八百三十四年。火焚議署。古契悉燬無餘。不得已而後下令用之。不然。削木鍥齒。尚守威廉定英以來最古之制也。

乃至公私服制。其守舊之迹愈明白也。雄雞大冠。猶見於將帥之首。檑具佩劍。徒取具儀。亦古之所常用也。大抵古之服飾。雖久亡於俗。而朝服盛飾。往往遇之。如今刑司理官所戴之假髮。國學生所戴之四方平定冠。至於神甫牧師所服之冠屨袿領。皆可考其所由者矣。

是故人心之樂墨守而惡更張也。其理實在在而可見。自猶太教宗剺去前皮之石刀。至於教寺演說所宣之古語。至於理官左右傳呼之警蹕。至於將弁所衣之肩版。至於國君所署之押諾。皆其端倪呈露者矣。**由此而知凡為治制。主治者莫不願法古而守常。又知法度者。其**

大用在於守成。故法度立而墨守之情自見。又知欲測將來之治化。如推曲線然。必於古取其遠勢。所規彌遠。而世運之所趣乃彌真。則總之彼論群道而昧久成之理。徒斤斤於百年數代之間。固無當也。且以見為治之事。使以旦夕之逼。苟然立法。取濟目前。行之既久。常至於害。及其既害。乃欲以一朝新用之力。與數百千年深演遠來之力抗。則常無效。一政之行。其始進也。殷殷焉以興。少則析析然以解。用之不已。則前之濡而韌者。乃漸即於定形。久之乃膠結而凝固。向之動而闢者。乃今為靜而翕焉。既靜既翕。斯其制不可以猝更。

故群學之有物蔽也。非獨蔽於障礙紛殽已也。又以其物廣遠洄洑悠久蓄變之情。使其真不可以猝見。近者百年。遠者千載。遷流遞嬗。而其效乃如今。**夫治群學而徒聳於目前旦夕之變者。無異欲審坤輿之曲。面地員之勢。而求其實於自阜陵壑之間也。**使學者於此而有明。則其論群法審民情。將必知其事之至難。而庶幾寡過已。

以下總結前文。

嗟乎。吾欲以群為學。而物蔽之多且難如此。物固有真也。以人心之拘執。偏耆私利之不同。而其真以失。且心既正。意既誠矣。其所見而知者。又往往即謨為接。而不自知。或得其膚末。而亡其精鉅。況乎六合之大。非一覽所可周。千禩之遙。必徐考而多驗。使合之數者而言之。則群之為學。求如他科之精審。而有益於人事也。不其難哉。雖然。群學以物蔽之多而難治。固也。向使治斯學者。必求纖悉之具。如化學。斷論之盡。如幾何。必考驗至精。理見例立。如天文地質諸科然者。則欲群道之成學。無異執石子以求疋雛。不如早置之為愈。顧群學自有其可立之例。亦自有其可見之理。非物蔽所能終害者。則吾何為而不孜孜然。今夫泰東之有封建。泰西之有拂特。言古制者不勝異辭焉。顧使參伍錯綜求之。封建拂特之制。固可得而述。其所關於治化者。又可得而指也。有史傳。有禮經。設排比而類觀之。將不徒其制之可明也。且將有得於事外。亦視吾術何如耳。況異群之記載。同等之民風。古若今有可得以推校者耶。知此。則群學之所為。可微見已。蓋吾之考於紀載也。非於所紀載者。必信而據之也。吾將因其所紀載者。以得其所不紀不載者焉。夫如是。將群之形制功用。其原起。其演進。皆可從內籀之術而得之。物蔽固常有也。知而謹為之所。足矣。今夫考耳目所不經。事必依於證據。方其取而用之也。必謹於其物之難真。與夫害真之事之不一。故其徵一事也。必先為之差。差之多寡。亦隨所遭而為殊。大抵二例之立。必無先成乎心。而不係乎偏屬之地。獨當之時。則於群理也。其殆庶乎。

## 附註

❶ 軹首鶩。怪胎也。產於非洲。英人得之教以歌曲。置水族院中以使人縱觀醵錢者也。此光緒五年間事。其時余尚在英也。

❷ 猶子貢方人之方。

❸ 从天不从夭。

❹ 道光時。英國教士其言教道獨重威儀禮制。

# 智絯 第六

前篇之論物蔽。主於外物者也。乃今將進觀夫人心之惑。夫人心之惑。有關於理者。有屬於情者。請先言其關於理者。

曷嘗觀愚母之督其稚子乎。**雖以所生之親。求其情有不能得。則矧乎其餘。**日者吾附汽車而有所適。同行三四客。共載一軿。中有婦人。挈兒旁坐。齒差十齡。童子精力弸足。時時求所以洩用之者。耳目所觸。物物移人。則跳踉延望。不能為一頃之逸。此真天演之當然。而生理之所以達也。乃其母之識不足以及之。則以其兒為頑。而常薄怒。兒或據車檽而望遠。或踏車茵而歌呼。或破行篋而探物。其母詬訶禁制之聲。與俱無已。曰若曷坐乎。曰若急下如何。曰奈何不能須臾為靜耶。雖其心殆不欲兒之溷他客。然意不盡出此。**蓋以謂為母教子之常道。宜禁其嬉而學長者之寧靜也。**至於逆天演之常節。拂兒性之自然。彼則芒乎未嘗喻也。今夫童稚之境。婦人所前經者也。當彼之時。其好事樂用耳目之意。與此子同。今之所視為平淡。在爾

以下言智絯起於以己度人之不足恃。

日固皆可欣而不厭。朝氣方新。溢為舞蹈。脫有禁者。殆將發狂。乃今境往。而其情與之俱遷。遂以兒之易動難靜。為不可解。耆聞喜睹。為不自安。以己為是。以兒為非。嗚呼。果孰非而孰是耶。

惟吾人之論事。至人己之際。勢不能不推己心以度人。顧由是有其不得免者一。有其不可恃者一。所不得免者。以行事之迹。求所以行之之心。雖曰設身處地。而彼之思理感情。則皆轉吾之思理感情而為之也。所不可恃者。既以我之思理感情。為彼之思理感情矣。則雖得其至近。將有其略似。無其全同。而違繆僢馳。乃所常有。總之。以己度人。不離我相。而我相與所推者之差數。視我與人二心所受范於外物者之多寡。使其同量。則十得八九可也。使其殊塗。雖天壤而遙可也。

吾抑不解夫世之言事理。何主於求心所安者之多也。夫曰求心所安者。非取其成心而師之。以己之知慮感覺。以一概相量也耶。今使同屬一群之民。生同種而居並世。其身心所受范於外物者。固相似也。然且以己度人。有時而大謬。然則使並世而異群。或同種而殊世。其受范於外物者既不倫。而種業與習俗又相絕。則彼此之用意。

其可以一概量者幾何。然則彼求一心之安者。果皆當耶。且此之謬。非難見也。但使論者與所論者之人事。推者與所推者之人心。皆與已為無涉。則旁觀之明。或可用也。讀英倫之古史。見其論希臘治制。輒用拂特相方。則學者心知其已誤。見宗教小書。言中古事。謂威芝勒為先知之士。親拜耶穌於襁褓之中。圖繪基督聖蹟。處處作砦壘。加牢閫。又謂持矛刺耶穌者。乃一奈德士所為。忝其武德。而當日之十字軍諸將。至自稱基督之僕夫。諸如此倫。皆一見而知作者以歐西中古之俗。言猶太當年之制。憑臆虛擬。未見槖駝。謂為高馬。固無往而不左者矣。顧不知一己為病。正與此同。當其推思。雖不必怪誕可笑如此。而其去真之遠。政不計有幾程也。故心量相絕之人。行事用情。實難相喻。以我之意。據彼之迹。推彼之心。輒無由得。至積人心以為群理。則愈繁難思。此可更用一證以明其義者也。

學者當髫年。治希臘泰古史書。見其中多言神怪。心竊竊然異之。當此之時。雖口不必言。心知其難信。稍長讀諸家遊紀。及蠻荒風土記諸書。見其中所述宗教鬼神之事。愈怪妄不經。如謂某種祖先為蛇犬雁鶩。又謂電為天笑。雪為神唾。某島舊居海底。以神人垂釣。鈎罣其限。隨而浮見。諸如此屬。大抵皆謬悠可笑者。輒謂聞此而信。非狂不能。雖然。此所謂以我相度人意者也。夫深化之民。其心才繁。淺化之民。其心才簡。且思理曲折。學實為之。又必積平生事會之所經。而後能至。故訾前說者。不獨以甚繁之心。推其至簡。實且以蠻之被教劬學。聞見閱歷。事事皆與己同。苟知其殊。又烏容訾。**吾與蠻束教囿習等耳。而特有繁簡之殊。故不獨變蠻為吾之思而不能。且使吾設蠻之想亦不得也**。故欲喻蠻之意。測蠻之行。非處蠻之地。設蠻之身。乃至觀物言理。非悉如蠻之觀且言者。則其情不能得。假其能之。**則向之所謂怪者。乃將以為常。向之所謂狂者。乃今以為聖**。蓋心才雖繁簡有不同。而思之用也。則循夫心學之公例。群化雖有淺深之異候。而變之至也。必出夫天演之自然。二者皆不可以毫釐強也。故使吾思力所至。**同彼蹇淺。能淺叩而不樂深求。喜速化而不為忍久。則所謂怪誕不經之說。將見其為至懿之思。而與所見之天行物性。皆有合也。怪妄云乎哉**。所難者。文明程度既高。雖盡知其如此。而欲設為傫野之思。仍不易至也。

且以我度人者。不僅由文明以度蠻野者難也。**據迹求心。探情決**

事。**必民品相近。而後有以相知**。前之所言。以我觀彼。今更言自彼觀我。說將瘉明。往者布勒敦自安息歸。迹一日獨步廊廡間。忽聞土人啫曰。阿拉所造。真無奇不具哉。❶不見彼拂箖乎。❷得安坐而不為。乃起而倀倀胡求者。又斯丕克亦云。昔居其土。每坐久起而散步宣鬱。穌馬理人見吾如是。竊竊偶語。議吾所為。以為吾於其國。必懷陰謀。不然。人非風狂。安有無所為而勞其足者。則即斯二者觀之。**知異種之人。於吾輩性習言行。常若莫可究詰**。猶彼族之云為意向。吾黨亦無由知。人謂民之同情。必惡勞而好佚。棄暗而求明。新而善者所樂從。舊而劣者所鄙棄。乃不謂支那之俗。雖頗黎入境數十百年。而富家成室。窗牖猶用紙糊。京都衢路。車殆馬瘏。積物腐穢。習為當然。安之若素。印度匠人常操故器。與之以吾英斤削。明知其省力利用而置之。其用意所在。孰從而詰之。且二土之化。猶近者耳。至於非洲之種。南海島夷。化之相暌。道理不計。則謂所處勢同。彼必為吾黨之所為者。其議庸有合乎。

如此見心智之絯。首以己度人之不可恃。夫群有天演。然天演之用。常假手於民之志業。是故不識其民之性情。無由知其群之演進。

雖出之以至慎。事之以甚勤。無全得者。何則。考事繹情。不離我相。我相證物。常寡合而多乖。

今語人曰。輕信者必妄言。又曰以其人之譸張。知其人之易聳。則然其說者。恐甚少也。何則。自常情論之。凡其人常為無實之談以欺人者。當亦常慮他人之我欺。而較忠信無誑之人為難聳也。乃實不然。惟忠誠之人。能不輕信。而亦以其無誑。乃得其善疑。世間最不可信之人。往往無據不經之談。受之若素。而可與為無方之欺也。假野蠻文明。相持并論。抑即群演之洊進。依其程度等級而求之。**將輕信之與妄言。常相表裏。其愈不欺者。受詞愈謹。直至近世格致科學之家。其立言最為嚴確。而審言取證。亦最不苟而難熒也。**泰東人士。於無稽誕幻之言。受之如飢人之得食。而讒訛謠諑。雖於己無所利而猶為之。埃及之人。譸欺人見信為能事。而支那染工賦色不成。謂因布一訛言。不能動眾之故。❸往者英人森約翰居南埃及。一日與友圍坐讀天方夜譚錄。語次告云。此雖奇書。不可信為事實。坐中有客拂衣起曰。使此言而虛。作者非病狂。何為費其筆舌耶。支那所有教案。皆坐士民篤信流言。乃至放火殺人。不復恤耳。

以下言智方之不可恃以群中因果之難稽。

是故人而無信。不獨其出言然也。其受言亦然。**二者若不可合而常合**。彼謂欺人者不受人欺。誤矣。不佞之及此者。以群學之中。亦有二焉。若不可合而竟合。先言其淺。將以及深也。每聞人言治史學愈深。愈見古今人不相遠。而又有一種政治家。與此說為反對。謂民質實易化。視為上者施教何如。是二義者。乍而觀之。殆若相滅。然欲治群學。當知二義皆非。必折中斯二者之間。群演之真乃見。**蓋民質之可變無窮。而其變也必以漸**。坐不明此。言治者所以滋紛也。

悲夫。**人之於天地也。以有涯之生。從無窮之物。則任其蜉蝣之智。而以為不變焉。日月星辰。居其所而不改者也。山嶽河海。常如是而久存也。其以人性為無變。而古今人群為不相遠也固宜。顧至於**今。則向之居其所者。宜知其常流而不居矣。所謂常如是者。宜識形氣之中無是物矣。**大宇長宙。方挾萬象而趨。若驟若馳。而所遇無故物。乃猶於人性焉謂為可久。然耶否耶**。學者常曰。天下善人少而不善人多。又曰惟人性惡。雖有至美之政。甚良之法。行之千年。以後視前。未見其進。吾乃今與求至實之證。集不遁之驗。則泰古之民。巢居穴處。固與封建耕稼之民異也。而中古封建耕稼之民。其性情智

此段駁人道常然之說。

術。又與今之民大異焉。彼乃於天演遞嬗之說。不得已而承之。顧其意若存若亡。猶以謂今雖異古。而後則不必異於今也。謂繼今以往。將日進於無垠。未必然之事也。間有通識之士。知群之蛻故進新。理有固然。勢有必至矣。而亦持之不堅。信之不篤。論事施術。往往與前說僢馳。常曰倫常之地。終古必同。又曰惟道無變。他若勞力相養之制。四民對待之形。與夫積習成禮之事。皆世變雖棼。大同小異。雖有命世超俗之士。力為擺脫之談。若法國群學家之恭德。著書滿家。深明人群蛻化之理。尚為俗習所囿而不自知。故其言後此之群治也。謂雖極郅隆之軌。猶必以君師為之基。而所謂君師者。又與前世所有者無甚異。此以見人生在群。拘於其故。雖極深思。懸解無日。夫宇宙之變。因果相受。至繁難知。**雖從古至今。其進已緩。然取今日之群制。以問古人。已非其意中之所有。況過斯以往。載驟駸駸。百千萬年之後。世有斯民。其相為生養之道何如。必非吾黨區區所能思議者矣。**

其矯枉過中之論。則又謂群之善否。權自上操。乃為一切之政令憲章。於善俗明民責旦暮之效。然而皆無驗也。百餘年來。歐洲善群

此段駁民質易化之說。

之事。為之者非一人也。自盧騷氏所講之民約。至合眾國所為之國典。自山南諸邦❹所宣之聖道。至於晚近專以人理設教。不雜神道諸家。其於化民成俗之事。雖所持不同。而事勞效寡一耳。彼誠欲群德之日蒸乎。蚩蚩者。宜如是而教之。如是而督之。於此必有所禁遏。於彼當有所張皇。觀其所言。皆信之至篤。責之至決。陳之至明者也。或又曰。惟今之民。雖與之以自由。不能享其幸福。必重規改鑄。與為更始。而後能之。是又以重規改鑄為無難。而更始之事。乃純出於民上也。或又曰。惟酒為民之大害。使民無湛湎之敗德。作奸犯科之事。可以日希。顧禁酒矣。而其所祈嚮。又無往而不虛。且彼以酒為敗俗之因歟。則不知歐固有惺惺之國。而其民之多辟。比例以言。於英為眾也。然則旨酒固安足惡。而絕旨酒者。亦未必遂足為善國明矣。或又曰。必師道立而後善人多。必庠序之內有善教。而後閭閻之中有淳風。然觀使者福勒茨之所察報。彼操前說者。又可以憬然矣。嗚呼。**徒學之不足以進民行久矣**。商工之作偽售欺。荒閉歇業之不以實。乃至浮漚之公司。鐵路鈔業之偽帳。凡此皆非不學者之所為也。其為不義奸欺。害民病國。所犯之輕重多寡。與不識字不讀書之民正等。特操術益神耳。且夫學所以致知。使知而足以制行也。則知養生者宜莫如醫。顧何以英法之醫學生徒。於醇酒婦人。自戕其生。於常人為加甚也。教既有然。政亦如是。故烏託邦之政制。時形於不更事者之意中。其始莫不云行此政。將可以得此福也。洎其政行矣。而吾儕小人。不蒙其利。此豈但以一二端盡之也耶。法蘭西自革命以還。於今蓋三世矣。才智之士。仁慈之君。咸欲以一旦夕之所為。轉其國於盛治。卒之徒變於政。未變於群。害塞於此。弊形於彼。擇禍則可。除孽不能。此洶洶言治者。所宜取為殷鑒者也。夫法由君權而轉為民主。固也。乃彈指之頃。國權又有所專歸。其霸氣且以彌旺。予為天王。無敢越志。一也。苟可張君。豈恤壓力。又一也。所異者特徽章名號耳。於民何加焉。且彼法之民。於自由之權。非未得之也。乃太阿倒持。必求健者而獻之。即如今歲之事。[5]可以見已。雖有力者竊之以馭其群。彼又未嘗覺也。為君主。為民主。為君民共主。而分省幕府之治自若。善夫巴士基之言曰。帝制可毀。立憲可更。而幕府常無恙。**故知一群之立。眾力所匯。萬勢所趨。薈萃相扶。成茲一體。制度文物。固所以立國也。然而士民之意念。薈赤之**

情隱。凡所謂厶匿者之品德。於其團體。積微成著。尤有大力。故雖部分臠割。而與之同物者。旋長仍生。一如其故。此無論其為主治抑為受治者矣。吾於數篇之前。所以反覆於拓都厶匿二者之間。欲學者知群之形品。必以民之形品為依歸。使民質無殊乎其先。而曰國勢群生。可由一二人之制作敷施。而旦夕遂異者。天演之中無此物也。蓋群者含生之大品。如草木人獸然。常受外力之範。而潛孕漸生。底於今體。非若亭臺樓閣。所可以人力成毀。彈指即現者也。故曰民德可移。期之以漸。

使知群之變化。天演使然。受笵於自然。本所遇而為變。常蛻故而入新。向之二失。吾知免矣。所居之群。為演方將。以今形之異古。有以決後形之異今。知群為含生具形。有胚胎句萌乙達布蔓蕃熟之諸候。則其所以為群者。無後時而亦無逆節。而一切躁妄矜張之氣可以祛。使用及其時。動得其幾。則人事又大可恃也。今夫天演昭回。固不獨見於一群之大而已。即取文字而觀之。凡一名之訓詁聲義。當其變也。往往數時之後。一屬之名字興。浸假是所屬者。又轉而成屬。蓋無異根幹之於支條。支條之於花葉也。又取風俗而觀之。

如遇耶穌飛昇之日。古俗相貽以雞子。至今巴黎為贗卵。納珍餽其中。變本加厲。乃至可容一車。而國家於此物加重賦。民或去國以避其苛。更取一令甲而觀之。其始皆易知簡能。為一事而起義。繼乃綱舉目張。成一宗之律例。如威廉第一作為二令。吾國田產律令。由之而興。成一部矣。餘如今之報章。其初私家函札也。繼以印紙。加之私緘之上。至今千名萬派。詭事殊功。有日有月。有旬有時。有普通有專論。有官有民。有國有邑。有鄉有會。方其演也。不獨由微而鉅也。且由簡而繁如此。略舉數端。為發凡起例。使學者於群之萬變。皆作如是法眼觀之。將不獨古今迥殊。即今之世。亦有事焉。如木始萌。如泉始達。繼今以往。其情狀與所致變於群者何如。亦非吾黨之所克及也。無他。惟群之演也。造一因於此。將祈其近效。有不必得。非斯人之力所能致也。以言其遠果。有所必形。亦非斯人之力所能制也。彼言治者。可以知所從事矣。可以知所難為矣。

手衣一掌而五指。其常制也。今以五指之手。內之四指之手衣。其不相入。雖童子笑之。以繁賾錯綜之事理。納諸蹇淺渾沌之心。其枘鑿不相受。正如是耳。物理之至於吾前也。其端倪多。其交會眾。

以下言物理之繁。非心能之簡者所

**其對待相及之情紛如也。吾心量之廣狹。思理之疏密。有必與相副者焉。而後能為其涵閎。能得其微至。不然雖見其一曲。必遺其大全。夫得其一曲而遺其大全。雖謂吾思無與於此物可也。何則。理之徒得其一曲者。或等於無所得也。**請以數之至近者明之。今夫二量對舉。則較生焉。如是者謂之率。將甲與乙之率。以喻一童子。則為作二綫。甲短而乙長。曰如是。則甲之於乙。得其小率。俄而引甲而伸之。今其度過於乙。曰如是則甲之於乙。得其大率。凡此者皆彼之所能喻也。乃今更明何者為二率之相等。甲之於乙。猶丙之於丁。是謂比例。前慮之屬於二物者。乃今屬於四物矣。昔之觀於一對待者。乃今必觀於三矣。彼其心必舉甲乙與其較。如是而勿忘。更舉丙丁與其較。如是又勿忘。終思二較之相待。無異前者二物❻之相待。而後能得之。一不能者。其理皆廢。其端倪多。其交會眾。其對待相及之趣。大加乎前。必其心之能事。與之相受。而非徒識前理者之所能也。故學比例而通其所以然者。學子之年。必其差長。其腦形既具。其繕心差熟。不然終身未達者。蓋比比也。雖然。此在數學猶其易明者耳。設由此而加繁。如云甲與乙之率。及丙與丁之率。二者相待而

能副。

為變。則欲通其故。必思力愈閎。心能愈富而後及之。蓋言此則甲乙丙丁四物之數。不主故常。而遷變無已。方甲乙之率變。丙丁之變從之。且無論何時丙丁較之於丙若丁。將猶甲乙較之於甲若乙也。此其理之蕃變。大加乎前。而愈非末學與思狹慮簡者之所能辨。明矣。由是而推。至於微積諸理。專言物數之微變。學者循其術易。會其理難。將理達而術神。非深於其學。而習坎心亨者。不能與也。

夫物理既繁。則非心慮簡者所能與。顧所難者。心慮雖簡。其人不自知也。向之言數。其不及易見也。非自見也。己不能而人或能之。有為之相形故也。無此。則能不能混。能不能混。雖以至簡之心慮。雖終身可以不自知。故曰知有勝我之慮者。可以與於勝我之慮者也。真不足與。必無由知。既無由知。將以己為最勝。然而事實之報。不汝欺也。故履之而後艱焉。至之而後形焉。此群禍之所以滋。而大患之所以終身不靈也。可哀也夫。

置一童子於膝。而示之以山水之畫圖。將曰彼許有小舟。吾見一人焉。選而又曰。此非下山之牛乎。是非縲狗之夫乎。其所及者。大較盡此。而於動物為多。至舉其全。若景物之平遠。草樹之茂密。則槩乎末之能云也。何則是水木雲山。所會合而移我情者。彼固未具此感覺也。且神契賞會之事。居心能之最勝。求之童子。固不能得。益不悟己所不能得者。有他人長者。其心固具此勝情。而以為可喜也噫。心能之有所短。豈僅小兒然哉。當其未啟。雖七八十猶孩提耳。今使有人焉。習音而邃於律呂。試與言生平情境之所經。將有可述之次第。其始於所謂繁會者。匪所知也。樂作得此。舉座拊歎。彼未喻其所以然也。浸假而進矣。蓋年聽交臻。每當八音競奏。後之情移意遠者。乃向之所泊然無味者也。或由是而知聲音之道。將更有神於是者。以其繁奧。為吾聽之所不及者矣。當此之時。反觀一坐之中。其有畢生瞶然。未與此祕者。其狀何如。急管哀絃。知音神動。而彼欠伸思臥者有之矣。對清角流徵之悲。乃憶向者山歌村笛之最樂。何則。其心聽之簡。無以與樂節之繁。無以與則等於無物。且不悟其耳之未嘗與。亦不信他人之有以與也。

凡此皆耳目之近事也。而心量與物理不相副者。己欲達而無從。況乎群之事理。變化繁賾之常過此者乎。則無怪喻之者寡。且不自知其不喻。而常攘臂高睨。謂天下事為不足治也。是故心能簡而慮機淺

**者。其氣必驕。其自詭必過。聞有以群理為難知。事機為難測者乎。則且逌然笑之。**此吾所屢驗而未嘗一失者也。

猶憶數月前。倫敦泰蒙時報言。瓦爾特所製印報新機甚悉。每小時能印一萬六千番。而敷墨斷紙。摺疊出入。一切皆機所自為。所須人力甚寡。此亦群中之一果也。使讀報者。於製機之事。雅所涉獵。將於報中所詳此機體用。一一可了。即有未通。躬往察試。抑詢司機之人。於是機製法。可無餘蘊。不獨其人自揣。為知是物。即旁觀者。亦將推以為知。然自吾學觀之。彼所知者。即機言機已耳。即較他人深造。亦不過識瓦爾特製為此機之艱苦層折。用意切密。構造勤劬。所積思累試。卒成是機者。至矣盡矣。顧獨謂是機為群之一果。問何不出於餘洲他國。獨見於吾英。則向所謂知此機者。乃真不足道。而所不知者政無窮也。夫制作之巧。若不可階。亦踵事增成。有為之前。乃為之後。必有創者之質。乃有因者之文。非若佛國樓觀。彈指遂見者也。故瓦爾特新機之未出也。必先有無限之印機。降而益密。又人運巧思。成其一體。地獻其寶。收以為用。如印軸之殊制。紙模之精粗。跡而窮之。步步為變。至最初手印之機而後止。雖有工

以下欲明群中現象皆有去果來因之繁。則以瓦爾特所成新機為喻。恉非突如來如之物。故其理非心量淺譾者所能窺。

拙疏密之不齊。使闕其一。是機之天演廢。顧此猶是即機之本體求之也。乃若機外之物。為機之所待以成者。則最切莫若製機之機。與夫所以善事之器。旋鑽剉削。懸直砥平。以所成者之既精。斯其器亦非粗者所奏效。分而考之。且一一自為其天演。溯而上之。乃至於最初之鑪錘。亦闕一而諸器廢。諸器廢則是機廢。瓦爾特雖巧。又烏從而為之。曰若是則既盡乎。曰未十一也。夫是機所用之紙。乃連蜷成軸。伸之至數十里不絕者也。使無此紙。其機又無用。而所以為是紙。與所以製是紙之機。非一蹴可致者也。故前數者皆所待之材與器耳。而是材是器。豈無待而遂有歟。凡所以為鐵。凡所以為煤。凡所以為工業。凡所以為人巧。必具必周。且特數其形下者耳。若其形上。則工欺材讒。不能為微至之業。力窳智劣。不足與耍玅之功。是以哲匠碩師。非隨地可生。凡國能有者也。其通微之智。其不苟之良。凡名機利器所待以成者。皆資甚深之教化。甚隆之治功。與夫甚安之國勢。甚休之民生。而後能見於其群。否雖竭慮盡氣求之。必不可得。此興業於南非野蠻之鄉。開物於東亞淺化之國者。所共悉也。故此區區一機也。於科學則必有形數焉。必有質力焉。非四者所造皆至深。則其物不出。而印報之機。又非徒鬬巧衒奇而已。民歲出數十百萬金資以立事。又非徒以觀美也。一時八刻之間。必求數萬番報紙立出以待布者。亦由讀報之人眾耳。晨餐甫竟。即求知國事天下事之何如。即此心習。夫豈五洲之人所同具者。然則即此一機。明於群理者。足以覘人國於至深。嗚呼。豈徒然哉。是故以瓦爾特印機為群中之一果。則極所由來之致。脫腕難書。必經數千年之天演。化野蠻任情苟簡之習。而轉為憂深慮遠自由望進之風。其政其教其學。不獨為僿野者之所不圖。實且為篤故嗜常者之所無見。夫豈心能甚簡慮機甚淺者。所能達也哉。

知此。則一群之事變。其理解之繁。其通喻之不易。可以見矣。夫宇內無不因之果。而天演之變。皆有所由來。不獨一事然也。物物事事。莫不如此。典章文物。俗之所風行。民之所崇信。皆有所本而後生。亦有所待而後立。吾黨之治群學。蓋欲積前事之師。而以為經世之術也。故於群之變。必心喻其眾因。通參互之致。識遞推之演。否則誤謬而不自知。生心害政所不免矣。即如吾英工約一事。學者欲明其物之體用。與其利害所存。必遠溯之立國之初。以觀其本。復考歷世沿革之致。上之國家政制。下之閭閻民品之等差。家庭事育之常制。州里郡部之所棣通。宗教學塾之所培養。至一時之風氣習俗。蓋無一焉不與為消長醇醨者也。**且自其物之見於群也。則不獨有化群之效。且亦受化於其群。**故欲知工約之因果者。非沿數百千年之遞變。而連類考之。不可得也。

　自其事之膠葛紛羅如此。故觀群變。而能得其真。以今日民智言之。雖在上流。有不必辦。是故謂群有學。將數十百年之內。信之者希。不獨思慮之密。心量之廣。與其學克副難也。彼且不悟世有物焉。其繁重如此。而待有願力者為之開山也。**今夫疑者非執德之懿。而不回者守道之所貴也。顧理或待善疑而後明。而識以不回而滋謬。是故進化之腦。主於濡柔。而拗愎之性。不可與通群理。凡人智慧。皆受成於一生之閱歷。特所經者過狹。而所概者甚偏。遂挾其區區之智。篤信謹守。硜硜然護其先入之主。謂天下莫與易。如是欲與窺群理之蕃變難矣。**吾英往者淨士⑦之子孫。狃其先人之訓。持安息日之誡最謹。意謂設不如是恐藩籬既決之後。將敗德違常。莫知紀極。且嘗徵其事於所居數十百里聚落間。亦覺誠有然者。逮稍長遊國中都

以下言人事之變恢詭譎怪羌無定程。而淺者常是已非人。而以所遇者為正制。此囿習篤時所以為智絯之大者也。

會。乃不謂有視安息之誡如弁髦。而言行無疵瑕如某與某者。浸假而為大陸之遊。愈訝其土之良。亦視安息之誡如無物也。由是其意乃稍稍舒。而知向所持守甚嚴者。大德之不踰。小德之出入。舉非所論於此。嗟乎彼人所持守。而立為至嚴之戒律者。豈僅一安息日已哉。將必有其重且大者。而常為之斤斤。安得令柔其心。使皆可覆觀而更審。庶幾有以擴其識量。而以與於群理之實乎。勿受之以耳。必接之以目。勿接之以目。必衡之以心。使其為是。將見昔之所謂固然。乃今稍悟其不然。所謂必如是而後可者。亦不必如是而始可。夫禮法什九實出於人為。而且非其至。往往今日指為理所必無。而數百載以前。乃所恆有。又古人所稱為大謬。而今世或信為公言。一卷之書。一闤之市。是暖暖姝姝者。又烏足守勿失乎。使大擴耳目。以橫覽五洲之詭化。則世所有者。不僅其制與吾異也。且極思其異。有不能至。則向所持之戒律。果何所據而定其必然耶。

若夫理之最近而易知。至於閨門室家之間。夫婦父子之際。可謂極矣。使人理而有常。則是數者當皆同而莫異。匹夫得其匹婦。此景教舊約之所傳也。乃亞歐諸國。獨雄衆雌之俗。奚啻一邦。一夫多婦所習聞者也。乃不謂一婦眾夫之制。亦有行者。且甚偏也。夫牉合配偶之道。至景教所垂至矣。意者他制雖行。其心之安。其義之當。必不如吾制之無怍。乃理溫斯敦非洲風土記。記於湖畔遇一蠻婦。聞英倫男子僅娶一妻。輒唾而嗤為可鄙。然則天下孰為正制耶。

論者將謂。人生配偶之制。雖群以不同。然其事至於三者而盡矣。匹合一也。眾妻二也。眾夫三也。三者之外。必不可為異制。乃不謂大食一部之民。其夫婦之倫又大異。其俗於回教七日之內。四日合而三日離。方其離居。無所不可。此大家巨室之通制。不僅行於小民也。又不謂身毒山國之民。夫婦之際。男有外遇。乃為大惡。女而通俔。斯為小疵。葱嶺以西諸韃靼婦人。有以不見鞭撻於其夫。怨其無愛而經官求離異者。此其理愈非吾黨所能明矣。將以其事為誣妄。則非洲種人。亦謂主不鞭奴。則一方相怨。為不得所天。其不謀而合如此。則又未可輕易斷其虛實也。法蘭西西班牙中間不合如礪。有種人焉。號巴斯基者。其俗凡遇生子。丈夫寢蓐負茲。受親知環賀。而產婦奔走處置家計如常。❽支那南海諸島中。俗生男。父例不得為產主人。名為是兒守護田宅而已。非支島蠻。親年及格。則相與舁置郊野生瘞之。俗相沿以是為子職。受者含笑入地。謂為全福。又身毒嗎拉巴爾民俗。以猶子之親。過於己出。假令親子死而哀戚過同產子。則相與譏誚。以為不近人情。而其子弟亦謂伯叔舅姑。於天屬為近於父母。夫人道至近。莫若室家父子之倫。此含靈者所同有也。顧其禮制習俗。情感信端。不齊若此。矧推而廣之。至於國人之交。與一切人心之殊趣。所發見於一群。其為至賾而不可一理槩者。尚待言哉。且其事不必求之異種殊俗也。中古歐洲。其時禮制習俗。與其民所寶持崇信者。已與吾今日之所接。有相絕而無相謀。復何必更求於久遠乎。姑即宗教一事言之。其餘可類推已。

即今號文明之國。察其宗教之所標。固已恢誕弔詭。不可以究詰。乃至沿流討源。則其事尤足怪。吾嘗遊法國。過布崙尼則覩十字巨木。楬櫫當道。狀若大桓。而其下積疊腐朽者。皆小十字也。其制交二柹為之。皆行人所敬捨。用以求福者也。所尤異者。其物與鐵軌鄰。汽車旁午其右。當是時人意之中。二境不之相比附為何若乎。及入西班牙。又聞有為教會設鬭牛之戲者。愈踧然訝之。雖然此何足訝。其往事之離奇。有什伯於此者。不聞所謂教宗鬩戲者乎。鬩戲者。以其甚深微妙而稱。教中人將以闡天主御世之要道。人坐不信其說。為所炮烹而死者。常相屬也。曲終戲罷。則簿所費以示人。有曰給上帝錢若干。給某神錢若干。給魔王若太歲錢若干。而上帝所進御。有畫衣。有假髹。皆黃金塗。閟戲有一齣。為鞫聖母馬理獄。法官坐堂上。訟者曹立。歷數馬里洎約瑟淫佚罪狀。法官作色責兩曹對質。傳爰書具獄。種種如人間。其媟嬻妄謬有如此。**顧彼中長老且謂。使不如是。將無以起顓愚信向心也。吁亦異已。**

更觀舊日教會諸國。其中藻繪丹青。將以發明宗教神祕。顧倚迹求心。實不知作者用意為何若。此不獨文明之邦。不宜有是。即半教之國所無有者也。如畫耶穌受苦聖蹟矣。自其傷口流無窮粢餌。旁畫諸祆持鉢承之。又作蒲桃。發根於基督手足諸傷。而神父洎阿白思諸尼。方斂摘果實。又作一酒車大篅。以承耶穌奔泉之血。由篅車復作數百道酒瀑。激射諸祆男女口中。其表三身一本之理。則作老壯少三人。同登雙韡而立。夫使其時之民。其所信於宗教者不過如是。其所為之謬戾。滋可知已。是以當羅馬教皇威力最盛之日。諸祆售賣懺罪文憑。其爭出錢買置藏弆者。真無足怪也。

今夫宗教一也。**而清淨既失之餘。則人心之荒穢不蠲。附之而見。合前數事。可以見群理之至不齊。而拘虛篤時者為可笑也。**且往者宗教之無稽不經。既如彼矣。而一二百年間。其國之民智政猷。相為生養之道。乃克臻於美備如今日。**此又見民群之變。不可端倪。**後**此舟流所屆。有大過於吾黨之所知。一概量之可乎。**然則學者所最亟。在務廣心量所涵。**去枯為柔。與道遷變。慎勿為先成於心者所湛錮。乃有以與於斯學也。**

向使人察事物。而無失其真。則雖有時地之限。其識論亦可以明通。而不至於凝滯。但使察所居之本群。一如他群之察我。則雖有繆盭違反。將釐然皆具於吾前。而有以知曩之所謂當然而合於天則者。實未必皆當然而盡合於天則也。有典章。有文物。有載籍。有清議。使身目不囿於其中。而洞然皆觀之以道眼。將即此可得其不齊。而知向之所守為常經。而所謂大中至正之無以易者。多出於一時之俗習。而本己意以推彼民者。常有時而大誤。今以自見之難也。則設一數萬年以後之人類。而懸擬其所以道我者何如。此於人意。儻無疵乎。至其時言語。固宜較今為精。無已。則姑譯之以今文云爾。

其言將曰。自圖書之用日精。而兒童皆知數萬年以往。大地從其最睽之隋員軌限。而漸復於今行。且由是而知員輿冰劫之盈虛。向所不可居之北半球。乃今漸回其人境。有地焉洎今始出愈有以徵前說之確鑿也。墜石山積。磊砢從橫間。覯一古國之劫餘。人骸多化為殭石。幸其數處之記載金石尚有存者。正如礦中烏鰂遺體。以所含墨。浸漬入石。自寫形狀。茲之殭國。正與之同。以其所自傳。得其當日之人事。此誠地質與蛻學中。所不數覯者也。

賴討者之勤而索之之久也。即其淺演之文字。亦有可通。積數稔之力。而張皇補苴之。此國之俗。乃髣髴而可道。知其為冰劫以前北半球大國。而亦粗有文物教化可以言者。異哉。

以其紀年言之。則所考事。見於所謂第十九百年。其種即古代所傳之英吉利。此真吾黨之所願聞也。蓋英吉利立國如何。雖前此一無可考。然相傳其中有二人最靈異。其一為詩人。❾深識遠想。為從古詩人之所無。又其一為學人。❿造詣深邃。當不待言。而為吾黨所深知者。則自此人出。而後六合洪構。可得而知。以斯二人之尤異。故英吉利為何如國。其文物教化何若。恆為我曹所急欲知者。而孰意以

以下設為千劫後未來世人所以擬議英吉利之民群者。以見今人之所是。或後人之所非。而篤時之為智絃。不待論矣。

今所考者印之。轉甚失所望也。蓋始以謂是二人天縱特達如此。種得之而貴者也。則其民寶其遺跡。所以傳諸無窮者必多。故探者先為之大索。而無如其所傳者殊少也。所謂學人者。雖得彼而後人類知天運之實。顧其國所以尊之者。不過與以爵號。等諸商賈之致富者。而古今僅有之詩人。雖有遺像。亦微小不足道。而高標跨穹。矗起拔地者。皆其國之善戰者也。論其范形紀功之事。此民之所為。實無往而不異。聞有醫名燕涅爾。當其國大眚。用其術救人。所全活甚眾。於時緣酬德之意。鑄其像置廣衢間。嗣其民悔之。移置僻地。而即其所。立善戰者名訥白爾。以能勝一異種弱者功也。訥白爾所殺人。與燕涅爾所生人。其數差相若。故考者曰。殺人之功。重於生人。野蠻之顛倒類如此。所不解者。此民所奉之宗教。號以仁愛為宗旨矣。乃深而求之。其違反非獨見於事前。其書記與鄰國戰勝。常以其日。歲歲大酺。甚類古猺獠割馘之舞以紀功者。英吉利為此時常有祝宗。為請釐於所稱無所不愛之上帝。則尤足怪也。又其教非本種所自為。乃受諸他種尤古者而修明之。然所進不相遠。古種之刑章曰。以目償目。以齒償齒。而英吉利律不然。其貴人苑囿中狐兔雉鹿。殺者律最

**重**。**則無異以足償目**。**以臂償齒矣**。其所守者雖古宗教。顧其因革。往往難喻。古宗教。猶大是已。然其始。**則用其教而僇其民**。蓋以彼之所改革者。猶大之民不從故也。彼僇猶大之民。以猶大之民為不己合也。而彼之所信者。又大較皆合於猶大。不獨刑章所用。實本於猶大而加嚴。即彼教所崇拜之救主。其道以仁愛為宗。與猶大異。彼亦不之信。而轉信猶大之所傳。如以第七之日為安息。而勿事事者。亦猶大之舊。非救主之誡。且為所黜者也。尤足異者。彼號有所崇信。而常怒他人之不崇信其所崇信矣。乃彼中有篤信其道者。彼又從而非笑之。如所稱戰栗黨者。欲大張教主之道。盡棄猶大人之舊說。彼乃誚讓嘲笑之。**故考者以英吉利之民**。**於宗教為守其所斥之法者**。**非無憑也**。其堂寺處處所懸十誡。猶大之舊也。而其本教所著兩誡。轉弗稱焉。其國常歲出巨資。遣眾徒適他國。號傳教者。而向之傳英吉利以耶穌本教者。則雖窮探偏討。猶未得其主名也。是非芸人而舍己者乎。且即此傳教之事。亦有其甚異而難明者。彼於其教所奉者名。而非其實。顧未嘗不甚願他種人之入其教。則遣徒四出。宣其所謂福音於人人。是為傳道教士。傳道教士者。以身作則者也。**顧當是時東方**

有土焉。曰印度。因緣搆會。而其土為英吉利之所遙制。故傳教之士適彼土獨多。一日者印度之民大訌。彼既徂而定之矣。則於六十六人之中。取其五鞫。不傳爰書。縛之於其所謂拋車者之口。遂轟其骸為齏粉焉。夫其傳教宣福之術。與其所躬為以示民者如此。乃怪信從彼法之人。多色取行違。為印民無行義之尤者。不乎異乎。

以吾所見者言之。則英吉利為半化之民。殆可決也。然亦有可稱者。其民善走海。故於同時。種異而化淺者。所遇為多。居於其土。則以地之主種為魚肉。下者亦牛馬取奴隸之。往往多外訌。然其國每歲所出傳教之資。不下百萬鎊。是亦疏於利而好行其德者歟。考其國中。通部大道。十里一郵。五里一菴。皆所以養惡疾惠貧寡者也。振濟之會。隨地而有。此其事於群。利害何如。姑勿深論。夫亦可謂不忍人者矣。其國之賦稅至重。然以振貧者不啻什一也。其尤可稱者。則以同時有奴法。以人屬人。如牛馬然。其筋力性命。皆屬於所主。此法見於英吉利之外藩尤多。英人則以是為非人理也。乃禁絕之。費其財二十兆。又同時有鄰國之鬨。則鳩巨貲遺男婦以救傷夷。恤亡絕。是皆此種古民。最可稱說者矣。

是故今者所索諸幽冥。而登諸旦晝者。不獨有裨多聞已也。且可借鑒於斯。而以知吾人之所短。經數十萬年之天演。以磨礱存擇之效。民生合群之事。乃底於純。民之性德。與其生理之相資。乃相得而不相忤。顧民生今日。以生世所居之郅治。遂若郅治之境。出於固然。群之法度。民之行誼。耆欲之所形。神明之所契。若皆有條理之可言。無衝突乖舛之跡者。方且謂一群之中。所日用常行。必無背馳之理。更不謂伊古有人。其所知所信者一。而所習所行者又一。且二義相滅。若薰蕕冰炭之不可以同居也。今使有人於此。知湯火之可以爛人矣。而猶樂探蹈焉。此非狂而喪心者不如是也。然則有人焉。知其所是矣。而故行其所非。其為喪心之狂。又可決也。乃今得此。而後知其說之不盡然也。古今之群。固有察其所持則是。觀其所用則非。一國之中。民之情行。衝突棼淆。而其群之存而立又自若也。且彼言其道而行其反者。又未必自知其然也。乃英吉利之民。有海陸聖經會者。以所謂聖經者。散於海陸殺人之兵。聖經以殺人為厲禁。犯者有死後之大罰。而所謂海陸軍。以殺人為職業。以其術之迮也。則刪經中以德報怨。與批頰不讎。更獻他頰諸語。其削頭適弁。不自知其非類又如此。**吾人習為人道大經。在知循理。而循理之驗。在不亂其例。**而無行牴牾也。乃今此英吉利古種。非人類耶。非自謂能循者耶。何其多所牴牾謬戾。至此極耶。則自今以往。吾黨其戒之。**向所謂出於自然者。未必果出於自然也。囿於數千萬年天演之中。常謂一群之變。今所如是者常如是也。而孰意宇宙之所有。有其大謬不然者耶。**

總之。此篇之說。顏曰智絯。所以見事理之難知。根於人心而有者也。雖與前篇之物蔽異。而實未嘗異也。蓋格物致知之事。自其所而言之則有物。自其能而言之則有知。至於理之難通。自其所言之。則為物之蔽。自其能言之。則為智之絯。是故二者一也。特所從言之異耳。以此篇所指。關於思理襟靈之闇者顯然。目之智絯。似為便也。

以下總結此篇智絯之恉。

人之於事也苟有所推度。勢必本己意以為量。顧彼之所當。不必同我。而人之心習。視所由成。則務知我相之為梗。而謹其折中。一也。常俗言治。不及者以人道為不變。過者以盛治可驟期。二者皆非。其政亦從之而為害。惟知其可變。而必期之以漸摩。而後苟且之意祛。而欲速之私泯。二也。其三之弊。達者最難。雖有精能。但差愈耳。此何也。曰心量之狹。思機之簡。不能與事理之廣而繁者相副也。顧欲事理之明。非合諸因與凡所由起者而通計之。則其情不可得。且非分量悉得。消息離合之趣。瞭然於心。則雖達必有所遺。而亦可以為害。此其能事。具者絕少。而所短不可不知。三也。過此則心量廣矣。思機繁矣。而天趣凝滯。氣枯而不柔。用拙而不警。則其赴機亦難。故必善推移。有以受至異。察相反。而不為處境先成者之所拘。四也。

## 附註

❶ 回教人謂上帝為阿拉。

❷ 安息人呼歐洲人為拂箖。

❸ 此俗吾閩正爾。

❹ 指澳意各國。

❺ 斯賓塞成此書於一千八百七十三年。

❻ 甲與乙或丙與丁。

❼ 明季英民信教最篤者號淨士。

❽ 聞此事不獨見於巴斯基。亞洲數種均如此也。

❾ 謂狹斯丕爾。

❿ 謂奈端。

# 情瞀 第七

古語有之。情者性之動也。動而失中。則神瞀焉。然則情之足亂其智。固學者之所飫聞也。雖然。區其類別。第其淺深。舉其所以搖吾精而傾吾衡者。皆列而論之。使察物者知謹而勿恃焉。則非學者之所飫聞也。今夫人之論物也。於漠不關情者。斯亦已耳。**過斯以往。莫不雜以忻厭忿好之私。是故雖智足及之。而情所以瞀之者二。所喜者期其不可期。所惡者絕其不可絕。一也。在己則重其所可輕。在人則輕其所宜重。二也。二者⿱⿰束次韭而眾惑生焉。**

以下言情感熒神之大概。兼明心學意相守例。

曩有在倫敦北支鐵路軿車中殺人者。嗣是幾人人視鐵軌為畏塗。一軿之中。一己一客。則心焉惡之。然以共載。而遇如前事之橫暴者。亦未嘗復聞。顧人心之疑畏自若。雖前事再見之數無萬分一。彼未暇詳也。**人心方有所忌。其為忌之心。與所忌之險。往往大有逕庭。而絕相待之比例。險之數兆分而一。其忌之數直百而一十而一也。因疑生怖。由怖生怯。其審事之衡。遂以全失。就令未失。亦往**

**往心知其然。而行事不自知其相僢也。**

英民種牛痘者逾二十年。忽倫敦民自出痘。間有死者。一女士居倫敦。惴惴大恐。若將己及。嘗以其情語予。予乃謂女士曰。假如夫人居一城市。**其中男女凡二萬口。聞每七日中以痘死者一人。則夫人心以為危否耶。**女士對曰否。其意乃稍解。計倫敦戶口。與每七日所聞死數。當此時其比例率實與吾所言合也。**顧一時以恐怖故。遂未暇稽。其死率固減於常時。而訛言外沸。怖情內撓。雖有至實冊報。猶無益也。人心作霧自迷。召魔自恐。常如是也。**

前二事固瞭而易見者。顧情之熒智。時時有之。審一事理。情動與偕。則其鑑多昏，其衡多昃。此非精於心理。而反省功熟者。不易見也。心學有意相守例。二意同起。如拔茅茹。相守之力。有膠固浮泛之差。視腦中相應之涅伏。腦氣發生。為強為弱。使其為強。則方起時如大波軒然。當其交會之絡。其發見之果。為二意相守。牢固而不可分也。夫腦主斷決。腦氣瞀亂如此。雖謬誤已甚。在己必無由知。有時偕動相守之意。與本事無涉。如大喜盛怒之頃。遇一小物瑣事。後日情動。舊影分明，常能記憶。即此理也。若其情與本事正涉。如所見之物。所思之意。正為情動之因。則其固結不解倍徙之矣。**蓋所動之情。其涅伏之浪。循感覺思忖之腦絡而發。遂使事理之輕重正負。全失其真。雖外物之證。與之顯背。彼亦不能自救也。**

以上所指諸惑。凡情皆然。不獨恐怖喜怒而已。淺而言之。如父母於子。衡鑒都差。古今同慨。男女相悅。此以為美。彼以為才。而旁觀湛然。無絲毫才美之可見。又如購買彩票之家。所操至狹。所願至奢。雖得失之數。顯然可知。而終不悟。製新機者。則自詭必行。初服官者。恆謂國不足治。故諺曰。希望者思慮之母。即此謂耳。他如崇信敬畏。亦情感見端。由來宗教鬼神之事。恆違其實。往往因其虛妄。而生恐怖。情之既過。雖斷體劈面。亦所不辭。此亦二意相守而情動與偕之端也。

常人論事。情瞀尤深。其於物也。如以凹凸之鑑。受物之形。違真殆所必至。此理為通人所共知。而省察多未至。**名實之所得失。黨論之所主張。與其他憒好之私。國論之淆。大都由此。**欲治群學者。徒知此猶不足也。必區情之品。準情之量。而遞言之。**即至小小訢厭之端。知皆足以貿事實。**而後可言學也。民於其群之事變。固不能無

此下言常人之論群事其情瞀之蔽尤深。

概於其中。試觀己與人之議國事。將自見任情逞臆之論多。而徵實詢事之言少也。彼蚩蚩之氓。無國家思想者。無論已。使其人既具知識。於群之法度禮俗。必有所愛憎輕重然否於其間。此非一朝夕之故。其漸摩蓄積久矣。以其成之之如是。故雖明知其為心習。常求勿如是而不能。一事之來。一意之立。己之所左右。皆倚其所先成於心者以為程。先成非他。即向之所蓄積漸摩者。夫豈徵實詢事以定其是非也哉。

使學者而不自欺。於吾言當無咈。常俗之言事論人也。所言常不附於事實。夫事實非坐而可得者也。而不憚煩以旁羅廣徵者蓋寡。群學之難治。政以所聞於人。所成於己者。無往不任乎情。而能附乎事實者少耳。群學科學也。任乎情而不附乎事實者。科學之厲禁也。欲知其害。試先其大凡而所易忽者言之。

如人心之卞躁。其最顯者也。有人於此。以一器物扞格不操之故。抵地大詈。嚴霜之晨。滑澾僵仆。因呼地吸力而譴訶之。則旁觀笑其大愚。即怒者事過追思。亦將自失。顧主治之人。其言行有類此者。竭力盡氣。以與自然為敵。至所欲不讎。則怒及公理。詆訶跳

以下言卞躁之情瞀。卞躁者以公理之不可

擲。若不自聊。此其可笑。豈後於前所云云者耶。

且此意用於計學公例者尤多。假有人發一宏願。畫一奇策。及見諸施行。則復大謬。或告之曰。若之所為。固與計學之理不合。彼則發怒於此學。加惡名焉。以快其卞躁之情。如往者嘉來勒著書。本仁民愛物之旨以言治道。及為變俗明民之條理甚備。晚悟其書。與計學公例多相戾者。則大訾理財以為長戚戚之學。夫國中門戶不齊。宗黨異尚。但使所持之說。不為計學之所印可。則皆以計學之理為可憎。此不思之過也。彼之所為。與欲為自行不息之機。怒力學公例不已合者。無以異也。

勝而怒之也。

彼以計學為谿刻尚利。必天資澆薄之人而後能與之。顧計學未嘗以意自為例也。察諸人情物理之間。因其固然。而揭之為例。美惡敦鄙。何容心焉。且彼以計學所言之人情。為發於人欲之私。而不由天理之公歟。此又謬矣。計學所言。皆形氣之不能不然。且必如是而後群合也。今使民之求物。屏廉而趨貴。賈之為市。樂少而苦多。民之產物。不產之於天時地利相輔而易之區。乃產之於風土民功相尅而難之野。且其轉運漕輓也。不樂其夷近。而出於險隙。謂如是可以合群也。則工賈之所為。其道不與今所有者逕庭歟。使勢有所必至。理有所固然。則天下之所以相養相生者。正因乎人性之大同耳。計學者見其所必然。取其所接而知。與所謨而知之者。筆之於書以詔學者。其義又烏可訾乎。

夫謂計學公例未必皆實。抑有漏義焉。待傅益而後備。此其說似也。顧必謂計學為無公例。抑食貨不可為科學。則傎矣。今之攻計學者。猶之宗教中人之詆天學也。聞講步候者；算日距地不合。遂大喜以為得閒。訾科學之不精。蓋由宗教主義。人無全能。故喜人有過。以徵其說之不誣。雖疇人於天體形搆。大率無差。差者獨於地軌橢員之徑。三十溢一。爾乃相聚笑之。以謂斯人之智。終不可任。訾計學者。其用心豈異此乎。且宗教之致誚也。誚天學之疇人。而於天學則無毀也。乃彼之惡計學者。則并其學與人而賤之。宗教之家尚不若此之甚也。

科學之事。境有淺深。而義無可訾。萬物咸抱質蘊力。推排摩盪。而其理見焉。質學力學所以著形氣之公例也。計學群學。察人性之所同。思理感情之為用。與生養之局之所以成治亂之機之所由著。

故計學者。所以著食貨之公例也。群學者。所以著民人之公例也。然則與人治其學而我訾之。孰若人圖其始而我善其終。人事其疏而我為其密之為得乎。

卞躁之為害。言其大凡。無取於毛舉。世之人方本其善世美俗之盛心。發非常之願。圖非常之原。有人焉為之辨然疑。審情實。效至忠之告。使知其願之不必償。其原之不必舉。彼乃意棘棘然惡之。而藥石瞑眩。遂成仇怨者有之矣。終不悟告者出於至誠。其用心之無可議。夫物競之酷烈如今。是有術焉殺其勢歟。過庶之禍且無可逃。豈有道焉減壓力歟。大公平等之治。去之猶遙。能為法焉使早至歟。道民之具。德刑之間。相群之候。果孰用之而最合。使其出之以寧靜。本之以閱歷。守之以堅忍。事效之至。特早暮異耳。若乃期之以速成。行之以躁易。暫埋暫搰。有初鮮終。不獨於治為無功。而群且蒙其大害。夫物理所必至者。奮吾人區區之力以與之爭。至無益也。順之則吉。逆之乃凶。既逆既凶。反以齌怒。甚且訾其學為不祥。謂其人為慘覈。是非所謂絕物者歟。

愛憎之情大勝。其智必昏。於己則闇。於人則明。法蘭西之與普 以下言魯士戰也。當攫拏未已之日。凡僑居巴黎者。無論何國。悉指為普諜。亦即以普諜處之。此憎情大勝之時。無度理揣情之功。亦無考驗憑證之事。至日耳曼既去法京之後。近畿之民。設立政府。號恭牟尼。舉措之謬。貽譏列邦。溯所由然。亦忿懥之情害之耳。故嘉來勒之撰法國革命記也。謂其民有滔天之憤。懷拂性之疑。此不僅革命之日然也。自普法之戰至今。尚有然者。法廷執政議令之人。無閒在國會。在報社。在私家門戶之中。一切言行。皆以愛憎之極。積不相能。各不相喻。有所推勘。一是九非。而群之事變。遂無能得其實者矣。

人心竦於勢力之情瞀。借法人革命與拿破崙并兼二事為喻。

喜怒擾其靈臺。則是非之衡。俯仰無一當者。由英民以觀法民。所纖悉備見者也。雖然豈英民獨免此乎。以天之幸。此土無戰爭之災。故不若法之已甚耳。然人情不相遠也。今請無言法人之於法事。而言英人之於法事。更無及今日之法事。而試取昔日之法事。觀其輕重之所別。毀譽之所施。將愛憎所深。則直道不可復見者。又可識矣。

時異勢遷。歐洲拂特之制衰。其利亡而害著。擁土奠爵之家。靡所事事。據其權利。用魯肉其小民。操持威柄。祇厚其私。民愈不服。而禁制益急。緣畝之民。極勤動不足以周事畜。而舊家豪室。猶有非時之力役。奔走喙汗。無所息肩。町畦之所出。狐狸野兔。雉兔麋鹿之食資之。殺之則有罪。訟之不見聽也。橋梁有榷。市廛有征。麥必礱之於主之磨。餅必炊之於主之罏。給費視所欲者。無市價也。豪家征傜之外。又有教會之所責輸。甚厲且重。逾於國賦。國家之法。所以驅束末民者。不可卒道。一業之立。其中所宜僱之傭夥。所可製之貨物。所選用之物材。所必遵之方術。乃至所產物之品第。律皆取而定之。有不如法。以違制論。毀其器械。焚其貨物。以改良為不法。以致物利用為作奸。有所創製。則以為奇技淫巧而罰鍰。邑之征賦。殆悉取於力作之家。圜法陵遲輕薄。名存而所值不過其初七十三分之一也。豪家侵漁。朝貴施奪。愬則必不得直。國為治民之事。其所用者偵吏也。罔證也。以周內羅致人罪者也。其郡鄙分治之不善如此。其朝廷統御之無良亦如此。民生多艱。舉趾觸禁。言之有非外人所能信者。而樞軸之地。放蕩恣睢。貪殘奢侈。竭府庫以事窮大之宮居。毀軍旅以從無義之戰伐。民已窮矣。而後宮之費益滋。乃舉不可復彌之國債。賦既重矣。而竭澤之漁未已。遂致通國同憤之謗聲。欲取逸居擁富之眾而算之。勢不能也。故教會之田。有爵之產。王詔謂宜分編民之負則反之以惡聲。詆之為不道。王亦無如何也。其尤可駭者。朝宁之上。臣主荒淫。如一邱之貉。故革命之檄有曰。全法之勢。如巨人臥地。而嬬倡之足。加其頸也。當是時法民作難。政已不行。而無良怙終之豪家神甫。猶相聚以謀復舊柄。甚且潛結外讎。以蹂躪宗國。於是法民狼顧愁憤。率土若狂。受虐於厥祖考。棄疾於其子孫。欲得甘心而已。雖所為失理之平。不暇顧也。民方飢渴於自由。上乃合從以求厚其壓力。民主立於國中。而遠方響應矣。乃政教之長。猶蚤夜孜孜。求所以毀其成績者。幽險漸毒。隅睉奸欺。君子察其所為。知守舊者之無意於和民。而法國貴賤之間。其勢必不兩立。此所以有九月慘戮。屠伯行權之變也。當此之時。其一日之所淫夷。或身與於前事。或未與前事。特為民黨之所懷疑。倉卒不分。其所駢翦曹誅者。蓋不下萬人也。聶梅碩斯之可畏如此。❶其被禍者固不必皆有罪。顧殺機既啟。激之以痛憤無聊之情。則勃然行其不仁殘賊之威。雖違於人理有不顧者。雖然其不仁殘賊固矣。不忍憒憒。號稱復讎。所謂誅民賊者。不必不即同於民賊。然使後之人平氣而論之。則喋血之事。雖至兇虐。而終有可恕者存也。蓋民之意方謂。使民權終古不伸。則繼自今三木桁楊。無去體之一日。勤動之所得。俯仰之所資。朘且益深。餓莩而已。存者菜色。偷生草間。固不如死。夫民思無俚。至於此極。其僨興悖亂。不知所圖。固其所也。嗟乎。使其君以要歡讒妾之故。雖驅數十萬之民。肝腦塗外國之野而不惜。則其民之風狂盲起。取素所疾視者而一忍之。又何誅焉。是所戕之萬人。身死之時。亦呼蒼天以為正矣。顧誰實為之。而使之至於此極歟。

吾乃今為更及一事焉。法蘭西革命之死肉未寒。昏亂之中。有一武人者出。具蓋世之才。濟之以無所不忍之凶德。浸假而為將軍焉。浸假而為都護焉。卒之且為其王者。其無信誇謾。至於不可究詰。日日之文書。篇篇之條教。直無所往而非欺。自為斯不足。且以教他人欺也。方其締交。即其所以為賣。其詭譎根於天性。蓋自少日即以伊朮狼羊之寓言為師法者也。人與為忤。其收之也恆許以不殺。逮既入其樊則虀粉矣。欲以威眾。其蠻野渴血之行雖古暴人之所為無以過。

其在埃及嘗殺二千斐拉以復五十卒之仇怨。已而棄其屍於尼祿河。耶哇二千五百兵既降。乃盡屠之。雖麾下之將士。覩所為如此。不忍奉令也。其行事實不類十八稘文明既進時之所宜有。拉芳德之二三邑。欲焚則竟焚之矣。牛鬬者西班牙之暴俗也。彼則進法人而效之。甚且欲復羅馬圜場搏撠之野俗。其殺人摧眾也。神夷血冷。若行所無事者然。以所私婦人之欲觀戰也。雖無故為鼓十萬兵可也。他若懸金以購穆拉貝及拂洛牴二氏之頭。遣剌丹檢暴客相屬於道。其陰賊不武有如是者。其邦交條約。幾無一盟之不寒。其為本國民主法令。則以暴而易暴。然此不過模略其二三行事。見其人性質已耳。跡其兇虐。實尚有大於此者。自秉權握柄以還。所戕害之法民。及摧其敵。每歲之閒。恆以十萬計。問所以為此。則自張威力。且以誅鋤異己者耳。嗜欲無窮。常欲并吞八荒。遠馭歐亞。日驅法民之少壯。糜爛於鋒鏑抛石之中。而鄰國所亡之民數。亦與之相埒。末路顛蹶。在俄西陲。是役也。舉五十萬二千之步騎。或殺或虜。其生還者僅四萬人耳。而俄以二十萬兵當之。事後孑遺。亦不逾十之三四。由此言之。是莫斯科洼一役。吾歐所喪亡者蓋半兆之民而有餘。設總其生平之戰績而稽之。白種之民。所死於兵者。且不啻二百萬。凡此皆無異拿波崙之所手戮者矣。**彼其忍而為是者無他。欲以藐藐之身。為一洲專制之共主耳。**

以上二事。吾特連類而書之。使顯然著明。見常人用心之何若。蓋吾英民俗之論。於法民革命之事。則若天地之大絯。陰陽之戾災。於為此之法民。特深惡而痛絕。乃至拿波崙之事。雖窮兇極惡。羌無可恕之端。顧莫有聲而誅伐之者。一若以殺人之多為可敬。故於堂則置其像設。於室則供其畫圖。以寓其向慕之私。嚴恪之意。吾試并案二者。而平列為之表。以問世之明於公理者。使自思焉。

| | |
|---|---|
| 向也。以一萬人之死。則為之哀憐軫悼。以為可驚。 | 向也。萬人之死。莫不有其自作之孽。抑其黨之無道暴虐而夸詐也。則以為可憫。 |
| 今也。以二百萬人之死。則以為不足深憐。而無所驚歎。 | 今也。是二百萬人者。皆死於無辜。且皆以威力驅凋殘困苦之民以從之。則以為當然而無足念。 |

| 是萬人者。與其室家親戚之所身受。雖有其自作之孽。猶為之歌吟而哀思。 | 而二百萬人與其室家親戚之所失亡。雖以無罪而歷茲。則若無慨於心。而不必為之詠歎。 |
|---|---|
| 向也。全國之民以不勝暴虐之淫威。殺此萬數之民賊。故其罪為至大。 | 今也。以匹夫之好權怙勢。雖以無罪驅數百萬之民於死地。而其身為無過。其烈為足稱。 |

右為對勘圖。吾英輿論。於法民革命。及拿波崙之戰功。殆具於此。是非然否。固不必更贊一詞。而吾所欲言者。夫使常人之情。其於事之毀譽愛憎如此。則與言群學。其所善否輕重。期衡量而出之者。不綦難乎。心習既成。愛憎憑臆。則雖數明而可稽。事著而可覈。且公道大反焉。矧幽遠難明。繁賾而不可理者耶。嗚呼。吾於公道蓋無望已。

是故當人情之瞀也。往往於小不仁嚴。於大不仁恕。小不仁雖有

以下言

可恕不能見也。大不仁雖無可恕且不之非。故毀譽喜怒之所加。胥失理而事實棼。吾嘗以心學之例。而迹其所由然。無他。**以人情之悚權慕勢而已矣**。今夫悚權慕勢之恆情。於群非無用也。**群之萃而不渙。而可以等威相制者**。**往往以之**。此其漸於人心者至深。故其情常以烜赫者為可喜。若武功。若大典。若尊號。若居養之崇優。凡權勢之所存。皆其神之所聳。乃為之上下其名分。而犯者為大憝為元凶焉。**此情於合群制眾之事固有賴也**。**獨試與之言群學**。**考法制**。**則是非不相留者寡**。慈母之溺於子也。見其賢不見其不肖。即有敗德。以為晚成。雖屢誡不悛不悟也。民之於國家也。怵於威神。而不知其智力之有所屈。終身責望。雖恆無驗不改也。此誠蚩蚩者之所同。無間其治之為專制與立憲。亦無間其物之為議院與長官也。

民伏於積威權勢日久。用此成其心習。難與言一群之是非。

由來政教可以對觀。**故顓愚畏神服教之情**。**與其悚權慕勢之習**。**同於不能自拔**。布爾敦記南美土民。供設像偶。雨暘漁獵之事。長跽而祝之。不驗。則鞭笞呵詈。他日有所欲。則又祝焉。屢祝屢詈。而奉其偶也自若。其於事神之道。可笑如此。吾英之民於神道設教之事。雖不必乖刺如彼者。然其於朝廷議院。若政令所出者。其用情之乖剌往往同之。**其責望無窮。其失望亦無已。其失望雖無已。其責望仍無窮**。聚什伯之人。以操一國之政柄。民之意遂若是什伯之眾。與他什伯之眾有異焉。其智若無所不知。其能若無所不可。凡他人所不能至者。將皆能至焉。**不悟是什伯者。亦如州里之集。賢知寥寥。中材多有。而數人為愚不肖可決也**。烏能異乎。由是而期之以興利。由是而期之以除害。方其禱祈呼籲。意皆曰是惟不為。為斯效耳。而孰意不然。彼非不欲興利除害也。乃興矣。而利不勝其害也。除矣。而害之形可以變。害之實如故。害之度或轉增也。此誠朝之紀載。野之報章。或見於通國。或出於一方。所日書月計。而不知其何時已。所口誅筆伐。而終於無補者矣。故為政之家。立法行法。二者之所為。主於補偏救弊而不暇。使其立之而善。行之而通。則補救舉無所事。**乃今其智力之有窮如此。猶日夜禱祀。欲徒以法令進群治於無疆之休。是亦不可以已乎**。然則彼之所以為此者。徒怵於上之權勢而已。怵權勢而心習成焉。其發現也如蔓草之榮枯。雖經霜雪。根株自若。春陽既融。甲乇斯見;上固無如民何。民亦無如其心習何也。

方不佞之作此書第一篇也。敘海部失機。嘗一歲之中。亡其三艦。乃不數月又失其二。芬奢則有相觸俱沈之事。而胡里芝以三十五噸大礮墜艙破船。又見告矣。凡此皆民間商業之所無。而國家海軍之所屢見者。至一千八百四十一年支那之役。軍中飲水。取之沮洳。某舟之卒。數日之間。亡其少半。而近者斯璧特以軍吏之無狀。遂以大譴。誰實職之。其棼如此。其尤可笑者。則莫若海軍禿鬝一疾。自千五百九十三年。阿爾布達言。酸橙❷治鬝。已有效矣。後之醫者。亦時時言之。主海部者不之察也。舟中坐此疾死者。歲率數百千人。已而大厲。於是一千七百九十五年。不得已著為令焉。說者謂二百年間。舟師水手。坐鬝死者過於戰陳風波死傷之數。非虛誕也。

國家軍政之中。其紕繆之端。若歷指以云。累牘將不能盡。大者如營伍之鬻職。小者至於訓練之章程。屯居之堡壘。起居作息。衣被醫藥。直無一可以自解於民庶。說者猶謂為政之道。不可求效於旦暮。凡諸所言。皆輓近之事。其未協固宜。顧安知歲月之後。不有本閱歷以為改良者乎。然則政之新行者不必協。而用之累世者必可觀矣。則嘗與論其所由來甚舊。而經數百千載所損益者。將其事又何如。今夫一國之法度。其最初而有者。宜莫如律。與夫律之所施行者矣。然其輕重之失中。出入之相貿。**一以使民疑。一以使民沮**。振古暨茲。常若此而無二致。彭尼爾律❸者。邦之常典。固通國之民所宜共悉者也。乃自愛德華第三至於近世。❹所增多者一萬四千四百有八條。葛蘭活特世爵曰。❺此律。凡為國執憲者所宜熟知者也。顧其實則雖有強識之人。不能了其什一二。而法官遂無以不知律為恥者。外此則有錫域爾律❻其繁雜猥積。不為分區。正復同此。益之以開時律❼之無算。統一千二百函。而川增未已。此其雜亂放紛。痛非思議所能及。此不徒吾等齊民所不能與也。即律師以刑典為專業者有不暇及。不徒律師所不能也。即問之司憲法官。彼亦不知其義也。蓋其陵亂無章。所以底於如是者。夫非一朝夕之故。每歲以王命集邦君民獻數百人。而議院開。開則必有所議。議定而國王為制可署諾。則著之令甲。或謀其新。或修其舊。**隨事裨益。經數百年有雜廁而無部居**。故國典降而益亂。日月滋久。而欲治彌難。此其所以至於此極也。今設有商賈之家。其交易之事。貣貸之常。凡所有事於甲乙丙諸人者。雜而記之。無所統攝。又使其出入契徹。來者皆貫諸鐵籤之上。未嘗為之區類。亦未嘗為之簿錄焉。一旦欲知所與甲乙丙諸人往來者之贏絀。其司帳之傭夥。必傾筐倒篋。偏索故紙以求之。其所憑以治事者。僅恃一二人之強識。夫如是。將斯賈之業。其治忽為何如。而所謂與甲乙丙諸公公平交易者又奚若。此雖至愚之夫。皆知其事之究竟矣。夫術用之於私家。其必敗如此。**顧求之數千百年。吾國朝廷官府之所為。則不幸儼然皆事實也**。其操術如此。其收效可知。國有大議。盈廷紛爭。引援故事。黨相衝奪。理官則相伐也。判事則僢馳也。一國之法度典章。如未闢之混沌然。自始至終。稯椶淆亂而已。故民之爭業也。今日雖聞某署某官。斷其如是。而明日更訟迭進。則所斷者可以全殊。但使健訟而多財。具負者皆可以轉勝。何則。**例故踳駮。得以上下其手。無一定之是非故也。今夫法者。誠非制治清濁之原。而為治之具。舍是又莫屬也。其為治之具如此。則望治之進。猶立土圭於旋鼓之上。搖竿而求定其末也**。故例故多端。則民相侵牟者眾。向使律信而例明。官之判詞可準。民之求伸於法者。常見聽而所費無多。則今之所以訟者。將無由至。民知律一而不可踰。文明而不可舞故也。乃今之敢於侵人者。知其人雖見侵。且不敢愬。謂非法敝使然得乎。嗟乎。治具不張。是謂不國。故必安危利菑。其法令乃放紛至此。今者以數百千年英倫之法度。積其閱歷而為損益折中。是宜止於至善矣。顧其終效。乃法立所以保民。而民不敢求保於其法。每求脫禍。禍乃愈深。則所謂胥匡以生者尚有賴乎奈之何下之責上無已時也。邇者巴黎之民。知官吏之不足以質成也。則相約立平長以主斷工商之曲直。一歲所聽者。凡一萬八千餘訟。每訟所費在十五先令一鎊之間。倫敦之民。見而效之。號曰商正。君子於此。可以覘縣官之所為矣。

今夫國家法令如此。意或者守府典籍之事。當無過歟。乃彼所為。亦比之尋常商業所為有不若。往者有一大分官書。藏於倫敦之白臺甚久。其旁則數十頓火藥之所庋也。又一分置諸日用汽機之側。或露積在外。架广覆之。至千八百三十六年。將裒而移廁他所。則四千一百三十六立方尺之舊典。大半為陰濕之所糜爛。蟲鼠之所齧傷。不可以復理矣。吾嘗深察國家之所為。知無往不同於前事。糾紛叢脞。日有所聞。獨不幸民以習見而忘。且以為無足異。官建議院。則後者未終。前者已圮。立礮臺於西和特之海濱。則以擇地失宜。致一夕暴風。蕩而入海者大半。集百五十萬鎊之資。以造阿爾得尼之海堰。功成乃無所用而為害。今欲去之。非有大費不能辦也。郵政電報二者。國家財政之大經也。乃一千八百七十年一歲之中為胥吏所侵蝕者七十萬鎊。議院知補苴之無術。赦而不追。至其次年。所復蝕者乃八十餘萬鎊。吾聞稽察處之於郡縣計最也。傳遞之費。雖半先令所必詰。而鉅萬漏卮。則縱之而不知塞如此。是不謂之顛倒得乎。吾黨日閱報章。任取一家。莫不言國家之隳政。或得之於廷論。或見之於奏章。或一私函之所言。或一論說之所揭。蓋人事之失中多敗。至於有政。幾不可以復加矣。此誠有耳目而留心國事者所共見。夫豈不佞譸言也哉。顧吾所不解者。國家為治之不足恃。其顯然著於事驗如此。何求益其事者。尚日以滋多也。即如本日時報。載兩製造師理德與花巴安之論。其痛言官驗海船不善。致民喪其財產性命。歲以益多。此其言是矣。乃終言補救之術。又不出議院更立善法。謹其察驗而已。此正如以專制立國之故。致其民儳矣。乃論者欲求其禍亂。謂宜專制之益深。又如教皇之制。既於民為無益而日衰矣。顧議者謂欲教道之尊。宜令教力之益厚。既知官之不足以治事。乃今欲救其失。則又以官焉。夫煤鑛例以官驗而後開者也。雖驗常債。人則曰是宜益以官驗。

鐵路例以官督而後行者也。雖督猶罷。人則曰是宜愈以官督。宰相沙栗斯曰。官吏之始進也。無不喜事而矜才。其繼也無聞。其終也土木而已矣。伊朮寓言。蛙請於帝。乞遣一物以為己王。帝許之。及歸見一斷菑之木。知其為新封之王也。咸敬事之。遲之又久。見王之莫事事。曰是特槁木而已矣。則又請於帝乞一能者。帝又許之。及歸所見則鸛鶴也。長觜脩脛。啄其種幾盡。始悔前者之更請也。今之為吏。非斷菑即鸛鶴也。斷菑則無所為。鸛鶴且以為害。然而不知悔。是其智不如蛙也。**吏之愚謬。雖無日不聞。乃問一事之如何治。則曰惟吏其可**。攻其迷亂。刺其無良。責其觝滯矣。乃求所以祛是三者之方。又曰非吏莫屬。**赤繩之可笑可譏無窮。而所俯首降心以從者。舍赤繩莫與治也**。❽此何異南美土民之事其象設。嘗以禱祈無效。鞭笞呵詈之矣。而他日帶矢出獵。則又長跽以請也。

夫以悚權慕勢之心。察一群之事變。固未有能得其真而適如其量者。雖然。此類情瞀。乃著於人人之心本。久而彌固。即在通賢。違之尚寡。矧在淺化之種。今吾試本其最初者言之。方民為畋漁游牧之眾也。使其中有不世出之英君。若蒙兀之成吉思。其智勇常為種人所

以下發此種情瞀古今所同。古所崇信者專

慴服。則其民必本鬼神之思想。以其人為神種。抑為天之所篤生。信服仰望之情。亦必大溢其實。彼見其王之所知所能。為己思慮智力之所不能至也。則以其神化為無窮。而威懷愈至。顧無如其有死何也。而彼方以為無死。是上昇而已。是復次而已。何則吾君固非人也。故真死矣。其所行所言。益以丕著。久而彌光。其後嗣守成率典。著龜在廟。常與神通。嗣子雖實庸愚。其能事常與厥考相若。**故積威約漸。耑耑者自茹毛飲血以至今日。天王明聖。與夫元后首出之意。傳為種智。與生俱生。其演之由於最初。其信之斯以最篤。秉為天性。欲祛不能。**今試取一種之君王而溯其世。其始也莫不稱感生。其繼也莫不曰神冑。其位號。其禮儀。無往不與天神同其尊大。出治之物。雖至今屢變其形制。而悚權慕勢之情。輩為民性。雖化有淺深。情有強弱。欲其泯而不存。不可得矣。故向曰天亶。曰天命。曰天之驕子。曰天所立矣。至於今或目笑而存之。獨治權所在。**雖古專今眾之不同。而所發之情。則未嘗異。特古以王者為奉天配帝。今以議院為天視天聽之所存。向者嚴恪威神之意以屬於一人。今也同天無上之情。以屬於一眾。心皆謂其智力為無不周。其權勢為無限域也。**

制之君王。今所崇信者代表之議院。然而皆過又明其惑為黨人所通病。守舊尊王者其惑固然。即言維新革命者亦同此惑。

然其為情之瞀。一而已矣。受之於其先。成之於少日。故其持論也。雖明知事實之不相應。而其惑不可以自祛。此常智之民。於國家官吏之所為。至一切為治之文具。皆有無窮保任之思。雖大過其中。甚踰其量。不知察也。官之文書。以黝然羊皮之紙。書舊體杈枒之字。其得此而以為可據。較尋常筆墨之所作者萬萬有加焉。章璽鈐印之所在。常有光怪。而神鬼為之撝呵。非獨笘絜繆文之所為己也。語之常義者不足嚴也。必用律文典語。而後權力從之。於其文具如此。於其章服徽識之屬。亦莫不然。同是人也。冠假髮。襲褎衣。明法官之語。重如邱山。而折獄之片言。斯可言矣。服青衣。結白鈕。則彈壓之義。與之偕行。而其人之可倚。若無疑義。雖常無驗。情不以變也。夫使人情於其外之徽識。雖事實不侔。而尚為情移意貿如此。矧乎政權所在之實。其可驚而聳者彌多。欲與論是非然否於其間。復何望之與有。又使於知見所及之端。雖曉然於吾意之不必驚。知其物之無足倚矣。而猶惕惕然而驚。晏晏然而倚也。則於知見之所不及。而其事為心量之所不眩者。又何望乎。夫使崇畏仰望之心。雖耳目累發其非。而猶不能革。則耳目之所不發者。其崇畏仰望之情夫烏能革乎。

**是故望高明之地。則情聳而智昏者。此血氣之倫所同病也。**其中於人心之湛痼。可即朝黨之用意而驗其固然。夫篤古之情。吾英莫若保黨。而持民權之公黨。主於革故而從新者也。是二黨者。於出政之門。意義反對如此。獨言治效。則二黨如遵一轍皆以朝權之尊為無可議。而欲致郅治之隆軌者。非責之樞軸之地則莫由也。**蓋以數千萬年之天演。其心常有所尊尚而畏服者。雖至於今。其所頂而戴者之形迹。數變屢更。方於古為極異。而所演之情識終存。特所畏服尊尚者。不在此則適彼耳。**向也天威天澤。所震而怖者由於一人。**乃今則由於數百代表之民獻。**向也以一人而責天下之無敢越志。既知其甚非矣。**而今也以民之大半。而責少半之無敢越志。則以為甚是焉。**然則其心之有所畏服尊尚。而以為無不可者。與古正同。特曩也以其一人。而今也以其大半耳。其信之也至篤。其喻之也至深。設有人焉曰。是未盡也。且以為大逆。且以為不道。其與古天澤至尊之義。又何殊焉。獨吾不知假是大半者號於國曰。繼自今民之年無得過六十者。彼持前說者。亦將以謂法必行乎。又假是大半者。皆守羅馬之公教。而強少半之脩教。舍所奉而從之。彼持前說者。亦將以為合義乎。吾知其不如是也。然則民之所必從者。固有所在。而不必如持前說者。惟當國之柄。曰是而是曰非而非也。顧彼之意猶曰。是大半者不必為此已甚也。彼之意中。是當國為律者。將亦有其權限。特其限域甚寬。自其行事而觀之。即以謂未嘗有限焉可也。故凡當國出令者。有所欲為。有所欲禁。欲作欲止者。皆可為皆可禁。皆可作皆可止而令出之後。民固不可以不從也。**推其無所不可。是以無所不能。惟其莫之能違是以莫不克舉。然則當國惟不為耳。為則何不可就之與有。此誠今日言革命者之所不廢。而亦談變法者之所不疑也**。不然法國恭牟尼之新政何由立。而大陸均富平等諸黨論。何如是之紛紛耶。公等試取吾英工約之條教而觀之。則知彼之所深信而不疑者。固謂但使主治出政之門。立之如法。將斯民之所苦者。皆可以消。而斯民之所祈者。皆可以得也。

嗟乎民生有群。群有其治。治必有權。而權或操之於獨。或守之以眾。蚩蚩者見權之所在。則懍而尊之。或信而保之。斯二者心習既成。流為種智。則與之言群學也。凡涉於君上政府之所為。將無往而不失。此不僅見之於法古尊君者之心也。即彼為革命平等者之情。亦如是耳。是知情瞀之成。最為久遠。而中於人心者亦至深。故群學之難為。**此最為其巨梗**。

是故畏威尊上之情。民經數千年之天演。以成其如是。持是意以論國故言治法。其見必無以悉公。而遂為群學之大梗。且不僅為此時之梗。繼今而往。未知何日之能違。蓋其物為情瞀。而足以蔽理固矣。而又為今日群治之所不可無。上下數千年。東西數十國。**其能以相安。而群不至於遂渙者。賴民心有此物耳**。夫謂天演益深。治化加進。斯民智德力三者。皆有甚高之程度。**於是移其畏威尊上之情。而形為好禮樂群之意。本其愛國敬天之隱。而發為循理守畔之思。重夫法。而非重行法之權。懍夫度。而非懍制度之勢。此誠郅治無疆之休。或來日之所必至。而驗以當世之民品。則化雖有淺深之異。實皆為此而未能也**。

試即野蠻半化。與文明之古初而觀之。**其中民懍治權之意。與其自營侵奪之敗德。有相為比例者焉**。此無間執因求果。既果窮因。皆可得也。蓋有暴弱侮寡之民。其群宜渙。乃今不渙而萃焉。**斯其方寸**

以下言尊上忠主之民。不知重法而重立法之權。不知懍度而懍制度之主。種種是瞀緣情以生。然使民德未優之日猝然去其如是之心習。則其群有立散之憂。是之隱。必有心習。與前之敗德相救。夫而後有以立也。則尊上畏威。深懍治權之情是已。其敗群之德滋大。其如是之情瞀必滋深。向使無尊君敬上之情。而自營之私又大奮。是其質點。既無自發之愛力。而外束之力又不足以匡之。其勢必終散不聚。而無群之能成。即成而物競乘之。能存者寡。此品第最下之民。如南澳洲土人。是其證已。故群之起點。必與有君為期。其始也。一部之豪。一社之長。其繼也。則一國之王。一朝之帝。凡此皆必待其民之尊君懍權。而後能有者也。支那海以南。太平洋之西。有島國焉。名曰非支。其民殘賊好殺。食人之肉。種之最為不仁者也。然而其群立而國治者。則以其最為尊君敬上故也。其君臣豪傑之能事。以食人多寡為差。平生所食之人。死則立石於冢以為記。其凶德若是之厲也。顧其尊君之性。乃與相副。王將殺人。不待維縶牽曳。自立王前請死。且曰以吾君之恩。得以備一飧之鼎俎。幸也。其恪上嚴君。遠出常情如此。求之吾歐舊史。當拂特盛時。民之恪服什伯後人。而風氣之貪殘亦極。降而察諸輓近之列邦。則化淺者。其主權最重。而民之視主。猶有如天如帝之威。至所謂文明之國。則民不甚賤。君不甚尊。雖不必有不忠犯上之

故如此之惑常為治群學者之大梗而又難祛也。

為。而所謂作民父母。言莫予違。則非所論於其世矣。是知一群之內。必民德進而愛力增。可自為其相養相生。而無待於胥匡之后。夫而後畏威懷惠。媚茲一人之意。可以徐銷。而其群亦有以自存於物競天擇之餘。不至於遂渙。設其不然。則隆古之民。生於擊鮮𩨷虔之世。自營大用。無尊君敬上之情以救之。其群經物競之烈。散而不存久矣。今之國於大地者。為文明。為半化。為蠻野。文明之民。以自治立。半化蠻野之種。亦以可以受治不亡。固皆有其所以宜存之理。非偶然也。且即在文明之國。使遽毀其主權。而其民守法自治之風。未能進以與之相輔。則民脫羈紲矣。而其群有散不復定之憂。觀近數十年以來。法蘭西之形。可以釋吾例矣。

故曰群學難治。則以有不可無之心習。必為之梗故也。此不獨今之民然也。第使愛力猶微。不能胹合成體。不知重法。而重夫行法之權。不能懍度。而懍乎制度之主。則繼今千載。其為梗猶自若也。民生在群。為拓都中之么匿。拓都么匿。勢常相需。民受範於群者也。而群亦受範於民。民資於群而得生。而群亦倚民以為進。是故言聖人鑄世運者固非。而言世運鑄聖人者。亦未盡也。惟知二者相為消息。

而後得之。天演之實。固如是耳。且以民受範於群。故由是而有拘虛。由是而有篤時。亦由是而有束教。而己與群相待為變之實。得自得之者寡矣。且化有淺深。而群無幸立。一民之所崇信持守。必與其所居之群制相和。群制高於民品者廢。民品優於群制者憂。皆不為最宜之存者也。是故群制上下。常依乎民品之自然。各有時宜。而無凝滯。彼遊於其宇者。生不見異物。方以其制為最隆。最隆故寶貴。寶貴故不可磯。此君子所以入國而問禁。入里而問俗。知人心之不可攖。矧乎其所頂而戴之。坐而拜之者耶。雖然此於吾群學。不謂之惑。不謂之情瞀。不可得也。

欲測情瞀之淺深。觀諸史乘可以見。史之所載。舍君若臣之言行無以云也。是非易位。颺頌失倫。信史所以為難得。而古史之穢。尤甚於今。使帝王去其號謚。與所稱才美威德。敻越於常人。乃至巫祝禱之所舉。謂對越上帝而無慚者。皆廢不用。第取其言行之實。比事連類書之。以對勘其虛實。吾恐天下罪惡所叢。實以此曹為之最。而不佞向謂心習既成。不可與論國故言治法者。其理亦庶幾見矣。今且無暇累舉。第論英先王雅各之一事足矣。夫雅各一生之所為。人人引

以下言史家所以獨詳君公而不及民生者。亦緣尊尚權力之情瞀耳。

以為羞者也。顧當新舊二約之初譯。製頌者竟歸功於其身。其辭曰。至大多福。最為威嚴之主。乃全能上帝。諸仁所由出之天父。所命以為英民之主者云云。公等試思。以如是之書。為如此之言。而以稱如是之國主。其用心至如是者。能於政治之事有所折中。有是理乎。

水渾則不可以鑑物。情瞀則不可以與議是非。矧民智未開。而有終身不解之大惑者乎。昔者吾英君民之爭。其身與變革之際者。為察理第一與康摩律也。今其事已往數百年矣。意今之民。或當知察理之死為非殉國。而吾民所以待康摩律者。宜大異於掘墓僇尸之所為。且當悟往所以謂二人之事者。為無是而全非。而其所以致然之故無他。尊君卑民之義。入之者深。故與論群變。則黑白終倒置耳。

人莫不曰治之進退。其機存乎出政之門。古之說在專制之一君。今之說在眾治之議院。而是二者一群治亂休戚之大因也。雖有他因。彼其心且以為無有。抑雖有之。而以為無與於得失之數。國史直至近世。而後有民生風教之兼收。舉國心目之所注營。蓋無時不屬於議院。降於至近。**而後知國為大物。含生氣。秉自然。而有發達進退之消息也。則知古之論治體者。其失存於本原。其發明之義。胥為無**

當。且如是情瞀。至為難除。以之言群因。必至掛一而漏萬也。

以上二篇。皆言群學人心之梗。前者主理故曰智絯。此篇主情。故曰情瞀。夫情瞀之為事至多。所言雖長。其所未及者猶眾。其所已及者。卞躁之情擾其神明。物之真形不見。一也。喜功而好大。故於戰勝之家。則神為之奪。而心衡以搖。二也。悚權而慕勢。人情之大較也。其見於群德。則為尊主而畏官。乃至著之以為天經之當然。人理之不可廢。斯其為瞀與俱深矣。三也。三者之外。其為蔽者猶至多欲一一而論之。則請分列五篇。以暢吾說。是五篇者何。曰學詖也。國拘也。流梏也。政惑也。教辟也。

## 附註

❶ 案。聶梅碩斯者。希臘舊教主。復仇之神也。於此為借喻。

❷ 俗呼檷蒙。

❸ 譯言刑典。

❹ 一千八百四十四年。

❺ 一千八百五十三年在上議院言。

❻ 譯言民典或言國典。

❼ 譯言事律。

❽ 西人官書文卷皆聯束以赤繩。故以借喻。

# 學詖 第八

公等知世所實力奉行者。有兩宗教乎。是兩者其旨趣大異。幾於相滅。而皆深入於人心。方群演之始也。其所行者惟以一教。逮群演之終也。其所行者亦將以一教。獨當中天之運。群演方將。是兩者常並存而不可廢。斯亦宇宙之至奇也。

以下指古今明民道國皆雜用為己為人之二主義。以人之承學於二者。常有一偏而事理之真不見。

且是二者。其於人群。非無因而立也。考其旨趣。要皆為群演之所必需。故方其始也。非行其一。則群無由存。及其終也。非行其一。則群無由大。而際其嬗蛻變進之時。非斯二者雜然並用。世重世輕。則群無由進。何以言之。當群之始也。元黃渾沌。民與草木禽獸樊然並生。當此之時。以求自存而有以勝天行為亟。逮群治既蒸。人道主於相生而相養。非公信仁讓。而相倚之情至深。則生養之局不立。雖立無由盛也。使其始也。無以勝天行之酷烈。則其群將為外物他群之所尅。而其種以亡。使其終也。無以宏生養之規。則通功易事不行。通功易事不行。則群之能事不進。而其民不蓄。不蓄則陵遲而削弱。而其種亦亡。是故以群理始終之異也。而所由之教亦殊。究之二者皆天之所設。非人之所制也。居今之日。是二者之行。殆隨時隨地而皆可見。其一曰為己之教。其一曰為人之教。為己者主於相勝。為人者主於相親。

顧吾之所謂教者。非俗之所謂教也。吾所謂教。以實不以名。世俗所謂教。其號皆以為人也。無為己者。為人所貴者也。為己所賤者也。顧察其行事之實。則其為人也常少。其為己也常多。**為己者**。**人所崇信者也**。**為人者**。**人所自謂崇信者也**。一堂之議。不勝異說焉。使所論者於己為無關。則所以為號者。有時而見。獨至所論為小己權利所出入。如以英人論印度之反者。或雅美加之奴工則向之所以為號者。幾於胥忘。其所主者。與為人之義為反對。此時於為己之宗。則信之甚篤。衛之甚勇也。

夫以天演觀斯世。殆無時而非蛻化變革之所為。是人己二教者。義雖相滅。勢必兩存。相滅而兩存。故一切之弔詭離奇以出。吾英所學於古人而奉行者。獨沿其二俗。為人相親之教。取於猶太之新約。為己相勝之教。沿夫希臘體諾之史傳與歌詩。其教童稚也。於事學之年。嘗區少許以為其為人。而必以大分。專治其為己。欲使兩存者之和調也。其施教之術。嘗不易地而無二師。吾國公塾。高等學校。為二教之師者。匪異人任也。繙聖經。誦天誡。衍為講義。大抵言損己利群。為天職最貴者耳。然此第七日之所教也。其六日。則炎炎之言。無往非教損人為己利者矣。**復讎報怨者。蠻夷之所大也**。其義不獨為民情之所重。實且謂天戒之所存。此六日之中。所日討國人。而教訓之者也。乃至第七日。則曰報怨必以德。**曰不忘仇讎者。神之所諱也。曰釋人負者。所以譯己負也**。其前後不相謀如此。

自其常理。設謂一國之民。一民之身。持相滅之二教。能終身不覺其齟齬者。殆妄言矣。顧吾民兼收之能獨異甚。知其必不可並用也。則二者閒取而雜出之。夫自三百載歐學中興以還。新學與舊教。不相能久矣。某公者。格致家之魁宿也。而最信教。其親知言曰。使道而莫不誠也。則某公之教與學。必廢其一而後可。顧某公則兩利而俱存之。其術無他。終於其身學自學教自教。必不以二者之說。連類而並觀之。故為之喻者曰。某公之居二。一曰講堂。所以宣教也。一曰驗室。所以格物也。**某公登講堂。則閉其驗室之戶。某公入驗室。**

則掩其講堂之門。此其教義與學術。所並行而不相害之道也。民之於二教也大類此。故雖其理於名學為牴牾。為衝突。為必不可以並存。終身由之。若其行所無事。徇齊之稚子。聞牧師救世自度之談。退而不得其說。屢屢發難稽疑。長者不能對也。則怒而目之曰。非所宜言。稍久則置之。以為不可思議。雖求通無益也。年加長。其所受教於講堂。與受教於驗室者。又枘鑿也。復百思而莫得其解。以質問之無從。始之所驚者。繼乃習焉。習則行所無事矣。是故雖有甚詭至不可合之義。使其人之方長也。從其所與接者。一彼一此。閒取雜施。惟意所宜。因而成習。他日既長。雖至謬可以不謬。雖至難可以無難。及出而任國。與言國際。則以媾為恥。以戰為忠。所求者國種之榮華。雖多殺人可也。所取者身家之安利。雖侵人自由何傷乎。星期既屆。則手持二約。聚合宅之人。以禱於上帝曰。尚庶幾赦予。以予之釋憾於群怨也。凡此之時。所諄諄相勉。以為懿德者。越翌日又詬之以為大愆焉。

群之變也。二教者常為之進退。群如月然。二教其明魄也。民之德慧術知。二教實糅而成之。其分數多寡。不獨人而異也。即群之演進。通而覈之。其各得之分數。亦隨世為隆污。故其熒是非。貿利害。不獨使吾心於一群之事然也。他所異時。亦莫不有是蔽。知此者其推群變也。不可不求其差。而詳課之於事實之際。群演方將。為己之教。其力常消。為人之教。其力常長。群之高下。即以二者相待之率而第之。此時之率。為其暫而非其恆。故雖以其率。而人心執理。從以或偏。是所偏者亦見於一時。必不能以終古。群學所標之公例。所折中之論說。必其無所偏者也。無所偏者。將於何而求之。曰。即國人之公論。而傳之以前之所謂差者。則公例立矣。此其大經也。

群演之未終也。是二教之中於吾心。常有其過不及者。以為吾言群之蔽。欲知其蔽之大。不可以不袪。非指諸事實。則末由見。略舉二事。以見生心害政之極致。夫為己者固害矣。而為人之害。亦未必其微也。請先言為人。

為自然之形氣。為人心之情感。為國群之風俗。有兩而不同者用。則變化出焉。使莫為之防其過不及。而出之以中道。必一彼一此。迭出相勝。而為之消息。而為之盈虛。蓋方其正者之用事也。非得負者以劑之。使有所範而不過。往往獨用大勝。至於亢極。極之而

以下言為人之教。蓋興於中古所以救為己

**衰。衰則屈伸相報。是其負者又獨行於一時。周流循環。如晝夜寒暑之無窮已**。即群事而言之。此可見之於市廛物價之騰跌。此可見之於國家政策之寬猛。又可見之於商情之忽而眾沮忽而朋興。**使以物變之數理御之**。**皆可表為曲線**。**其中最高最卑之點**。**與其消息盈嗛之勢**。**皆可為之公式**。**以推其將來**。民之於學術宗教也。亦若是已。其遠近久蹔有不同。而無沈不升。無往不復。沈升往復之間。雖數百年可也。雖旬月可也。夫相攻相感而不相得者。不僅一群之大而有之。即至一黨之細。一夫之微。其心逐境移。前後相反有如此者。言行云為之間。求為中庸者。不可得已。或過或不及。**可獨用而不可以偕行**。**此近世哲學家**。**伊謨孫所以云**。**民以失中而後成黨也**。國家之於刑法也。不傷之嚴。則失之縱。其始也視觸罔者若深仇。其終也。乃噢咻之。若老嫗之於驕子。求所以禁未防非。**法自然之所為**。**罰如其所自作者**。未嘗有也。

若夫二教之迭用。則是例之行。大可見耳。以為己者之多而過也。於是為人之教。起而救其末流。悉反自營之所為。而易之以兼愛。最初之民。以自存之難也。曰吾於同類。固無愛也。以是道之不

太過之末流。然使為人而過。則群必受其損。故為人雖善。不可以為全教。

可以合群。則或戒之曰。汝於同類。不可以惡。其愛人也。宜與愛己同。如是經千九百年之群演。磨礱而漸漬之。而甚異之二教。始以得調。雖然其調也。非折夫是二者。而出之以中道也。乃若莫之致而偕存。故二教雜行於人間。民終身由而不自覺。一以或過。一以救之。既剝而復。不出二者。故有民焉。其生也。舍為己不知其餘。又有民焉。雖以為人之故。乃至困究夭瘥。不以沮也。此猶即二人之身而見之也。乃有時以一人之身。而二法代用。故一時於外之寇讎。內之嫌怨。必有以剿絕虔劉之而後快。有時則致渥惠深仁於其甚不肖者。而其心猶無窮也。嗟夫。是二教者其相讖久矣。自大道言之。則皆非也。皆是也。使為人而仁。則為己者。亦未必遂不仁也。為人為己。二者固宜有相得之用。奈之何使失其中。而至於相賊耶。

使必為人而後仁。則為人之極。其不可行。所共見也。而世亦無有能純於為人者。夫自有生民至今。奮力作。犯危殆。無則為致其有。苦則思為其攻。古不異於今所云也。其所以然。無他。以一群之民。各有其欲。各有其求故耳。欲必養。求必給。其在己者。固急於在人也。是故人者自營之蟲也。以其自營。群法乃始。向使純出於為人。群之勢且末由立。即立矣。將甚異於今有之人群。吾不知異今之群為何若。且其勢之何以行也。試即彼之說而充之。甲之生也。於一己無所私。並不知其所以為己者。所為日孜孜者。乙之飽煖也。丙之逸居也。丁之娛樂也。而乙丙丁者。亦不知其所以自為。而各出於為人焉。由此言之。將為人之教大行。其所得以為終效者。不過各自忘而轉相為己耳。此不獨煩也。而欲其謀之周善。必一人而具千百人之心。常代謀而合焉而後可。不能則為人之紆而多方。固不若自為之徑而寡失明矣。民相競於廉讓。而適得其迂迴而難通。是故求之於群。無悉本為人之教。以施諸事實者。何則。其道固不可用也。今夫景教。其訓誡所垂。所以勗忘己為人者至矣。而恪守教條。以之身體力行者。至於英之戰栗黨人亦至矣。顧其日用常行。有不欲為己而不得者。亦正與常人等也。雖其道主於為人謀。而不為己謀。而其實所以為己謀者。雖常人無以過。彼知純為人謀而不為己謀者。將其效於己為大憂。而於群為大累也。

人道無純於為人。純於為人其勢不可行。而人意猶以純於為人。為至仁。立為人道之極則。不知純於為人。不僅非仁。且不合於義也。景教之民。其自幼至老之所聞。皆曰為人為公。為己為私。其教中之條誡訓辭。亦純於為人無為己者。故於涉世治生之事。心知所奉之教為不然。乃其言行。雖不必與之顯違。亦時時與之陰反。獨至宣言教宗。以善風俗。則皆標之以為主義。意若曰。雖吾心知其不能至。而言之若此其懿者。固不可以不承也。脫於此而疑之。將無異取其畢生所頂禮膜拜之全教而疑之也。疑者魔也。教之所最諱也。則姑自欺而欺人焉。曰是道也。吾所崇信者也。試叩其深隱。則人人於此實未嘗信也。其曰純於為人者。特其號耳。而知其不可行者。則其實也。

不知疑固魔也。固可諱者也。而懷疑不白。尤魔之大而愈可諱也。向使因所疑而窮其理。將見是為人之教。有兆域垠畛之不可過。使過而為之。將施與受者交害。而無一可。何以言之。純於為人者。必谿刻以自處。必捐耆窒慾。雖勤苦而不辭。顧人非金石。常為此者。其勢必病。而羸弱夭亡從之。此施者所以為害生也。至於受者。則不自勤苦。而受人之惠養。一為猶可。使時時為之。則其無恥不廉為已極。是受者之為害德也。且以己之習於為仁。使人習於為不仁。

以己之習於讓。使人習於為不讓。黜己之欲以從人。其行固可貴。彼受人之黜其欲以從己。其可賤又何若乎。若云習於黜己從人。為進德善群之事。則習於受人為己者。其損德敗群又何如。故為人之誼。施之得其道。則人己交亨。為之逾其畛。則人己交喪。世有人己交喪。而可以為懿行者耶。吾每見敗類之貪人。行己多欲。趨事不勤。其接物且不知何者之為恕。跡其所由。其初必有寬厚不校樂與好施之長者。久與之居。而身受之於父母者為尤眾。然則無畛之為人。其為群法之所甚害必矣。蓋群之進者。其惡人日少。而善者日多也。由無畛為人之道。其勢必使施者害生。而受者害德。演之既久。其勢必仁人日少。而敗類滋多。善者常夭。而惡者反壽。夫如是。其於家也家必破。其於國也國必亡。

且欲知純於為人之非道。設為其道大行之日。斯曉然矣。其道既大行。必半群之人。純於自為。而後有其半之純於為人也。夫欲善者民之同情也。必其人之甚私而無良。乃晏然受人之見為。而不自惜。使群皆惠人。雖有嘉惠。誰其受之。蓋惠至於濫施。於人將有所損。以己之利。至人之損。惠人所不為也。故言為人之教之大行。即無異言其教之不可行。人皆為其施。莫之為受故也。焉有不可行而得為至德要道者哉。

今更總一群之大而計之。其道大行。於群亦將有大損。不止善人之多亡。而不善者之蕃衍也。夫人之生。與夫所以遂生之事。果在人而可貴。則在己必不可賤。明矣。一從為人之教。必己有所置。而後人有所收。必此有所虧。而後彼有所獲。然則合二家之數。而求其和。斷鶴續鳧。無所進也。矧自其實事而言之。得者之數常不及於失者之數耶。樂受惠養者。其天質已卑。又以習得他人之賙給。而其品彌下。品下者雖處泰不能樂也。故施者彌豐。而受者彌嗇。然則總一群之樂利而計之。不獨無所增。且以日損。施與受交相失。故曰群之大損也。

故生人之道。求自存以厚生。非私也。天職宜如是也。自存厚生之事無他。爰得我直而已。❶群為拓都。而民為之么匿。么匿之所以樂生。在得其直。故所以善拓者之生。在使之各得其直。夫御強暴。制侵欺。以自保其身命家產者。非徒於理為無失也。欲善其所居之群。道無過此者。怯懦良弱。詬殘長貪。不獨其自待非也。此風既行。群乃不救。耶穌登山之訓曰。有批吾左頰者。轉右頰而獻之。此其說於理為不順。而於事為莫能行。幸今其教雖行。莫之或信。而措之躬行實踐者愈無其人也。

是故折中而論。為人之教。非全教也。必有其輔。而後可以利行。顧古之人所以立為此教者。殆欲救為己太甚之末流。而不知其矯枉而過直。嗟嗟。為己之教。誠有其已甚。而馴至於敗群者。請更得以微論之。

物之最足稱者。其惟忒司瑪尼亞之狒狒乎。❷其鬬也。既攫無舍。彊勇而武怒。雖將絕之氣。猶齹齹也。其次莫若吾英之爆狗。其執物也。雖斫其一體。猶不釋也。又其次莫若師子虎。被逐而窮。則致反噬。雖知必蹎猶鬬也。又其次莫若彼雉雞。雉雞者非真雉也。殺越人於貨。既伏其辜矣。而愍不畏死。雖繯首色陽陽然。聚觀之民號而謚之曰雉雞。又其次乃數北美之土番。雖囊頭受極刑。未嘗呼謈也。至於開化之民。風斯下矣。其戰也既蒙重傷。失大利。苟知其無益。則不復戰也。

於人物高下而第之若此也。公等得無以吾言為過乎。夫古之論

以下極言為己之敝乃淪人道於禽獸下生而歷徵諸國尚勇好鬬之風。乃行乎此教之實。

人。而以是為例者眾矣。不佞特依其例表而出之已耳。何過焉。往者普法之戰。法以人謀之不臧。喋血都城。國幾以僨。而剛柏達當會之言曰。公等知為和而不知恥者也。至乃用五垓之金。兩省之地以求之。為此言者。其意中非主於前例者耶。吾英之人。聞剛柏達之言。亦深韙其說。而大重其人。是其意中。又非主於前例者耶。**郊鄙之傭民。委巷之遊手。其心所致敬而深服者。皆此不畏死之強。不呼譽之毅。彼固以是為男子之上德也。**乃至全種之人類。如南海之非支。**其強悍不哀之風。則以人肉為可食。每出戰。勝而歸。其通國之婦人。相率歡迎於塗。自進曰。是身惟壯士所欲為無不可者。有是哉。其前例之用也。公等苟從此例。尚何憂同志之寥寥歟。**

獨吾所不解者。天地之性人為貴。乃觀其所絕重而推崇之能事。何求之於文明而遞少。求之於夷蠻而降多。乃至求之於禽獸轉更盛也。其所盛稱之武德。未嘗以人所獨優者為比例。而乃與下生小蟲所同擅者為等差。賤其所宜貴。而貴其所宜賤。此不謂之失其靈明。殆不可已。故姑烈之言曰。國家之輕重人也。無異角力百戲者之所為。夫角力百戲猶人事也。自我觀之。乃無異鬭雞縱蟀者之所為。既降儕於眾禽。又每下而愈況。何則。自生理學而言之。則向所最稱之狒狒。其性靈骨法。所下於犬馬師虎者。又不知其幾等也。

今夫勇德所以足尚者。以不畏彊圉。不受侵陵也。尚矣。而以為最重至美之天德。則失其倫。夫無勇固不可為全人。而他德為人道所不可闕者何限。人又不以此第優劣何耶。且夫勇根於形氣之事也。長大壯佼。肢幹相稱。筋力強固者。人之所卲也。而胃利肺舒。營衞調適。固亦足貴。何則。得此而後。有以自厚其生。且有以厚所事育者之生也。故形氣之事。與禽獸齊。欲善其生。必自能禽獸始。勇敢不怯者。能禽獸之符表也。善生之首基也。雖然勇德之與強固。偕者其常。而強固不足以盡勇德。人惟積其犯難履危而勝之閱歷。而後自反縮。勇氣增焉。而犯難履危而勝之者。又力捷矯忍之符驗也。才之劣者試而屢挫。則勇往之氣損。鄭重之情生。才之優者。為而常成。則果決之風興。趨事之意易。愚智所共由也。**是故勇德非他。內具之能。有以與其外之艱危相應**。故醇醴發顏。壯士有衝冠之怒。怔忡耗血。怯夫懷不測之憂。無他。**強弱氣也。勇怯情也。氣之既衰。情不能以自振也**。吾人重勇德。而以為賢不肖之等者。**蓋當物競之洶洶**。

其係於種之盛衰國之存亡者甚鉅。非其重之。將世俗莫之知。莫之貴。將莫為其蹈厲。莫為其蹈厲者。將馴至不足以爭存也。

故重勇德而過者。所遭之世運實為之。國種互競。有以立而不傾。存而不敗者。恃其民武士奮耳。所恃在此。其所尚者必在此。而後其所恃者乃可期也。國於全球。僅如黑子之著面。四封而外。皆敵讎也。彼方盡籍其男子以為兵。民好勇鬬狠。長老不禁。婦人女子。從而慕之。杯酒違言。挺刃而起。動成瘡痏。不恨而以為榮。遭陵侮於平民。尚可以得直也。遭之於兵弁。不可以得直也。何則。貴其品流而恕之。一國之王。於教於刑於兵。皆為元首。往往同一眚也。在教則為逆理。在刑則為犯科。而至於兵。則不獨為無罪。且以為不如是而不行。如私鬬相死一事是已。夫與如是之國鄰。吾欲保其封疆。則出政制律。道民陶俗之間。不欲與之同道得乎。❸又使吾鄰之教民也。曰志之尚者莫尚於喜功。而功之可喜者莫可喜於戰勝。好武尚雄之甚。至使童子服戎衣。史謂其國用武略。布文明於天下。以軍旅為其國之靈魂。注通國之力以脩武備。無異鷙鳥猛獸。全身氣血。悉於爪牙。斲其爪而後爪出。拔其牙而新牙生。則我雖不必鉤爪鋸牙。與彼相若。而礱磨脩剔。俾其銛利。以免不及事之悲。夫固勢所不得已。❹嗟乎。民經數千萬年之天演。其殘忍相奪之性今猶有存。非佳兵好武之國。孰與當之。然則彼能殺之人。操殺人之器者。貴矣。且必為之尊顯焉。又必為之導頌焉。夫而後樂於所為。而其氣無所屈也。悲夫。

故教育亦從以失中。彼謂吾國少年。宜使湛於豪暴粗鷙之習。雖出己受人之際。涉於跋扈侵欺。不必為取直責償。使悉合於公理。古之斯巴丹。今之北美。其士人教子。欲使袵金革而不驚。當矢石而如素。雖被三木加毒刑於其子弟而不辭。吾之所為。何獨不如是乎。乃制一切武怒之戲。超距蹴踘。岔爭紛拏。雖磷皮傷肢不恤。曰貴人之習宜如是也。一塾童子。必有其雄。強必暴弱。長必陵少。雖愬莫聽。蓋心情形體之間。將皆使之得其粗強。成其恝忍。以痛除其柔軟怯懦之風。非信美也。戰伐相攘之事。非此莫能舉也。使民憚禍災之及身。而不敢犯難。哀痛苦之在物。而不樂毀傷。則武毅之功廢矣。又使折矩周規。不為不義。而惡不仁。則其人上之不可以為將。下之不可以為兵。群競圖存。有不得已。雖以人而有禽獸之德。無如何也。非不知是少成者。非自由無諱之國之所宜也。非不知彼習於受制制人者。不可以為司平之長也。非不知守法之吏。務伸正直而黜勢豪。如是之才。非常威力者所能植也。非不知將使民居則持其清議。出則秉其國成。其教育之術不當如此也。然而自吾世之不尚德而務強。彼列強之方兼弱而攻昧。則狹隘酷烈之教。固有其宜。小致夷傷。不遑恤矣。雖然。法之可以一時。而不可以久者。非其至也。使吾人置其一時之計。而求合於科學之思。則試問是囂然以戕賊人為事者。果天之所許。而人道所可久據者耶。夫宗教無論矣。第以人事觀之。吾不知何斯人之尊行膚功。必合諸流血死亡而後見也。然則為己之無藝。較諸純於為人者。尤難忍矣。故為人為己之教。設二者各為其極。則乖人理而近於狂。世有文明之民。將抑其為己之情。以與其為人之心相輔。出之以中道。而二者之極。舉無所施。民必知侵人之非道。夫而後制侵人者。有足尊也。又必知徒受人之為我為足羞。夫而後舍己為人者有足貴也。故二教者。致其極則相滅。折其中則兩行。其自營固也。而不以此傷保愛同類之恩。其博施法夫自然。逾其畛則莫之肯受。

不佞所詳。非標虛義陳言。效講學者之事也。親見吾國教育。於相親相勝二者之旨。不相謀而分處於獨。其論群德。亦各極其偏。而莫衷於一是。故先為分疏於此。於以見生心害政者。其源遠也。至其所害。將繼今而分言之。先取中於為人之偏。而甚明之群理。為所蔽而不見者。

動物之倫。自孑孓以至於為人。其形體官知之用。大抵所以殺與所以避殺而已。各求自存。其形體官知。以億萬年之天演而底於如是。其殺所以自存也。其避殺亦所以自存也。經物競之烈。劣者早亡。惟能體合而存者其種益進。此其大經也。群學天演之事也。人蟲之耳目手足。與一切本天性以奉生者。皆必有其利用之實。一攫以求食者無已。一求免於攫而見食者亦無已。是故目莫疾於鷙鳥。此非泰始而然也。其不疾者以艱食而漸亡。其疾者以天擇而蕃滋焉。故鷙鳥以目疾特傳。足莫迅於食薦。其不迅者。為豺虎之食而盡矣。而豺虎以求食之愈難也。亦存而衍其迅足而善伺者。故天演之事。其能殺與所殺。二者形體之完利。有交相進者焉。不獨形體有交進也。其官知亦然。警者遇險而蚤覺。蠢者當機而晚悟。蚤覺者傳而衍。晚悟者漸

以下言兵爭出於物競。物競有進群之用。故兵爭亦有進群之用。此為已之教所以不可以厚非。

以亡也。黠者以善伺而得食。鈍者以驚物而常飢。如是黠者有其子孫。而鈍者純其種嗣。故自有生物以還。自然者用其相攻。以範進乎庶類。員顱方趾之倫。其受範於自然。亦如此耳。豈能違哉。故戰爭者起於為己之殷也。猶庶類之爭存。所以範其形體官知。以自進於無窮者。蓋始於太初。而至今猶未艾也。請更舉一二大驗。以徵其功。

自其最顯之用而言之。則戰之於初民也。常鋤其種種不宜。而存其宜。宜者何。合於所當之時勢。力能自厚其生者也。雜種並居。而養之者有限。則爭興焉。於是比權量力。種之弱者怯者。忍不足以濟功。智不足以乘勢。暌分滈散。其群不合。雖合不牢。如是者皆負而早滅。負者滅故勝者存。而存者皆有以自厚其生者也。

自淺演者滅。深演者存。斯群之能事進矣。顧其進不止此，以存者常奮發而有為。為之久而成習。習乃氣質漸變。有以錫羨垂美。以及其子孫。觀北美土番之為獵。其跡物窮狡。幾視聽於無形。當此之時。其耳目手足之力。知感神明之用。若將竭而無餘。則知數種爭存。當物競大烈之秋。其所以磨鈍厲精。用曾益其所不能者眾矣。然此猶見之於民初之遠者也。即觀之於吾民之近。常見督捕之所以發姦

**者愈警。則盜賊之所以自覆者愈神。使捕者由此而易方。所捕者亦從之而益巧。故群無間於大小。其爭之有以相勝也亦無窮。而能所二者之智力交進。**凡此皆他術之所不能成。惟物競之烈有以就之。**其始也乃所以逃死。其演也乃所以遂生。**

且百工之事惟以群之有戰。而後致其精者。又不知凡幾也。**蓋生者物之所最保。故戰者亦物之所最謹。知其器攻苦相懸。為一己死生之所係。斯其術智用。而耳目手足無餘力矣。此技之所以精。而巧之所以極也。**向使非戰。孰為為之。雖百工之苦惡行濫。至今日猶等於結繩剡耒之世可也。今夫器有三世。始曰石。繼曰銅。最後曰鐵。當石之世。其粗而梡固無論已。乃至所以獵所以戰之碆砮斧斤。則鑢錫精瑩。掣疾銛利。雖金之世不過此也。非澳諸洲之蠻。方其始通。猶石世也。有見其石杵。與所乘以戰之艘舣。皆窮工極精。盡其種之能事。由是而知。**戰守之事。有獎功勸巧之至用。**至於度銅鐵之世。洎中古之時。而器待兵精之例。猶可見也。以其時之兜鍪甲盾。與尋常鋼鐵諸器。比而觀之。則知彼求所以傷人。與所以違傷之意。實較他念為殷。故常竭智力。以為兵器之益精。而他業之脩。從之而至。此工業天演之常然也。即如最晚之火藥。其始所以戰也。而鑛路之開闢。非此無以收摧堅破窒之功。他若壓鋼。若燐鋼。始所以為巨礮。所以為游雷。而卒之乃用於一切之機器。皆此理也。故曰。百工之事。待兵戰而後精。

且群之合也。又非戰不為功。由游牧散處隨畜薦居之民。浸假而為大部。由大部浸假而為城郭之國。凡皆苦於戰爭。力求自存。而後出此耳。始也種與種為仇。而其勢常散。戰勝攻取。蹔合猶分。顧有時焉解仇結盟而其群終合。由部成國。由小國成大邦。而後相為生養之制興。而文物聲明稍稍著。蓋其進於是也。有三塗焉。**始也兵連而不解。自有城郭。則且戰且休。民得以其閒脩生事。一也。始所係俘。動為全種。及其成國。有亡有存。雖有紛爭。根本不廢。二也。始以民寡地偏。無通功易事之制。其群彌大。斯分功之局張。三也。**群演為功至緩。始也以兵爭所逼而大群興。繼也以群大而後生事周。免於戰爭之酷烈。**以兵合群。以群息兵。非兵則群斷斷無由合也。**且所謂兵以合群。群則富強文明之機見者。誠人群天演所同然。於古今文野之民皆可驗者也。每見今世非墨亞澳諸洲。其間倥侗半化之民。

經戰勝而合。其於文明。皆有進步。傳記所垂。凡種之古有而今亡者。亦於此例為反證。即觀本國前載。鄰國所經。自羅馬不綱。小侯競霸。亦必拂特制毀。共主當陽。悿悿之民。方有息肩之日。即最晚之德意志。其夷群小以統於一尊。畢斯麻克以謂鐵血之所範。縱不盡爾。然不可謂其局非待戰而後形也。**且富盛文明無象。寄於相生相養之中**。農工商賈者。生養之大器也。生養之局大者。其分功之局亦必繁。而分功之繁。非有大群。莫能辨也。以吾英之織廠。置諸波斯安息之中。其一日之所出者。已衣被其通國而有餘。周終歲之需而不乏。則糜財動眾。以張皇其無用者。雖至愚之民不為。矧財與眾之無由致耶。又設以今英倫鈔業。置諸撒遜種人未至此島之日。民方自耕以為食。家方自織以為衣。將其物何用乎。**是知一切之業。能所交推。必有大群。而後有大業。既有其大業。而其群乃愈蒸。方其未至。雖強而效。其道無由。即效之而成。亦於群無益且有害也**。是故非戰無以合群。非合群無以發業。推之德慧術知。廉恥禮樂。**皆有待於富庶。斯皆有待於合群。斯皆有待於戰爭**。此誠例之不刊者矣。

即勸動之習。懷刑遵度之風。民之能然。亦在用武詰戎之後。特其因果。不若前之徑而易知耳。蓋初民之性。輕疾剽忽。無持重有恆之心。必既受羈縻。常加壓力。累世之後。乃受之若性。可與圖久大之功。此其例如之舊矣。**欲為自由之群。其民必先於自治。自治之能事。非太始之民而遂然也。必先假外力以威服之。威服之事。始奴虜之於主人。繼之以專制之君上。又繼之以有限之君權。又繼之以立憲之政柄。至於治之又久。化浹習馴。夫而後可不受治於出法之人。而受治於自立之法。知為群之公利。知為己之天職。凡人與人之交際。平通公信。若皆秉之於自然。而郅治之隆已見。**然而是不可勉而致也。民品未優。群競方烈。不尊其主治之權。猶童子而去其師保。使入五都之市。轂擊之衢。其殆可翹而俟也。夫非與於不仁之甚者耶。

以上所言。皆群學之要例。而偏於為人之教者。常有所蔽而不知。故由其道以治群。群之治無由進也。雖然豈獨偏於為人之教者。有所蔽哉。為己所蔽。與此特相反耳。其害群均也。

民始為群。空侗顓蒙。當此時而有戰。其效常鋤弱而殖彊。數種之中。弱種先斃。一種之內。弱民先耘。故有戰爭。而民之智力交進。雖然惟於初民。其效如此。群制既立。文教已行。戰之於群。效

以下言兵爭善群之用。理有所極。

與此反。蓋初民之戰也。常盡其群以為之。此於畋獵游牧種民。可得驗也。盡群以戰。方接。其強者以善戰而存。即敗。其疾者以善走後死。弱與蹇者。固無幸矣。群制既備。民業不同。舉國男子。有行有居。故戰死者。皆其群之精壯。而其免以傳種者。多癃罷殘疾之民。如吾英常備之旅。方之他國。固為不多。然每調募。其為軍醫所黜。以為不及格者甚眾。即此可以知其事之耘強而存弱。耘強存弱。斯害群矣。近百年來。法國每逢調發。皆選國中驍壯之尤者。前伍告亡。後旅繼發。數傳之後。其齊民之形幹遂庳。但稽尺籍。可見其異。今夫民力民智民德三者。於群皆至重也。而以民力為之基礎。必精力充強。而後腦脊榮暢。而思深。血氣和平。而情正。故民形幹薾庳。而羸病多有者。其於群道非細故也。且其害不僅見於健男子之多死亡也。自精壯丁男。皆從軍旅。故田野鋤犁之事。不得不資之婦人。勞苦既過。筋力遂衰。所乳之兒。種亦日下。此又驗於法國而見其果然者也。故曰戰之為事。自群制既立。文教既行之後言之。不僅於民力民智。少所摩厲精進也。且常得退群之效焉。

向謂兵戰可以合群。合群而民業進。民業進而文物興。雖然此言

若過其時。勢必為害此。為已之教。必不可以終行。

其紆而曲致者耳。至直接之效。則戰於民業。成之者少。毀之者多。出車攻城。理襜蔽。舉衝櫓。勝則內酺而華樂。死者破家。夷者共藥。矛戟折。環弦絕。傷弩破車。罷馬亡矢。十年之田。所不償也。向使無戰。是人與物之所儲。皆興業殖貨之資也。且農工商賈四者。有相待之用焉。驅其一以從軍旅。群業將蹇而不行。國財之日乏。物產之不登。皆兵連戰深。階之厲也。彼敗而失地。償費空數百千家之積蓄。致數十百年之後災者。滋無論已。且國而尚武功榮死鬭也。則其民必以脩學問業為大愚。必以力田懋遷為污處。此考之往史。所見於斯巴丹與雅典二郡之異治者也。故曰樂戰之國。不徒其虛中殘業。民生凋乏已也。以其偏重。民智民德。亦以日荒。德智既荒。故其群之業愈益敗。

且黷武之害於民德。尤有其大且深者。蓋兵權民權不兩立者也。軍旅之威柄。必統於一尊。平等之義。無由以立。是以專制之國。必以武備為爪牙。非以圉其外也。固以臨其民。使之莫敢抗也。如是之國。其治必不平。而群氣常散。不平而散。其群之衰滅。特早暮耳。此兵戰之端。所以終為群之蟊賊也。今夫民懷自營之私。大用而不能自克者。必毒之以嚴重之治權。故治之寬猛。制之眾專。視民心自營之深淺。其自營淺者。其愛人之意深也。崇尚威武。衽席金革之眾。其愛人之意無由深。且豈徒無由深而已。方將勸為劫奪之事。以淫夷同類為可樂。其有事也。則致其很戾殘忍於寇讎。其無事也。亦致其很戾殘忍於鄉黨。肌之重繭者。不知癢痛也。習為殺人之人。其方寸靈臺重繭久矣。烏有惻隱之端。見於愛人利物之事者乎。由是而豪暴武斷。侵弱陵寡。視為故常。亦由是其民風常懻忮慓悍。而號難治。當此之時。非武健嚴酷之政不為功。是故治之寬猛。制之眾專。非人力之所能為也。宜民主者為之專制則不安。宜專制者為之立憲則不治。大抵皆民所自取者。民方奮其為己之私。不節之以為人之義。徒欲其治之時雍。大同咸和。以常享自由之幸福。雖與之以是。彼不能一朝居也。故為己之極。乃有戰爭。兵者純為己地不為人地者也。以其純於為己。故其效常主於敗群。今以天下為一家。一言戰而二害生焉。近者冒其當戰之死傷。遠者保其敗群之凶德。二者皆宇宙之患氣。而其遠者之為患尤深也。

總大要而言之。蠻夷之教。復讎報怨。稱天而行。為子臣弟友之常分。使此義不衰。其群終為蠻野。蓋彼殺而此亦殺。尤效無窮。況立教者。又謂其事為不容已之天責。群之質點。抵力方剛。愛力盡泯。欲牉合以為大群死條守要。為文明之業。以相善其生養難矣。民而如是。國亦有然。一洲眾國。欲棄其淺化。進於大和。必解忿釋仇。易其舊俗。而後民有息喙之日。而富教之政有所於施。非不知力征經營。弱肉強食。於厲世摩鈍之事。有所賴也。獨文治既蒸之餘。則於民之身力心德。二者皆殘。而於心德之害尤鉅。蓋流血夷傷之事。群演未深。其於民種。猶有芸弱殖強之效。其時民德既薄。亦不以戰爭之酷烈。遂至益其殘忍。取相愛之心德而梏亡之。洎夫文治既張。民與民分功。國與國相倚。此時而戰。所亡必多。以亂易治。以暴易仁。雖芸劣殖優之例。尚有行夫其中。而得也終不勝其喪。進也常不敵其亡。是故中天而後。物競天擇。凡所以去劣存宜。用演進人道於無窮者。不假流血之兵爭。而資無形之群競。農工商賈之業。各求相勝。其戰熾然。於此之時。彼有以厚其民生而蕃殖其種姓者。必智德力三者。程度皆高。而知所以趨吉避凶而後可。劣者日角不勝。生機坐微。嗟夫。今日滅種亡國之事。固無待於干戈稱比而弓矢張。

而其禍方之古初。則倍蓰為酷也。

然而彼習於為己相勝之教者。不之知也。人自童子以至丁年。其性情與淺演之初民相若。樂戰鬭。通輕俠。於是誦鄂謨之詩歌。讀大秦之舊史。奮慮偪億。恨不起古人而從之。而心習之成。遂永永以戰為榮。以媾為辱。彼於吾例。固無覩也。況降心抑意。以審歷史之事實乎。即提耳而命之。大聲以呼之。若存若亡而已。吉貰之撰羅馬亡國記也。有孰知國家之衰弊。即存於民生樂業之中。雖後人見之。而當其世者不悟也。方其長久治安。夫既取其國脈而陰酖漸毒之矣。豈待履之而後知其危哉。夫吉貰之論如此。此何異言民相保交通之為日愈長。其所以為群之德愈遜。而其國乃日即於敗亡乎。然則自其反而言之。世必元黃互爭。彼是相滅。而後民能為其體合。而相生相養之事。乃從而益張也。此無他。以初民之例。律既進之群。而不悟其甚異耳。

向之所論。蓋言二教之失中。顧以學詖名篇者。學與教相表裏也。自其所學如是。則與論群變。直無往而可得其真。蓋民於二義之用。非能劑而得其中也。常一此而一彼。則無怪國論清議。矛盾相

以下言為己為人二者。舉不可廢其

乘。無往而非一偏之說矣。

然則使吾民之智。果有加乎前。是紛然舛馳者。不可以已乎。夫忘己為物之說。其不可行明矣。保持身家。圉遏侮奪。則所主者一義。登講場。宣宗教。明己諭眾。所稱道者又一義。既稱其義。而又心識其不然。非自欺歟。今夫親之於子。其行愛可謂忘己者矣。則為人之教之真行也。然其勢不可以不自為。飢必食。渴必飲。寒必火與衣。而後有以哺兒。而為其所怙恃。脫不如此。則身亡而兒從之。家有蹙蹙治生之男子。彼婦孺所仰以為活者也。**將於其家有為人之恩**。**必於其群有為己之實**。斯其義不既明矣乎。故使生而自為者非。則生以為人者亦誤。中庸之道。惟兩利而俱存之。曰生所以為己為人而已。是說也。不獨眾人所共信。且為人道之所共由。則與其持為人之說。使德行為聲不中實之窾言。何若質言其實之為得理乎。

以為人之教過。致虛懸而不可行。為己之橫流。亦遂沿而不可止。乃今庶幾。可以悟其術之不行。為己非輔以為人之公。固不可矣。夫為己之義。莫大於復讎。故舊教標之為宗旨。雖然。其言不可用也。吾黨祈福受釐之際。則曰吾之愛人。宜如己也。吾之報怨。將

於群也。猶天學家言行星軌道者必有眦心切線二力而後得其軌形之真也。

以德也。乃至朝堂之所申辨。報章之所發明。州閭之會。酣燕之頃之所談。則曰是不共戴天者也。是不與同國者也。是吾國體民直之所必爭也。其前後違反如是。豈病狂而不惠。抑契儒而自欺。不然。何日言忘己殉人為至德矣。至於行事。則犯者所必校。豈盲而不視。抑其善忘。不然。何既以損己利人為尊行矣。忽而亟稱猥讚。是睚眥必復惡聲必反者為壯夫耶。則信矣。吾國向者所主之義言。乃沿於野蠻之先。於義無取。而不可以不更也。蓋二教皆善惡雜。何以言之。為己為人。皆資勇果。勇果本於形氣者也。為人獸之所共有。而視其所以行之者何如。使其用之以求其天直。❺以禦暴虐。以遏侵欺。可貴者也。冒艱險。犯威嚴。以保夫己與群之所共守。杜強梗者之侮奪。愈可貴也。以振人於厄。雖斷肢體傷性命有不辭。是尤可貴。乃至所為者。非親戚。非同種。此其用心。謂為同天而象帝。斯其行勇。亦為人道之至尊。所謂可貴。至斯而極。則反是而觀。勇之不足貴者。有所屬矣。意純起於自私。所求者非其應得之天直。雖曰勇果。殆與禽德鄰也。故好勇而不知義。不獨為之者非也。譽者與有罪焉。何則。以其獎敗德而損群誼也。**夫形氣之德。非受命於理則不尊。故理與氣**

俱者。為人道之勇。而氣不循理者。禽獸之勇也。

吾書非言德行者也。所不厭往復者。欲以明二教之用。苟不折其中。則無以為群學之精義。疇人言八緯之軌也。必毗心之力。與切線之力。合而言之。而後軌之真形見。而躔次可知也。故治群學者。欲知群軌之所趨。其么匿之愛力抵力。二者之用。亦不可以偏忘。

## 附註

❶ 漢人直作職分所應有者也。

❷ 譯言鬼獸。

❸ 以上指法國。

❹ 以上指法國。

❺ 猶言所應享之權利。

# 國拘 第九

曲乎直乎。是吾國已。此美利堅之民所常常稱道者也。往者吾英議院之本源黨。❶亦數稱此言。以謂愛國之道。固宜如此。顧愛國則誠愛國矣。而懷如是之見者。與言一群之事變。求其坦蕩平通。以無偏之心。觀群演之實者。殆無望已。蓋群學之所參伍並觀。非一國一種人之事。欲為之而無失其真。必其心具至平之衡。極明之鏡。而後可。彼蔽於一種之私。囿於一國之意者。雖欲為是有不能也。此第即一二遠莫已涉之群變而徵之。可以立悟。自哥倫伯鑿空西海以來。為時僅三百餘載耳。乃今南北二洲之間。無所往而非白種。且今大不列顛之號為英民者。皆客種也。此島舊族。掃地殆盡。夫奪人之地。以長其子孫。事豈盡合於義。而自人群進退為言。則存優去劣。固大地人類之所以日蒸。故通以云之。於群道乃進而非退。**而還問之地主人。則吾不知茵塵之土番。不列顛之舊種。其亡國絕種之痛。當如何也**。故曰囿於一國之意者。無由參伍而並觀。以得群理之至實。治為

以下言愛國。人同此心。故國拘。人同此蔽。惟能愛國。其國以存。而亦惟國拘。群理以惑。此群學之所以難言又其一也。

群學之頊。**必解弢隳袟。以盡脫於國拘。知吾國吾種之於世間。不過為諸群之一體。既莫不有其前規。亦莫不有其來葉。使他日異種之民有以勝我。則彼之於我。猶我之於古人耳。**夫何怪焉。必其心能為此慮。而後知群例之無親。而其學非為一國一種之民起義。國拘之深淺。所與大理之語。相比例為多寡者也。

雖然。**心量之最難企及者。無踰此矣。**向者吾於情瞀之篇。嘗言尊尚勢權。殆出於民之天性。而最難祛。是國拘之情。正與相若。國拘而美其稱曰愛國。愛國猶前者之為尊君也。尊君與愛國之情合。而群道乃立乃固。方天演之未深。而人道之猶苦也。**必有尊君之情。而後民與民相安。而群可以不渙。亦必有愛國之意。而後群與群相忌。而世汔以小康。**凡此皆嬗蛻之世。所必不可少者也。故合群通功之局。洎其中之制度百為。皆視民之二德而後立。使為么匿者。一一無保固拓都之心。則其質點之愛力已亡。而訢合之事無由見。且往世之民。豈無愛力甚微。而泛然相值。聚以為國者乎。經物競之烈。其不為最宜之存久矣。蓋愛力既微。而泛然相值。則舍己為群之誼不行。所以禦天行者不深。而其群之合不固。今日之群。大抵皆經天擇而宜於為存者也。皆愛力較大。而尊君與愛國之德並優者也。顧二德優。而宜於群矣。**而以治群學。則不能以無蔽。**尊君❷之蔽。見於情瞀。而此篇之所辨。則大抵皆從愛國而有之。

夫愛國之於一群。自為之於一己。二者出於同源。而皆有其可言之理。**彼矜其所生之群者。矜其所以群之身之影響也。愛其國者。亦愛其所得以為己之分也。夫夸張其國之富強文明者。以其身與而夸張之耳。其身與者。猶曰在己有此實也。以其種之貴而後能有此也。忿怨其國之見侵者亦以其身與而忿怨之耳。其身與者。猶曰於己有此損也。以其種之貴而不可以忍此也。故曰愛國之與自為。二者異用而同源。**

以下明愛國之過與為己之私同出於一源。然為己之私易見而愛國之過難知。

前篇謂為己之意。宜有所折中。則愛國之情。亦不可以過不及。蓋為己過。則二害興。求利太過。侵人起爭。一也。自許而驕。即功多敗。二也。其不及者。亦有二害。怨於應得。誨盜勸貪。一也。自待甚吝。失時墮功。二也。於愛國之意亦然。其情過者。外之則侮鄰伐國。禍結兵連。內之則獻頌導諛。虛憍成俗。其情不及者。外之將喪其所守。長資覬覦。內之則因循偷安。而不為奮發。

顧此篇所指之國拘。重其效於意識之中。而其見於行事者。未暇兼舉而詳論。蓋為己不倫。則人己之間。用心皆謬。察物策事。將皆失真。愛國過中。亦於群變多失實者。若夫不及之失。雖亦有事效之可言。然其事差不常有。其生心害政。亦不若過者之為殷也。

今夫天良者。不獨人而具之。群亦有焉。群之天良。合其民之所有而著者也。雖然。人心之天良。其天演深。群之天良。其天演淺也。何以言之。今使有人自為而過。將人人皆知其不仁。甚或深惡而痛絕之。獨至愛國而過。則謂之失德者。未之前聞也。又使有人焉自訟其尤悔。抑自言其才德之所短。則聞其言者。謂之謙遜。未嘗不以為懿也。獨至有人焉。自訟其國之不誼。抑所以待其鄰敵者之不仁。則聞者大譁。將目之為喪心。而以其言為背本。方敵國之與我爭也。使吾取其所為。而為之訟直。將通國清議。其不以我為奸民。而與於亂賊者幾何。方且目我為鴟梟。自覆巢毀室而取厥子。而究之無他。不過責善於同種。而於他族有恕亂耳。故同之私也。於自為之過則知之。於愛國之過則不見。故曰其德之演淺也。使大道而果為公乎。則兩群之爭。枉直固有定論。彼不使愛國之情過者。誠何辜焉。

**執公以為罪。夫是之謂國拘**。國拘而不去。則群與群交際之義不明。而其心之於群變也。欲平衡明鑑。參伍並觀。不可得矣。不可得則其學之公例必誣。故欲治群學。不可以不察國拘。彼坐國拘而失者多矣。請舉一二。以徵吾例。

種之自視重者。其視人必輕。布爾敦記非洲黑蠻。呼白人為老沐猴。支那之民。至今尚號西人為鬼子。設彼中有甲問乙曰。歐種亦具人形歟。則乙必應曰。否也。高加索疑哈麥特之非人類。而哈麥特亦如是以報之。**觀吾國數十年以往。吾等父行所以謂法人者何如。且謂法人例契需無勇。至今猶聞於委巷間也**。以云狀貌。則英魁碩美佼。而法委瑣卑微。證之事實。殊不如此。維耳目所接。而自好之情。使辟而失真如此。況形上之事。為耳目所不可驗者耶。**國中徒黨。各有主張。己之所附者為豪桀聖賢**。而彼黨之魁。則盜賊無賴也。方宗教之致爭。問於脩教。則公教所為。無所往而非暴虐。問諸公教。則脩教之所改革。無一事而非背天。若夫二國之史。相為敵讎。則甲之美政。必不可得於乙書。乙之無道。若不勝書於甲史。古之諾曼。貪殘之種也。而言撒遜。轉謂其脩怨之刻深。以法史寫西班牙之伏莽。則

以下實指國拘不可以治群學之證。其偏見於二國之皆文明者。

淫掠窮凶。以俄人言克噶希亞之興戎。則虔劉無藝。龍蛇起陸之日。戰血元黃之秋。使吾英為局外。則了了能言其曲直。不幸吾國利害。與於其間。則通國報章。黑白皆易位矣。當法人之戡定亞爾芝也。大食之民。屈強不附。逃山谷中。法人聚火焚之。英人大呼。謂絕人理。時無幾何。而印度之民叛。我亦既族而殲之矣。尚懼其未盡死也。則加火於山積之群屍。又雅墨加之役。焚其邑屋矣。又屠其人民。二者所為。吾英於人理。亦如綫耳。於法人何譏焉。大抵如是之事。行之於吾藩屬。則僉曰是固有所不得已。從權道耳。脫他日他國所行。有類此者。彼乃盱衡奮髯。謂此等無論何地何時。行之無一可者。而操此論者。即向謂不得已而從權之人也。民爭自由。不受專制之壓力。不為威惕。不為彊圉。使其見之於古書。施之於他國。輒慨慕興歎。謂人種不淪於牛馬奴隸者。賴有如是人能為此等事耳。獨至己之權利勢力。與於其間。則向之所謂美者。乃今為大逆。瑞士第勒威廉之事。雖不必誠有❸而聞者之意皆曰。是天與人助。固宜其有成也。獨至種民。有毅然不受吾英之壓力者。則易稱許為怒僞矣。夫身毒之民。亦天所生之一種也。夫豈不宜以自君。何於群起而求脫吾英之銜轡。乃罪大惡極。而無一善之可言。愛爾蘭之不樂為屬。而欲自為政。亦其所也。何其爭即為不道。而一無可恕之數事者。民之所以用心同也。乃一以為至公。一以為大逆。然則非其事之有異也。愛國之私。中之甚深。而成此終身不解之大惑。斯黑白自易位耳。

是故本拘墟之見。以評量彼我之間。雖耳目所可驗而亦惑。是非顛倒。曲直混淆。強暴殘賊之行。出之於我。則為當然。出之於人。則為元憝。雖有至公之事。向所崇尚頌歎。而欲身從之者。以其逆我。亦加呰謷。設本此情。以治群學。欲審其至當之情。於以求因果之不易。不甚難乎。今夫取所輕之國之制度。以議其美惡。欲適如其量固不能。何則任情逞臆。雖法美意良。末由見也。矧在其所恨者。人而有所恨也。必力求其恨之所宜。淺則求諸民人風俗之間。深則索諸法度政教之際。師其成心。以為是非。將無往而不見其可恨之實。望平意衡情。以考夫彼己之實。所謂以科學之道治群學者。何可得耶。

則更舉一義以明之。向謂愛國之忱。與自為之私。同出一源。蓋自為不能以無過。故愛國亦往往而失中。而抑人揚己之風。則莫著於

以下言愛國而過自恕

宗教。我所奉者。則以為至清淨。有召和致福之實功。而人所守者。必以為左道異端。無移風易俗之可道。此第即吾國語言中所謂蠻野文明之二義。可以徵之。

而責人。其偏見於二國之文質異俗者。

英語蠻野曰沙斐支。溯其最初之本義。則野也❹失教也。引而申之曰。殘虐。曰渴血。而心學二意相守之例。行於其閒。以殘虐渴血之行。多見之野與失教者也。於是人意先成。言及質野之民。斯殘賊之思。不期自附。俄又以質野之民。多宗教之所不及。則又謂是所以殘賊渴血者。以未奉吾教故也。而沙斐支乃又有失教之伸義。顧不知是二者皆人意之所為。於事實渺不相涉。向使其人有治心之功。能克其虛憍自大之意。則將有相反之徵。知殘虐渴血之所為。與質野無教之俗。二者各自為義。而不必常合。如今之人意也。

往吾海軍舟將穀格。周流全球。抵太平洋之新島。歸而紀其風土。如大希濵諸島。其中民德。往往天真未鑿。有高於素號文明之民數等者。即以盜竊一端言之。雖島民時亦犯此。顧以比舟中之眾。自拔其舟之舷釘。以畀島婦資夜合者。其情罪輕重之懸遠矣。逮穀格執贓索賊。島民吐實。獄具。穀格將鞭其水手。島民乃謀與偕逃。不克。則涕泗交頤。不忍見水手之縛而受榜也。又其書記轂格死事甚悉。雖其說不必盡信。然於此見汕椎芝❺島民。始所以親待遠人者甚摯。自經侮虐。且慮橫逆之狎至也。始易其初心。他客遊記所言。什九相若。大抵始通之時。其待遠人皆甚親厚。溯齟齬所由起。則文明者之過常先。質野者所為。相報以直而已。如太平洋北有查辣特島族。必俟舟將嘉提勒之眾。先啟釁端而後復之是也。由來文質二民。相寇之事。大較如此。教士威廉見殺於額羅孟加。說者張皇其事。謂為狼子野心之明證。顧後有考其實者。知其禍始發於歐人。彼前遊其地。而所為至不道。致此怨毒。古魯泔金岸記。載一千八百十二年二月。土人殺英將沐禮直。英人大怒。毀其城鎮砦堡無算。後英船有過韋尼巴❻者。必注半舷之礮。遙擊其城。示不忘舊怨也。又伊爾英言加達支那土番。於西班牙入寇。拒之甚力。數年之後。班將阿節達興師問罪。入其境。無少長男女皆屠之。後嬰什戈以恚風入其海口。土人乃不念舊嫌。相待殊厚。嬰歸輒告人曰。野蠻文明之稱。公等特以臆命之耳。以余所見。名實之間。正相反也。歐人初至亞墨利加日。其殘酷殆非人理。又法人之至多明戈也。使其土人列跽長壕之上。而後案隊發槍殪之。至壕滿不更容。乃連繫男女。載之出海沈濤波中。又西班牙人之至其地也。則係纍其眾。藉以為奴。遇之尤虐。其相率自殺。無孑遺者。而西班牙之人尚圖其自殺之殊狀異態。以示人也。

吾意英人之聞此也。將曰是絕非人理之所為。必他時法班諸國之民。乃有此耳。是固舊教之不神。而所以入人心者淺也。於吾英何有焉。無已。將與述吾黨之舊事。使知所奉宗教。雖號清真。尚未脫吾人於暴行。觀於往日所以待北美土番者。可以悟矣。顧此猶得曰前輩守舊者之所為也。而今日藩屬中所為之無道。又將何以自解。夫何必覼縷。又何必遠引。但言近日南海之擄人慘戮足矣。其始也我賣之。坐是而番民死者甚眾。洎番民稍稍脩怨。我乃執此問罪。大張撻伐。駢戕曹誅。不辨良莠。嗟乎。吾教清真。其入於人心者乃如此乎。則勿輕自恕而厚責他族也。

總前說而觀之。愛國之忱。人人稱以為懿。然設用之而過。徒擴自為之私。所傷彌廣。未見其足稱也。將使情惑。而所以論群者。必失其真。而無與於大道。文質種族相與之間。吾之所以待人。雖甚病有不見。雖小善有不忘。彼之所以加我。雖甚厚常所忽。苟有過必復之。雖曲在我。而過吾先。不肯竟也。此無他。其自視也過重。則視人也過輕。重己而輕人。則愛國之為也。自有景教來。其所以袪戾氣。而增人道愛力者固眾矣。猶惜世之奉者。錄其功常過其實。不知群不必景教。而進化者亦甚多也。東方有聖人曰佛。其所立宗教。於脩己度世之事。斷然有可言者。是亦群變之絕大因緣也。故往者牧師李登。言淨飯王子之所為。使景教之士。平其心而論之。其不發憤增愧者。殆無有也。顧雖有明證。而吾人置之不道。夫治群學乃有所置而弗道。則所見不能不偏偏則妄。妄而本之以為群例。則害生。是故欲治群學。捨公聽並觀。謹遏其私。若格致諸科學之所前為者。無他道也。

今夫愛國之偏之為害。有不勝枚舉者焉。欲證生心害政之實。請言法德之事。夫法人之自大久矣。天下之所共聞也。底亞斯之著書也。揚扢敷閎。宣國威而廣民志。其中無幾微之疑辭。而法之人亦從而信之。**夫揚己者固不能無抑人。其始猶為空言。久之遂以為事實。至以為事實。將其害有不可勝言者矣。其在己莫不以為盡美善也。其在人則曰是固不足加意也。**往者普法之戰。法人自詭必勝。故其師之

以下亦言愛國之偏之為害。而以所見於法德二國人者為證。

出也。但具德之地圖。凡鹿林以西之圖。未嘗有也。三戰而德兵入國。反客為主。法之兵事逾劵。其未交也。凡敵之所為皆不知。其已交也。凡所以善敗者舉無有。無他。惟自大一念致如此耳。嗚呼。可不懼哉。即至文章學問。物產藝能。凡法人之說。其所以大遠物情。而貽譏遠近者。大率坐此。武邇士著化學錄。其發端曰。化學者法國之學也。陰格理畫鄂謨加冕圖。推鄂謨為詩中王者。而以後代以詩鳴者為徒從。盡法之詩家。皆居前列。而吾英之狹斯不爾乃在隅奧。著其形於若存若亡之間。又立藝宮。凡古今作者之聖。述者之明。但有制作。無不畢列。法之藝人。雖無所知名而亦廁。至英之奈端。則擯不得與。噫。奈端制作俱在。有心知耳目之用者。自能知之。豈假列否。為其人其國之榮辱乎。獨法人所為如此。其為自大之私之所害。而所果於民智國政者。滋可知已。維陀休固大言炎炎。謂法蘭西為世界之救主。或且謂巴黎儻毀。則文明之無盡燈以滅。揣此曹之意。固謂法為天下師資。而更無所事於下學。天下之所宜講而明者。法之義理學術耳。而天下又安能有以益法者乎。不知正惟法人學術。其有待於他國之切磋者最急。必得此而後有以去其廉隅之過劌。與其執一之偏也。惟法之於學術也。其用心如此。故其論群。與所以察群變者。亦常熒而寡實。法人言群學者。莫著於恭德。然亦自許太過。以愛國不倫。往往有謬悠之說。如欲立人道正教。取法國之制度而更始之。著為天下模楷。可使五洲之俗。一道同風。且以此為及身可見之事。無待後人也。今其人往矣。而法之見象何如。其前路又何如。吾由是而知彼中於愛國之私者。必不足與於群學之實也。

自大之情。拓之而為愛國矣。設不幸有戰勝之功。則其餤必愈張而不可遏。以其情而觀世變。論民品。所失滋多。此察之近日之日耳曼。可以徵吾說之非妄。不佞近得一日耳曼友人書。其言曰往法德二邦。其民德之最不同者。莫若法人之在在自滿。而德人之自視欿然。乃自戰勝以來。此風不可見矣。其尤可憎者。莫若德之公黨。於一席之談。聽其言之所及者。德之國俗。德之維新。德之合邦。德之一統。德之陸旅。德之海軍。德人之宗教。與德人之藝學已耳。徒取法人而訕笑譏議之。而不知己之所為。正法人之痼疾。而譯之以德語者也。一日吾與一知名哲學家談。吾謂哲學之業。若聯歐洲諸邦而為之學會。萃各國之長。互相磨淬。若格致名算諸學之所為者。此學或可以大進。乃吾友之意。殊不謂然。曰。就令此會可成。未見於此科之果有益也。蓋將使德之學者。意議有所影響牽掣。而不得以孤行也。且謂愛智之學。惟德為精。德人而外。其為斯道推轂者。其意大利乎。而求其所以重意之故。則以意人哲學多從德說。凡德國此科之書。雖無足重輕者。意亦不廢也。其自滿之謬如此。**愛國之意。雖與為己為同源。顧己與國相形。又國輕而己重。故其意常欲以國從己。而不審其議之果可行否也。**書中又云。一日者公黨正聚議間。有哲學教習某者。正色昌言。吾德治制。百度已張。其所未定者。獨服色一事耳。坐中聞此。相視目笑。少選間。又一人起言。德國合邦以後。宗教尤宜劃一。宜定一尊。而悉廢其餘。使民奉為國教。庶幾道一風同。蒸為美俗諸語。**不知以自由公理衡之。前客所言雖謬。其侵民猶淺。後客所言。雖闢宏旨。其侵民實深。歐洲三百年所爭。以宗教自由為最烈。而客生當今世敢為此言。苟非喪心。殆無目矣。**

不佞於愛國之偏。既詳若此。此外一家之史。一市之談。有目有耳者當自得之。無取更為贅詞。獨是愛國偏矣。而人情尚有貶國之偏。與愛國之私為反對。又未嘗不為生心之害。雖其害不若愛國之偏

以下乃言愛國之偏之反對是為貶國

之已甚。然使略而不言。將於群學為漏義。

之偏。

英民議論之際。好為貶國者。固不乏人。然言政制。則低徊歎其盡美。時有不足。不過嗛嗛於綱紀之不嚴。政策之不一。謂不若他國主權尊重者。所得功利之優。至於宗教。尤人人以此自多。然亦病異說之淩雜。謂宜以國教為依歸。不得小己自由。各行其意。凡此皆貶國之情之見端。然於風俗政理之大同。則莫敢訾議也。至於他事。則自損之議。持之者多。言之者過。聽者意從而移。施於事實。未為無弊。輓近學士搢紳。聞見日多。知能愈富。貶國之見。常與俱深。一時相阿。遂成風尚。語或違中。多不根之論。不知國之政教。成立綦難。使議者弗察。動言紛更。乍埋乍掘。民莫適主。此其害群。以較愛國之偏。特一間耳。

貶國而過。各有由然，賢愚不齊。略區三等。惡聞夸者之言。訑然自滿。抑人揚己。多失其平。於是本其誠心。思所救正。矯枉過直。容不自知。此其一也。亦有養智驚愚。自矜博學。輕蔑舊制。遠引異邦。持論非平。苟竊聲譽。又其一也。最下。國之掌故。毫未有知。輕易猖狂。逞其好罵。又其一也。三者心術不同如此。今欲著貶國之失。但使言之成理。皆置不談。獨取紕繆無聊。略資舉似。則如近日英人。好言吾英製造無新術之可言。學問鮮新理之創獲。亦有一二報章。言法能創物。英主改良。又如近事。一英國律師。對眾昌言。謂英吉利不長科學。又昨者倫敦時報。鋪張時宰格來斯敦閔時之論。謂英國學者於玄理妙道。無所進取。日見退行。載者輒謂此為摭實之玄談。不刊之名論。凡此皆貶國之情。用之而過。致其說不倫如此。**夫近世英人學術所至。事有成績。豈可以意矯稱**。彼向為此言者。祇自襮其所治之偏。徒知琢磨文學。於格致藝術。與夫智學窮理之功。概乎未之有聞也。若讀者不嫌覼縷。僕請歷舉。以證其說之誣。吾於是得一人焉。雅訥瑪豆是已。夫雅訥吾英之名宿也。閒嘗著書。歷指英人所短。自其用意而觀之。將其言不獨為無罪。且實有可尚者焉。蓋深知氣矜之無益於事實。而徒用長驕而害政也。則刺取吾所習而不自知。與夫自許過情之論而著之。其言絕痛。欲國民借鑒。而加改良。此其功不可沒也。如譏英人緣宗教勤苦薰脩之說。不知人道期於樂易。乃以谿刻自處為脩己之大經。雖智者日悟其非。其說尚沿而不廢。又謂吾國近者以商戰之殷。功利之說日以益熾。又譏俗論吾國於宗教奉行獨謹。用此迓集天庥。過於餘國。凡此皆明於自鏡。足以癒愚者也。顧雅訥知反其自大之私矣。又往往為之而過。致授所譏者以口實。而掩其前語之公。今請即其所過之言匡之可乎。

聞嘗竊思其所以。知雅訥之立言。非誠察事實。衡至當以出之也。意主必反自大者之浮夸。而不圖或溢乎其量也。如雅訥將黜盧拔所稱吾國美俗之不實。則證之以某所女子自殺所生之近事。不知此未足以破盧拔之說也。**使雅訥而欲為此。則宜證殺兒之事。吾英於餘國為獨多**。乃英於此俗非獨盛也。試思巴黎鞠孩之所。幾徧近郊。名曰恤孤。實與棄兒無別。以是與雅訥之所刺譏者較。則吾國所犯。不亦甚小而無足道者耶。且使論事而循雅訥之術也。則以矛陷盾。雖舉其所言而盡破之易耳。近三十年歐洲大陸之民。其在吾英為劫掠殺人之事者十餘輩。**設吾以是遂謂大陸政化之已卑。雅訥將吾許乎。如其否也。則於己說又何處焉**。且彼謂大陸諸國。治具日張。纖悉皆舉。為吾英所亟宜則傚者矣。然使不佞刺其某國某年紀盛之會。民觀者以洶涌之故。十四人死而數百人傷。又如德之名醫韋爾周言。柏林產兒。期年之內。三常一死。其死率自千八百五十四年至今。所增至倍。設

以下乃歷舉貶國家雅納氏之言而駁之著雅訥為貶國家之眉目。

以是證德人治具之多隳。不較雅訥之所為為確鑿乎。是故論政俗不錄其大凡。而徒毛舉所便於己說者以為證。則無論何群。皆可使之不黔而黑不堊而白也。

夫雅訥之論政。其所由之術於名學為破例既如此矣。則更即其所揭之辭意觀之。以察其是非之奚若。雅訥曰。有意識之世界。有事功之世界。二者相資不可畸絕。英人之貧於意識。猶法人之短於事功也。今姑如雅訥言。謂吾英於事業為不貧。而因之於意識為不富。則其意若謂。事功之成。與意識之審。絕為兩事而不相涉也者。不知此大誤也。夫執業經營之際。其操術應者。其識慮必精。故有圖非常之原。而功效若操券者。慮周於處處。因緣逕術。坐而策之。策而皆得其實故耳。其所以異於為之而無成者。此於未然之果。見之真而無所遁。彼於將然之效。所見不真。且多忽遺故也。然則意識顧不重乎。夫存之一心則為意識。發之於外斯為事功。畫一策。建一謀。莫非意也。一謀一策。以時境之屢遷。故多新而少故。則其為意慮也。亦多創而寡因。謀之而可施。策之而可用者。其所慮審而所畫明也。施之而行。用之而效者。其慮之詳盡。其畫之精當。其果效欲不與相應而不能也。今夫大陸諸國之民。其習於水者。莫若和蘭。乃其都安蒙斯昜登之食水。待英公司而後辦。納波羅之澤國。終古沮洳。意大里之君若民。安之若素。待英民為之導瀉而後土又可耕。凡此皆意想識慮之不及。而事功從以屈耳。他若法德諸國。皆雅訥所謂意勝之民矣。顧何以吐盧布爾多諸邑。非英人為之經畫。則無煤氣之可燃。鄂崙之河源。懸瀑數十百尺。惟英人知其可用。伏管引流。得一萬匹之馬力。以售製造諸廠。獲厚利焉。彼之不為。非知其有利而不屑也。亦識不及耳。他若歐洲都會。比之布魯蘇。德之柏林。澳之維也納。其閒民用之水火。皆治之以英人。夫德誠吾歐之健者。俯拾仰取。其趨利未嘗後人。然以如是之業。讓吾英者。非意勝而事不及也。策之不明。恐無所利而不敢發耳。故英之開物而成務也。往往其始為他國之所疑憚。而以為不可成。慮成於素。毅然為之。而奇功遂著。此如一千八百一十七年所始試之汽舟。恪布林之民。相聚大駭。乃不數年汽舟度額蘭葯而通英美。是豈慮之不審。畫之不明者之所能至也耶。據理以施術。畫明而慮審。成非常之原。而庸愚畏之。皆於意識爭優劣耳。今夫額蘭葯深一萬八千尺有奇。縆以巨綆。而相與呼應者。若在一室之閒。是惟古縮地凌景之神人能耳。**而吾國之民。若謀置器於平地者。無他。其事功之必驗。定於意識之已誠。夫豈嚮壁臆造。與狃近功者之所敢跂也哉**。何雅訥所云。適與理實相反耶。

將以著雅訥所言之非實。遂使不佞效揚己者之所為。不得已歷數吾國輓近之所造端。其中有以便人事。有以宏利源。如脫理夫植之汽車。亦有遠於人事。特以見巧思之所極。則如巴伯芝之算數機器。如耶方斯之辨理機器。雖欲僂指。且不能盡。大抵吾英制作之業。方之他國。以數言則過之。以用言則所關者鉅。欲一二而言之。恐敘次冗長。將越吾書之限。則任學者之自求。不能細也。又其器多及於事功。恐將謂不足破意貧之說。無已。將盡求之於科學之新理。庶幾與所謂意貧為正對。又恐彼以今為異於古所云。故所列於下者。止於十九稘。使於此而有明。彼貶國而自損者。可以息其喙矣。

夫格致之學。凡有三科。玄科一也。閒科二也。著科三也。玄科者。**理不專於一物。妙眾體而為言**。**著科者**。**事專言其一宗**。**見玄理之用事**。而閒科。則介乎二者之閒。**所考者**。**雖存於形下**。**而其理則可及於萬殊**。玄科如名數兩門是已。著科若天文若地質若官骸若動植。閒科則總於力質兩大宗。聲電光熱。皆力之變也。無官有官。皆質之體也。今依前次。先自玄科言之。於以考百年以來。吾英人之理想。所新得者。其貧富於他邦果何如也。

名學者。**理術之統宗。論思之律令也。分內外籀。而格致之筦鑰在焉**。故玄科首名學。吾英侯失勒格物蒙求。於內籀之術。言簡而所孕者富。遂為穆勒名學體用之前驅。而穆勒氏體大思精。**開鑿洞壑。已足為古今眾說之郛矣**。培因乃更取而張之。**見名學功用之無窮。自甚精之科學。洎至粗之日用。莫能外也**。若夫外籀之進。彭丹佐治一千八百二十七年。於所謂之端。立普專之別。摩庚氏緯之以數學。而所造益精。此實紬亞理斯多德未竟之緒。耶方斯創三圈之法。分相容相距相掩。而萬類之陰陽同異。皆可求諸跡象之閒。向使如是而止。數十年中斯學進步。已為無限。況乎其未已也。布爾思理發微一書。又專以算學通名學。義益深而思愈奧。見者有望洋向若之歎。**夫名學者。乃科學中之盡絕依倚。眇慮極玄者也**。考吾國所為於此時。實較他國所為於往時者為倍蓰。顧雅訥不此之見。乃曰英人事富而意貧。嗚乎。其反言耶。抑戲言耶。

玄科名學而外。厥維數學。吾英十六稘閒。治之者眾。已而銷歇。近乃復興。即其所得。亦為可詫。向者奈端以微分術言變。而號式未精。英人緣其愛國之情。暖姝守口。致此學為進無多。逮幡然改之。則二十五年之閒。英之疇人。又於歐洲為前輩矣。翰密登造方維術。為窮微探賾之慧燈。前哲所未有也。他若該理。若斯爾威斯特。於代數微積。旁通發揮。總闢新理。大方之家謂近世觀恆一術。於數理為益至深。乃自微分以來。第一進步。然則不必羅列瑣步小端。即此甚舊之科。而吾英近世所為。前不媿古人。後可資來哲。是非貧於意識者之所能為也。彼雅訥之言。又何所據而爾云乎。

次及閒科。苟取其事以諦觀。則雅訥之言。又無驗也。德人懷庚。雖知光為動浪。然不識其與聲浪絕殊。必待伊陽。而其理始大白。至伊陽二光成暗。由於光浪相蝕之例。則格物家侯失勒。稱其簡易賅美。得未曾有。至驗光為衡浪。與聲之縱浪不同。即以奈端之聖智。所詣無逾此者。他若質學家達爾敦之氣點漲力例。勒斯黎之光熱四射例。威力思之露理。倭拉斯頓電力量法。尼可拉孫與噶來爾之電力分質術。皆為科學絕塵之進步。上軼古人。下開來葉。而其他妙理新知。如法刺地之所開鑿。磁電二科之理。雖未若前者之神明超絕。要皆得之而人事大利。民生滋休者矣。曷可少哉。至於熱電聲光。及一切質點動植之力。皆可相轉。**品性自變。而量分無差**。則為最晚出者。**而其例之苞羅群有。會通萬殊。尤為條理始終之要領**。故歐洲文明諸邦。咸謂格物功分。**以此邦之所獨得。方大陸列國之所總至者而有餘也**。當知吾英學者。和熱為動力。是虛非實。肇自培根。論世課知。可謂直湊微眇。乃至哲家洛克。亦先有與卆之思。而近世之達費、盧侖和特、羅捷、法刺地諸家。則張皇補苴。窮證確鑿者耳。**古魯維諸力遞變相生論。無異取造物扃祕張諸國門。而咀勒熱力轉變表成。天下汽機一時精進**。他如湯孫威廉、藍欽、丁德爾之著述具在。更僕難終。豈雅訥善忘。都不省記。不然何所言之反於事實。又如此也。嘻其異已。

閒科力質並峙。前言力理。今乃更即質學之事而觀之。則十九稘之所為。以達爾敦莫破例為最要。武芝質學導論。指為開質學新理之鎖鑰。洵不虛也。即至後來。英人之所以增益質學者。亦不亞於大陸之所為也。**威廉生取合根例**。及范形例二者而融會之。而物質分合之說大變。本稘五十一年。法箓蘭以莫破之重輕分物質。其說大為德人所推服。達費得鹻類土類以諸金為根之理。而雜質之分科乃精。他如布羅諦阿純與炭成三品之說。於是同原異合之理明。而造物之祕大啟。而最切人事。又莫如古來翰流氣二物自然轉易通散之理。而生物蕃進之理亦明。又云物質結體。有晶有膏，而官品質學。乃有可尋之緒。凡此又其彰犖大端。思窺造化者矣。

由此而入著科之學。首數天文。雖奈端以曠古之慮。為知天不祧之鼻祖。顧其未竟之緒。紬於他國者為多。而竟於本英者為少。獨至邇日。而英之天學。又有可言。於緯曜則亞丹之海王。此猶與法之疇人分道偕至者也。而恒星之新理。則實為英士之所專。盧來德、多罕。皆明大宇布星之理。其始人不知重也。逮汗德表之於德。侯失勒揚之於英。而其說大顯。且星球之理。侯失勒父子所得至多。哈均思之光速率。普洛特爾之分趨。皆有以啟人思力。知雲漢之所以成體。即至星質星氣。與夫渾沌之所由闢。其說皆晚而後大定。凡此皆哈均思、普洛特爾諸公之竭其心力者也。

若夫地質之學。此土之所進。亦未較他邦之所增加者劣也。而知言者。方以我之所得為多。蓋英國言此學者。始於來貽。其神識所至。常比後之衛湼為精。哈敦主之。而地質乃為專科可治之學。蓋言地多家。而水輪之說為最古。迨哈敦興。證地火之用。弸動於中。發為地震。與河海淫刷之功相輔。而員輿之真相成焉。其說謂陵谷山川。大抵成於豁刷。而無所謂祖石者。地有變形。故襞積重裹之情不一致。後人抽其餘緒。而地質之理以精。斯密、威良考英倫地勢層成之跡。申其所以然之理。而本科之公例漸立。又謂證層疊新舊。以石質卄產者。不若用殭石之為可信。亦開古獸專學之先聲。自茲以降。明證彌多。地質之理。亦彌密矣。吾英言地之作。當以理以禮地質通論為最精。自其書行。學者始識化工之事。古今不殊。今之地體。雖蕃變甚多。而伊古以來。所以成其如此者。要與今人之所日見者無攸異。特恆漸不息。而萬化成焉耳。此道通之所以為一也。又藍蒙西標冰蕩成湖之理。而赫胥黎亦於洲洋分布之故。多所發揮。他若瑪烈地動公例。亦釐然有當於科學。凡此皆近世之絕詣也。誰謂英人理遜其術也哉。

再進則有生理之科。所以統草木蟲魚禽互獸人而言其所孳衍生生之故者。此為甚繁之學。而吾英之精詣。又曷嘗讓人乎。夫生理動植之學。莫重於部居。而標其類別也。顧植物區分之事。雖近者法人最密。而其術則倡於英人來貽。成績具在。可覆案也。此外巨擘。則推布崙。於植物之形體類族。推以至於性情風土。愛拒不同。而衡極五洲之地產遂別。此皆析之至精。為前古所未有。他若草木牝牡交媾之理。亦自布崙氏而發之。而福克爾則以地質風土之變。言物產之繁殊。白察理則以脊髓湼伏。言禽獸蟲魚之知覺運動。**而最後乃有達爾文之崛起。真生學不祧之宗也**。先是其大父以體合言物種之殊。而藍馬克張皇其說。所造益深。所推洎廣。洎達爾文起。以二家之說所據以為根因者。有所未盡。標為天擇之義。其理乃完。於是生理之學。大變其前。而盡宗達說。故德士柯恩。**謂近世能以一書轉移天下文明思想者。莫若達氏原種一書。亦可謂推崇之至矣**。自餘新得。雖涵閎遜之要皆不可以忽也。此如達氏蒙雙之說。巴特蟲豸之效形。華禮士蠑蝶之形解。而赫胥黎運其刻摯精湛之思。有以匡法德生學之謬說。而於形蛻類分之理。所造特深。**實皆作者之聖。不僅述者之明也**。乃至著科最高之學。有識之徒。亦謂以此土之詣。與大陸衡。未見此昂而彼俯。則有若心靈之科。百年以往。碩師哲士。叢若比肩。法德所為。大抵衍其餘緒。姑無論已。蜂腰之續。四十餘年。此吾英理短事長之譏所由起也。然輓近則少挫益厲。中緩愈遒。駸駸乎又踞諸邦之前列矣。此不必以英人標榜之也。觀於彼土人士。所以道我者何如。可以證矣。**本之心靈。以言德行治化。人謂能以科學規矩為之。使此學在在基於實地者**。此邦為尤。此意國名師巴則洛提之語也。最後則有愛智之學。為諸科之合尖。萬法之歸宿。洲人之議。與前正同。由此觀之。彼雅訥方訾同國之民。為貧於理想。乃自遠人觀之。此邦理想。不徒甚富。實且為進方將。雅訥以吾所得為無奇。而遠人則目之為新創。當其昌言發憤。謂吾人為短於神靈。正法人讚頌欽歎。謂此邦神智之用。超軼絕塵。非餘國所可及者。設謂法人之言。不可深信。則何以德士柯恩。亦謂英於科學。其治業勤。其用思審。精深閎富。自闢徑蹊。此自在昔而已然。至於今時為尤著。凡此皆與雅訥貶國之論。正為反對者矣。

夫雅訥新著號匡俗要言。其中有曰吾英人今日所最急者。無間所治何學。皆宜見地真確。使物之本體瞭然。他日又隱其名字。刊布朋友花冠一書。中亦極勖國人。勿安孤陋宜求真知。鄙人感於其言。是以上之所列。一遵其言。不敢毛舉瑣稱。而一一為之窮源竟委如此。夫以雅訥之言。課其行事。吾意凡事之確鑿有徵者。必為雅訥之所不漏矣。且意其所考而知。將有過於鄙之所為萬萬者。顧何同此事實。而雅訥君所見。與鄙人相戾乃如此耶。夫據當前之事跡。設有人焉。本其愛國之私。竊用自詡。謂吾英意境所闢。方之各國倍蓰有加。此其為失。固何待言。特其違實之程。似較雅訥君貶國自損者之所差。為較少耳。

且雅訥本其貶國之心。以言宗教。其說亦有可論者焉。彼見他國約束道齊之法而心喜之。遂以吾國宗教自由為不便。又見吾國宗教。往往人自為會。異於國所制立者。則謂宜一道同風。以昭隆軌。設人持一義以扇俗誘民。是亂道也。又曰。吾國之民。常視機器過重。此政教之大害。而盛治之所以不成也。與之言自由。則曰機器也。與之籌富庶。則曰機器也。煤無他。機器也。鐵軌無他。機器也。國之財富。機器也。甚至宗教之設官垂法。亦機器也。由是而謀去教會之征租。由是而欲變昏嫁之舊禁。苟溯其事事之所由起。實坐民信機器太

以下旁及雅訥論教之不中。

深之故。遂使別派異宗之教黨。降以日多。觀於此言。則雅訥於機器一事。實所深惡而痛恨者。顧俄頃乃推其不信機器之心。而謂國家治民。宜大其臨御統攝之力。學校之制。則宜一稟於學官。而宗教之行。則宜要歸於一律。不知機器云者。任死法而不任生人之謂也。謂形下之物。而操縱以人者也。雅訥既惡機器矣。何不以束縛馳驟之宗教學校為機器。而轉謂人人自由之宗教學校為機器乎。此其意義違反。雖吾英廣厲學官。將無如此種文理何矣。

且雅訥亦知宗教自由之精義乎。夫本於一王之制者。謂之國教。民各執其所崇信。而自為法度者。謂之特宗。察雅訥之意。其所以深惡於特宗者。殆以其鄉僻虛造。家自為律。無大同一體之風故也。則吾意雅訥之持論。將反特宗家之所為。勿即一時一地以觀物。必統古今大地之民群。以微論諦觀其源流本末而後可。夫如是。則特宗之義。不徒為脩教之流變。而與所見於異地他時者。同為群演之見象。實且為民群用事之大因也。謂之為脩教之流變者。即教而言教。可識者也。謂之為天演之見象。民群之大因。非合一切之外緣而論之。不可識也。蓋特宗之事。不獨吾英國教有之。異國他教亦然。民群諸法盡爾。求之猶大可也。求之希臘可也。察於吾英然也。察於歐之大陸又然也。但使於公守眾信之端。而有人焉。持其棘棘不可合者。凡此皆謂之特宗。其上以治人之柄。範圍約束。使有所信從矣。而其下顯然執持異議。甚且拂然與之為反對也。則異端之號興焉。無論其為耶穌之景教。喬答摩之象教。為一帝。為多神。為政體。為學說。莫不有其當權者。亦即有其自立者。名號不同。而二者對待之理一也。當權者莫不惡其立異。而鉗制鋤治之。是故其見諸歷史者。希臘之眾則取蘇格拉第而酖之。羅馬教徒。則舉古冷謨爾而焚之。即至脩教後起。號大道為公矣。然亦因班陽而擊威士理。則同此例之行也。雖然。是降而益繁。殺然而異者。群演之自然。而非民生之不幸也。以其互爭而一群乃受其終福。且不如是。則其群不蒸。為國律。為宗教。為禮俗。為學術。為一切人類之所建白。但使一義既行。莫之為異。則所謂改良進步者亡。浸假適成其衰敝。雅訥謂此非篤論歟。推之凡異端特起之事。雖不無小小之近害。而常有其後利之甚宏。雅訥謂治國之民。不可無馴伏之德。此其說固也。然吾謂民之進化者。必有自立不苟同之風。此其說亦無以易也。是故群之為演。有二極焉。

遇之則天演之功皆廢。而其群不可以終日。其一曰栫。其一曰渝。栫者。槁老而不可以變進也。渝者。渙散而不可以立形也。去栫與渝。能柔而附。則生之徒。而可語於久大之化矣。故至善之治。其群力足以立憲而成俗。作而能守。不能紛更矣。而其民又能自樹立不受劫持。其奮發有為之風。又足以祛其上之壓力。此其見之於政也。則為自由。為民權。用以變進改良其群之法度。其見之於教也。則為異端。為特宗。用以破壞其宗教之拘攣。舍此道也。欲其群長存於物競天擇之後。難已。

向使雅訥之論其國也。知從其大而觀之。而不拘於一隅之見。則於特宗之教。其惡之當不如是之已深。且其意既以他國之劫制為然。則自以其國之寬紓為病。蓋貶國之習既深。遂覩其害而不知其利。此與私於其國者。集若相反。而其敝實出於同原者也。故二者同為國拘。嗟夫。拘於國者。未有能明於群者矣。

此篇之論。稍若辭繁。然不如是。則國拘之偏末由見。蓋人道以物競之烈。勢實處於不得不群。既入其群。則擴其自為之私。為愛國之過。愛國而過。則於其群之見象。常有所左袒而無以燭其真。此較然可見者也。洎夫學問思索。卓然有以自拔於此塗。則又矯枉過直。轉其愛國之太過者。而以為貶國之不情。此又可見者也。**總其用情之趣。正如地員之躔日然。始也為最卑點之近日。愛國之偏是也。繼也為最高點之遠日。貶國之偏是也。故其議論識解。亦常如地軌。終成橢員之偏心形。而不知何代何年。始漸即於中。而成為正員之軌也。**

欲求其免此。惟舍己之所居。而衡以他群者能之。然雖為此。而他群之事。有同夫己者焉。有異夫己者焉。以其同異。而拒受之情又見。此其說所以難為折中也。惟謹其如是而常有以省察袪除之。庶幾有合。至真實無妄之議。生今世者。殆不能已。期諸千百年之後世。大同治興。而群種之抵力漸減。減之至盡。乃可能也。

## 附註

❶ 以其言變法常云宜從本源入手。故有是稱。

❷ 此君字兼專制共治而言凡出政之門皆是。

❸ 第勒威廉。瑞士人。常起以叛其國之暴君。某史言其以蘋婆置其子頭上。百步射之中分為二。乃釋紛也。

❹ 如野獸之類。

❺ 俗呼檀香山。

❻ 其地名。

❼ 千八百六十四年。

# 流梏 第十

數年前吾英都鄙之民。病訟獄舊制之紊。曠日而且糜費。則倡為鄉邑清訟局。以救其敝。制定而業律者大譁。尚憶一律師與不佞共飯。言次極論此局之非法。而害其業之深酷。辭張甚。意不佞所見。當不忤彼。當是時特漫應之。乃悟民生各有所業。既入其樊。終身莫出。即如此律師。彼方以一己之所恨者。例人人之所恨。不悟清訟一局。乃以節訟獄之煩費。代國家行法。而汰其繁文。袪其牽絷。是律師之所怏怏者。正吾儕小人之所便。而幸其終行者也。彼乃無見。是非所謂流梏者耶。且律僅一流而已。廣而推之。無流不梏。海軍之士。常憂吾國戰船太少。海備單外。狂呼極籲。謂國家不察其言。則危敗可以立至。往者陸軍將帥。皆以貲入起家。及議更法。兩院洶洶。老於行間者。輒謂國之強弱。視能守舊制與否。又當議廢稼法時。宗教之人。咸樂循故。利祿既熱其中。雖有正論勝理。無如何也。一昔君王后他適。朝貴從扈。倫敦豪舉遂稀。市易華珍。稍從衰

以下粗舉諸流意各有偏之證。

歟。當是時市廛輿誦。咸謂計家奢侈傷實之說為不衷。若以法禁奢。國且大病。又近數年來貿易之制。列肆稗販之規稍廢。而合財置屯之制漸興。於是二流之爭。狺狺無已。行賈者則謂屯奪其業。人之求貨。苟舍肆即屯。是為助虐。慘刻不仁。與人競利。不悟商賈大義。其行貨之術。無論何等。在便購取之家。使民即屯買物價廉貨攻。愈於由肆。則平正通達之理。肆固當廢。屯固當興。事公益不為侵權利。而私其業者。抵死無由悟也。就以上數者而類推之。可知無間何流。皆有所梏。國家去航海舊例而商怨。梏也。考文特理織工謂自由貿易之理。諸業當爾。獨不可施之紃繢。梏也。

流梏與國拘同。原於人心之自為。故三者之事。**皆有其不可無。亦皆有其不可過。知此則利害之差數覩矣**。今夫身為一國之民。雖至澡極醨。於所託庇者。不能無保愛也。惟各用保愛之情。而其群以固。且有以自存於人群物競之中。**群競者固以各張其權力。而尅制他群為事者也。夫合天下之民群。則以競而愛其國。即一群之民業。亦以競而矜其流**。大小不均。理相比例。是故本其自為之私。推之以為一流之自為。各欲取利實於本群。過其一流之所應得者。此流如是。

以下言流梏之現象何緣而有分別。其利害更證之以事實。

他流亦然。**互抵交推。而分限以立。且由是而同流相助。異流交資。制度繁興。皆原於不容已。**自君公至於臣庶。貴賤攸殊。此流品等差之最著者也。降是則有執業之不同。各相人偶。各自為政。於以保其一流之不傾。**總其義無他。曰凡為自存而已。**

然以自營自衛之私。群受其利矣。而亦不能無害。利者使一群之業。堅固不傾。其能事從之而曾益也。害者將以一業之利否。牽全群之措注。梳梏之心習既成。不能總全局之變。以觀其一流之因果。常師其成心。無以與於理之真實。方將為所梏而不自知。不徒事涉於本流之利害者。其見常迷罔移奪不足據也。乃至事之遠於其流。凡輾轉交涉。而為一群之利害者。彼愈無能折其中而見其實也。以如是之心習。而與治群學。其於群之變動端倪。將惟從其流以為之說。說成其意之迷罔乃益深。由是而以處國家之事。則生害。以論國家之政。則長爭。

請援事實以證之。比者印度谷加之民嘗大鬨。英官歌萬制以壓力。已皆伏矣。乃無少長皆殺之。印之政府評其事。斥歌萬專殺。當以違法論。不得以事急且生變為解。然英官素驕貴。不宜論抵。故雖駢殺無辜。蒙重罪。罰止於免官。其軍則移屯他部。科罪僅與溺職不謹者等。亦可謂至輕而鄰於縱者矣。乃一千八百七十二年。五月十五日泰晤士報。有馬克樂寶星論曰。如吾所聞。將此後印度有不測之危機。無或敢以便宜決事者。是印政府之所為。實使全印之英人。為之寒心喪氣也。**夫英人在印。主於治兵者也。自為一流。遂成風氣。與印民之受治者。貴賤殊等。流梏已深。則無怪其馴至於駢殺多人。自忘為罪也已。**

　　歌萬之事。既如此矣。欲觀其反。請更驗之於吾英之貴人。一日某報有告曰。彭贊斯之地。有死狐五。皆被毒者也。城西之家。凡以獵為娛者。皆緣此不勝其憤恨。茲特懸十二鎊之賞。以購毒吾狐者。有見聞幸相告。不食言也。然則合前歌萬事而觀之。則殺人至多。雖其事為宗教所不容。國法所不宥。清議所不恕。而彼貴人者。夷然處之。謂為可行。執法者科以至輕之罰。若不勝忿焉。乃至殺狐五頭。殺者本以自保其田畜。被殺者以食人雞豚。而有應得之誅。宗教不以為非。國法不以為罪。清議所不恕者獨貴人耳。而購之者若捕盜賊，嗟夫。此何理耶。

然則流梏既深。其於群之持議必傾。不待贅矣。欲知民之無流而不梏也。可得之於酒食之談讌。可遇之於報章之論說。今無暇毛舉而悉識之。姑言其大。則君子小人之分其最著者。他土之君子小人。以治人治於人為區。吾國之君子小人。以雇人雇於人為別。則試先論雇於人之一流。其心梏為何如可乎。

每見常人於經歷苦況之地。則若有所甚惡。於消受歡樂之地。亦若有所甚欣。則心學所謂意相守例。意滯於物。理退無權。則謬戾違反之情皆見。且使其甘苦之情。習與他人並見。則二意之相守尤堅。雖有明證勝論。諭其人不為甘苦之媒。彼不之信也。此常人愛惡所施。所以難以理測。一家生子。而家道適興。夫家道之興。非襁褓所能為力也。而父母致鍾愛之。一友到門。而凶問偶至。夫凶問之至。非朋友所使然也。後其家常憎畏之。凡此皆意相守之謂。而婦人與俗子尤深。由是而推之。故一國之中。使其民有所甚苦。其所致怨者。往往在人。而及於其法者則甚罕。

是故勞力之眾。其所蹙頞而疾視者。多其身所受雇之家。與地勢居其上者。此曹終歲勤動。矻矻無一息之間。以瀹靈襟而溉智種。即有一二能用其思。亦往往求勞苦之因而不得。獨見貴賤勞佚之勢懸殊。則指雇用其力。與立法以著等威者之無道。或獨舉而斥之。或連類而及之。彼富貴者皆窮兇極惡。霸橫自營。食人膏血。以肥其身與妻子耳。其見理既膚。而籀思亦淺。必不悟是其所呼籲者。乃起於同群常德之隆污。而斷非一二人所能使如是者。向使去其流梏。觀於大通之塗。將己所親受於人者。雖未必皆如其意之公且仁。顧一旦使己之流。儼為民上。則所以待其下者。其慘酷將過於今之君子。就令不然。其不能愈於今之君子者真可決也。每見作苦之家。以其積日累勤。幸有中人之儲畜。一旦以受雇者而為雇人之人矣。將謂彼以一生之茹苦。今其待所雇者。宜勝前人矣。孰意以傭為主。其刻更甚。然則向之所謂主者。豈遂如是其不仁也哉。且此常昭然於人人之耳目。彼輕心者自不察耳。試與入貴人之第。觀於庖湢之間。是固群奴之所聚也。喧豗號呶。務陵駕其同類而上之。上事行其諂。下交恣其黷。欺愚弱者。使之勞過其分。遇呵責則諉其罪於無辜。故家道之傾。恆由此輩。今夫一群之中。奴之數多於主也。然則群道之不興。而民德之不進。誰實尸之。且奴媼固無論耳。試求之廠肆之中。則執工者又相軋也。或匿其善器。或毀其成業。問之無他。惡其人之好為新奇。而不仍舊貫故耳。必欲巧拙勤惰之得利均也。則為之工聯焉。而其中之苟法乃大立。有欲持自由之說。以售其庸者。或致殺身。有於同業所罷之功。而獨不從眾者。則刦而禁之。其兇威專制。孰過此者。由此可知。使受雇一流。權力恢張。而司勞力者之號令。吾恐小民之受虐。較向者之長上。將萬萬有加焉。有所欲為。輒曰公禁。則鑛工七日之入穴。不得逾其三矣。是三日之中。所受不得愈若干先令矣。主人將與之加庸。以酬逾格之勞勩。則畏其同業。而不欲受矣。試問向所疾視之長上。所為有過此者耶。天與之力。神與之智。今乃以畏忌同流之故。不敢有為。必終身局促。以從於庸愚劣窳者之後。長為勞民而後已。使此曹能去其流梏而觀之。將無暇訾議院之不仁。與夫具資本者之無道也。故曰。以小人而居君子之位。其慘酷專利之私。必過於今之君子。今之訾君子者。特坐流梏而後然耳。

且工之有聯也。究其所為。大抵皆損他業以利己業而已。今使攻木之工。斡機之匠。聯而為約。禁同業者不得廣收學徒。意亦惡同業者漸多。其庸因以坐減。於童冠之來請業也。必曰子寧他業之從。我曹固不汝納。此何異告他業者曰。減汝曹之庸可耳。吾庸烏可減者。然彼亦不能禁他業之尤效也。故總其終效。直無異取工之子弟而悉錮之。曰吾終不令出財營業者之汝雇。由是異業眾流。各爭自利。事效展轉。乃至自禍其子孫。與夫其群之後進。彼梏於其流者。不暇察也。且進而言之。彼所禍者。何止工之子孫。與一群之後進已乎。使坼者而罷工。不獨凡待坼而後有事者。其業將舉廢也。使煤工而歇業。不獨待煤以治者。將無以為功也。其不利將更切而徧及。何以言之。夫一業之庸既高。其所治之功本必費。而所出之物價必昂。本費價昂。非僅具母興業者之不利也。其損實及諸人人。而於勞力之眾尤劇。彼作勞者之見。以梏於其流。乃謂此所爭者。在雇人雇於人之間。母財功力二者庸息之厚薄。終不悟其實害歸於銷物之家。而銷物之家。又以中下戶為最眾。吾每見執工之徒。起而爭論。輒取富厚有力者而詬訶之。一若野農邑工。身與妻孺。皆辟穀食氣之人。食無所事粟。衣無所事布。即至冠屨械器。皆將取諸宮中。故雖物價致昂。彼皆有其利而違其害。嗟乎。此非至愚諒不至此。今夫石炭價昂。於百千之豪家。其不便蓋寡。而億兆中產。則禦冬之費。此為大宗。豈獨石炭一物然哉。凡生事所需。勞力所成。莫不如此。吾方謂此為至明。而勤動之眾。藐然不知。豈真不知也哉。梏於其流。致罔覺耳。

夫苟不梏於其流。而執工之民。可幾於通識。則必悟彼之所苦。而以為不平者。必待工業善制之興而後泯。**然善制不能徒興也。必有民德民智為之基**。蓋善制不行。其故無他。坐民窳耳。向使此流之民。能合而自治。使物產之利。歸於庸者日以益多。其區以為母財之贏利者。日以降少。又能使所產之物。**其攻同而無行濫逾今。而價之廉平過之。則所苦不平之制。已不待毀而自除**。乃今不除而善制之興無日。**所坐無他。汝曹性情行誼。自呰窳懻忮而難合耳。於母財之主何尤乎**。幸今者吾國數部之間。以計學理明。其工業庶幾有改良之望。所試辦合作諸制。亦往往有利行者。此善制發生之機也。**顧吾惴惴然獨慮其難盛而易歇者。則以勞力之眾。猶未知慮遠也。猶不識公理也。即其智巧亦未必盡足任也。謂予不信。請徵所聞**。

謂其不知慮遠者。此邦勞力之民。多湛湎淫奢。雖有厚庸。不能積蓄。即畀之以轉傭為主之機。設為合作交益之制。彼常漠然不知自毗故也。近事格勞塞士特部。車輛公司之興也。主者本其惠愛工傭之意。特留本金一千股。股十鎊者。以待諸匠之購儲。且欲其從容而無迫也。則議每三月為期。收其一鎊。此其意至美。其法至良也。車工廩庸良厚。月得十鎊者以百計。其地生事易供。麥布諸物皆廉賤。脫有意向。置此股本。極非難也。公司初立此法。人人以為可行。且謂必獲厚利。主者精於筦業。有子惠工徒之心。而當事者又多以匠作起家。為諸工所信向。此其宜濟。固當無疑。乃時逾一年。是一千股。工人中無過問者。不得已。則仍售諸出財具母之家。而其議以罷。夫主者用心如是。雖傭之父兄不是過也。而匠者轉傭為主。靈貺自甄。又莫便於此。乃至竟交臂失之。則此曹所懷之遠慮。與所以自厚其生者。居何等耶。

**且夫國有公恕之民。而後可以行上理之法。此豈徒政制為然哉。**工商之進莫不如此。故欲工業制善。必執工者公理之明。遠過於今而後可。**蓋合作之加親。資相倚之益任。而相倚之益任。非大公平恕。而致謹於他人之產業權利者必不能也。**今如工業頤養館之設。所以疾病相扶。意至美也。顧其中往往有人。以無病之軀。長受同人之惠養。乃至必為詗探。其弊始祛。又其中理財司計之人。常以侵給。致滋短絀。由此一事觀之。**彼訑然謂傭作之輩。無俟監臨能自約束者。殆難信矣**。又工業流品。向有專藝常作之殊。專藝之匠。常索高資。謂非如此。不足自給。其說似也。乃專藝者。轉雇常作。傭劣半之。且設嚴規。常作者雖極巧智。不令進於專藝。此於公恕之理。又為何如。**則彼謂工約為聯。俾有自主之權。其行法立事。當較今日具母出財之家為恕者。吾又不信也**。更有異者。彼工者既以己之約聯。不受雇者壓力。為合於公理矣。獨至母財亦相約。以抵拒工傭之要挾。則以為至不道。**此其去公恕之理。不益遠乎**。蓋此曹流梏之蔽至深。僅知殖貨生財之事。所收利實。傭主宜均。**不知天之降才不同。人於求財。宜得自由。而各任其巧力之所至**。故工聯之約。**大旨務使藝優者俯同於劣。聊厚劣者之生**。夫以此為法。使天下殖貨生財者。僅其所約之人可也。**不幸而有諸邦。德均地埒。當此工商物競之深。假有以自由為宗旨。俾人人各奮其能。彼工聯與之相遇。未有不大敗掃地者矣**。何則。**其所為束縛抑勒。大背公恕。無發達之機故也**。

蓋此時吾國工業之制。與其治制正同。非不知其煩苦而縻財也。以民智之未開。民德之未知。凡所得為。不過如是。今日之制。以其最宜而存。欲為之簡節疏目。勢不可也。今之法度誠有弊。而究之民誼不臧。有以自取。非居上者能以意為之。而成其如是也。即有不善。方當忍之。向使不揣本而末之齊。其效與利。且大遜於今制。此梏於其流者所不省也。今夫工業所生之利。固分於主於傭之閒。今行之制。雖進於其初。**然可已之煩費。其糜於程督監視者。尚甚鉅也。程督監視者之所得。常過於勞手足具母本者之所收。**然任擇一業。計**欲去其程督監視者。其勢必不可。則何怪生者為者雖勤。所食之報常有限乎。**是故執工之子。而欲分利食報之豐也。必力求所以去程督監視者。**程督監視者烏由去。必工之於業。不指揮而辦。不廉察而勤。斯去之矣。**顧如是之民德。來者庶幾。使居今而為之。彼具母財者未敢任也。是故今日之制誠未盡善。然以其最宜而存。彼程督監視之不可已者。即以汝曹操行之卑卑。然則汝曹操行之進退。與程督監視之費之消長。有反比例者焉。**汝曹利之豐嗇。固汝曹之所自為也。於雇人之主。又何憾焉。**

雖然。吾懼聽言者之失吾恉也。向吾取受雇者之工聯而譏之。非曰彼蚩蚩者固無所苦。其所呼謈者。悉為無病之呻也。又非曰彼曹約為工聯以抗主者。純出於私己也。彼之迫而出於是塗。固亦有其可言者。溯夫治之未進也。種族攻剽。嘗取其敵而噉之矣。下是則係纍而奴虜之。夫以人為奴。至不道之事也。顧以比之噉殺。則相方為愈。時之所得為。僅如是也。浸假又廢其奴繫人之制。而著之賤籍下戶焉。夫同為民。無生而賤者也。則著籍之政。非化國之所宜有也。顧以比之僮虜。猶為得其職。又相方為愈者矣。時之所得為。又僅如是也。浸假則並賤籍下戶無有焉。民得自由矣。然猶污其所處。或重困辱之。設為君子小人之分。天澤定其相蒞。事使嚴其定職。則亦非大道為公之制也。顧以比其前。又加進矣。時所得為。又止如是也。於故吾於今世之法度。凡所以維工業者。雖深知其未善。顧以今方古。所進實多。民德所期。不越此限。非必居上者師其成心而為之。欲法之益公。非人心風俗大進於今者不可。此吾所為勞力而雇於人者正告者也。乃自其對待而言之。則彼約工為聯。與相率罷工者之行事。雖不必勝於出財雇工者之所為。而亦各圖自存之事。勢誠出於不能不爾者也。是故二流之對待也。使此流有其為己不顧人之深私。則彼流所以禦此私者。欲勿尤效而不可。以暴易暴。不如是勢不足以相勝也。

且夫天演之事。方世之蛻化也。**不獨事有其利者不能無所害也。亦法之有其幣不能無其功。**是故工聯之抗。其害業固也。**然亦以其聯合。俾民相助相資而大業克舉。矧乎改良演進。方將也哉。**

是故不佞之論。非徒取勞力者之所為。而毀譽然否之也。所欲與學者共明者。在流之各有其梏耳。識以梏而昏。則不可與言群變。小民不知今日工制。乃群演之時會使然。不如是則其物將廢。**欲行良法而收厚實。必俟民品之既臧。下是者雖以法為之。不能得也。**

以下言君子之流梏。

傭有所梏。惟主亦然。自彼觀之。是罷工要挾者之所為。常有百非而無一是。彼謂為傭者相約罷工。其業緣以耗失。坐索優廩。不滿其欲。則相率竟去。是鞅鞅不馴者。孰能忍之。**天生此曹。為吾役耳。而小人之不易使。至如是也。豈非治俗日壞之真形乎。**故工人謂主者皆席富厚。其言非也。謂富人聞執工者流。求益工資。則大怒之。其言是也。近事倫敦煤氣工人。相約停業。私室公廷之議皆曰此曹無狀。當痛懲耳。其治獄也。亦骫法以殉其意。不治以背約之輕。而從其挾眾之重。

自一群之貴賤異流。**貴者之心習。常知有貴而不知有賤。**嘗見某夫人著書。名曰生世不諧錄。其中所言。大抵襍傭奴婢媼黠惰腆鮮之情狀。吾由是知貴人之心。其於己之利益安樂太明。而於賤者之利益安樂太闇也。觀其所顏之名目。知彼所謂生世者。特主人之生世耳。向使傭奴之中。有著錄者。亦用此名。吾正不知其所以道主翁主婦者又何若也。彼但見傭人棘棘不附。不得若向者恣一己之喜怒。則以為大戚。不悟是棘棘不附者。正民生之洪庥。而編民生事日舒之至驗。一群之中如是之民最眾。而富貴之家為寡。然則即使其事果於富貴者有不便。正不能以寡數者之便。易多數者之安舒也。且果如生世不諧者言。傭寡而人家求傭者多。彼無難於得主。故蕭然不受羈紲如此。此亦一群之進步。雇傭者生世之不諧。即為傭者生世之諧也。矧乎彼雇傭者。又未必果不諧也。

蓋今世富者之於貧。貴者之於賤。其用心僅較古昔奴虜之主人為稍恕。其義則未嘗變也。古之奴虜。無異牛馬然。其生也以利主人而後立。而今世富貴之家。亦謂謀群之道。貴人之安利為先。而齊民之安利。待貴人之安利而後有。當吾英拂特制行之世。使有謂世家者曰。若之所以得有此土畜此民者。以得若為主。而民樂其樂利其利

**也。向使不得若。而民之樂利優於得若者。則拂特之制可以廢**。是世家者。將以其言為大謬而叱之。當今之世。有謂民上者曰。吾英君主貴族之制猶有存者。以用是制。**英齊民之樂利過他制也。不然則君主貴族之制不足存**。是民上者。亦將以其言為大謬而叱之。雖然。爾曹自流梏耳。梏而為所蔽。不見其言之無以易耳。夫以天理公義言之。以眾而伏於寡者。無是義也。**以眾而伏於寡者。以是寡者有以厚眾之生也**。即至今世群之所以尚有等威者。亦以齊民利安故耳。雖然等威之義。非亙千古不變者也。治化進則將自泯焉。此猶古者國家之義。嘗以一人而為一國兆民之主矣。乃今而為一國兆民之公僕。然則比例而觀。工業之制。是治業雇人者。亦當知吾廢居所以求利固然。**顧一業之利。及諸力作之眾者其先。而所以為吾利者。附之而後有也。今夫世間憂患之多。而人心之所以憤驕。而不可係者。徒以貴賤勢殊故耳**。化之進也。將貴賤之不平日忘。其分殊亦不若是之懸絕。顧使世有如是之一日。**將不獨賤者資品之日優也。亦必貴者風氣之日隆而後可**。乃今貴人以流梏之既深。雖喻之以此理而不悟。彼且謂今之禮俗。凡所以殊貴賤而別尊卑者。必守之甚力。而後郅治之風乃著。不知彼所以處貴位尊勢。而神明之地。猶患苦無憀。與卑賤異而實無以異者。即在所斤斤之禮俗。篤時束教。雖備嘗其境而不知。向者吾歐中葉。庶民群起而為自由之爭。當此之時。食采有爵之君公。所為出萬死而與之旅距者。無他。謂己之苦樂。與其世之禮俗為存亡耳。初不悟廢禮俗者。乃所以背苦而趨樂。更不悟所經之憂患。即從當世之禮俗而生也。所居之宮。深溝固壘。地道膠葛。狴犴陰森。設懸橋。具扞闢。武力之士荷戈執戟而守之。凡如此之紛紜。彼固有所不得已。脫當日有開之者曰。公等之安富尊榮。舉無俟此。則瞷眙驚顧。以言者為風狂。方謂吾之所為。乃守富守貴之常道。雖勞神敝精。不可廢也。公然而戰。偃然而侵。捭闔詐誘。錯綜連衡。力疑則相復。勢劣則相遁。兜鍪蟣蝨。韊箙汗漬。背主之臣。反戈之卒。時時有之。農時奪矣。則脫粟有不導。道里茀矣。則嘉珍無由至。禍伏於肘腋之下。變起於蕭牆之中至其倫常之不和。雖今世賈豎傭工。猶將苦之。手足日事於債爭。精爽長勞於備圉。未老已悴。夭其天年而橫尸疆場。膏血草莽者。又無論已。然而身經其境者。方以是為當然為常然。而未嘗一思於其故。必至今世。為其子若孫者。始述其事。以為閱笑。何則。當其局者難為疑。而遷於境者易為覺也。是故今日之貴人。莫不知其身之安。無待於溝壘與鉤戟也。離宮別館。崇閎完固。無所用睥睨與扞闗也。使令滿前。不執寸鐵。而以比昔之擁兵自衛者。其安危為何如。周遊萬里。不持一兵。而以比昔之擐甲橫刀者。其苦樂又何如。夫今日之公侯。無臣虜為之戰守。固也。而亦無共主天王。以一人之喜怒。遂責之使盡死也。無傜役為之營築耕鑿。固也。而自由之傭。為之治產。其所收且千百於古初。吾國以天之庥。廢奴制者久矣。顧今富貴者之所享用。其備物華贍。豈其祖若宗所嘗夢見也哉。

夫使前事已然。則後之視今。可意決已。伊古之人。篤於其時。拘於其虛。以一時之禮俗。為與天地長久。雖以生害。終不自知。庸詎云減貴降尊。將為其流之大福。而今之貴人。亦以流梏之故。不悟己之禍患。即在此勢臨等馭之中。設後來治進演深。有易事通功之相成。無貴賤事使之為異。民之幸福。當更多也。夫富貴之不免憂虞。人人悉之耳。顧孰知是憂虞之所積。即以富貴為之媒。故英諺有之曰。富人雖綽約。不買安心藥。則知家富之與心安。絕為兩事。特不悟是兩事之所為難合者。即以今之禮俗。有不合公理者存也。是故循今日之世局。將多財者之為負滋深。**而富者之生。與負版之蟲無攸異**。擁雄貲。置廣田。是宜長於為樂者矣。爾乃大謬不然。徒見產日增者。其憂亦日夥。欲不憂則禍患隨之。**其外若流水。其內若涫湯。其循於世機也。若盲驢之旋磨。嗟嗟爾曹非真能樂。爾曹特貌為樂而已矣**。此其所以然之故甚明。而遊於彀中者。惜其無見也。

今日之儼然居民上者。以今世之群法。以有其甚優之名實。而是甚優者。又嘗為憂患之所叢。以其富貴。得其逸居。而逸居之與安樂。不常相附。此如前世拂特之君。以其時之群法。其恃守圉以為安者。即其所以為危殆也。而今世之貴人。亦以此時之群法。其所盡取以為樂者。即其所以為憂虞也。**蓋逐佚樂者欲而忘反者。及其得之。其可欲可樂之數。常縮而歸於至微。而其事之惡果。若煩惱恐怖。倦厭妬爭。常相乘而形為至鉅**。此其理治心學者所能言也。天之生人。賦之以才。其能事具於身心之閒。而所事資於外物。**能所兩相得則樂。兩相失則悲**。總一人身心之能事。豈僅目好華色。耳樂音聲。口嗜甘香。體欲安逸而已。彼逐逐於佚樂者欲者。於之數者既得之矣。

而於天賦之才。所未經長養而施用之者常至眾也。內有其能。而外失其所。故常不相得。而茫茫然以悲。且夫人者群蟲也。而善相感。故自為為他二者。必交相養而後其樂全。彼逐逐於佚樂耆欲者。徒有其自為。而不省其為他。則以拂於其性而又亡其樂。況夫自為之端。逐之既久。則倦厭生。倦厭乃無可樂。或明知其無可樂矣。尚冀其猶足樂而仍求之。如是者乃入於至苦。而與常惺者較。其情霄壤殊矣。夫食之可嗜以飢也。飲之可欣以渴也。故必對待為用。而後樂生。彼生於富貴者。無所謂對待也。無所對待者。其負因也。有其自為。而無其為他者。其正因也。正負二因合。彼酣豢於富貴而無為者。其可悲乃益至。且樂之至大而無窮者。其惟自揣而重者歟。自揣而重者。以其為一世之所重也。彼逸居者固未嘗有是也。夫如是合前數因而展轉相尋。僨亂頹薾。斯其人之精亡矣。故曰其所以為喜樂者。乃其所以為憂悲也。使群而有如是之菑人也。則今日群法之所致也。其致之奈何。使此曹據其貴位尊勢。於國財之殖。不加勞而所獲獨多。其封殖之也。如邱山然。不獨以禍其一己。且以禍其子孫。

惟今富貴之家。其優厚尊榮。恃今日之群制而後有。故持之甚堅。守之甚力。曰是古先聖人之所創垂。萬世所恃。用之則治。舍之則亂。曷可廢乎。雖與人同處於一群。他人勤動以生之。己安坐高拱而食之。未覺其為可恥也。甚且謂無所勞而食稅衣租者。君子貴人之事。而畢世勤劬。出心力以致一群之衣食材用者。小人賤者之功也。**噫。世所謂貴賤者。又安得有定程乎**。惟今日之群制。於以有今日之貴賤。顧人群天演。漸頓遲數不同。而皆即新而變故。過斯以往。情異境遷。**安知今之所謂榮貴而可慕者。夫非後之人所鄙賤而可羞者乎**。此其事自所居之本群而觀之。不易見也。試觀他群。教化法度。與絕殊者。斯其無定不居之理可以見。非支君民上下之分太嚴。而亦有可言之禮俗。獨人人以殺人為矜己揚名之行。惟恐人之不己稱也。可知群法之事。初無定程。其他所異時，所深惡痛絕。即犯之而不欲自承者。其在一群。方謂可貴。然則比例而言之。非支之民。以殘賊不仁之行為可貴。吾人則大怪之。而吾養尊處優無所力作。徒張口以食於其群。美衣厚蓐。廈屋高車。過斯以往。於一群之休戚無所問者。設他日世教大明。群制進此。彼後人之怪我。其滅於我之怪非支者幾何。而吾人以梏於其流而不悟。安息以東。有古國焉曰脂那。其民等別之嚴。方之此土為加甚。其俗尤以不事事為寵光。富貴之人畜長爪。逾數寸。則以筩為爪室。或捲之為螺旋。婦人以帛纏足令纖小。雖拳械之苦無以方。然相矜以為貴美。見其身之不足服勞而任事也。吾歐數百年以往。以商賈為天下之至污。婚媾不通。為法令以困辱之。曾無幾時。國俗大異。有士世家。身執籌筴。而公卿子弟。廢居鬻貨。無異向者之筮仕版而即戎行也。蓋風氣降殊。民知徒食於群靡所業以為報者。其為行至足羞也。由此可知。群演既深。風氣日上。君子小人之等。其階級相去。日以無多。而後之榮辱貴賤。將大異於古所云也。

今夫物競天擇之事。豈僅見於群生而已哉。一代之典法。一方之風俗。亦有然者。古之聖人。明貴賤之等。設事使之權。一切為之多少隆殺。而不可不然者。夫固有所不得已。何則。以其時之民智民德。不如是則爭且亂也。故曰禮節民心。而治制者因時而已。至夫由之數百千年。漸摩於教。被服於俗。**彼顓愚不悟其為時變之事。而以為不可貳也。則動稱太古。**而一切改良演進之思。無由入矣。少成幾乎天性。彼自勝衣學語以還。見群之相治當如是也。則以是為本於自然。而待推之於無極。況彼生而貴者。據不爭之地勢。享莫違之權力。自其近效言之。夫固甚安而便者耶。然民而有貴賤崇卑者。不平之制也。不平之制。常起於其惡。而不根於其善。以民德之不備而後存。以起於其惡也。故因果之際。有其利矣。而不能無其害。有其樂矣。而不能無其憂。此今日之群制。不獨受制者之焦然也。而出治者與俱殆矣。不獨雇於人者之彫敝而窮蹙也。而雇人者亦憒戾而無以遂其生。今夫至善之制。順自然之性者。將無時而敝。如草木然。其生機固演而日茂也。是故禮之至者。常始乎脫。成乎文。而終乎悅。吾以今日群制之多憂也。有以決其理之非公。與其術之實謬也。彼梏於其流者。又何足以知之。

將以明流梏之蔽。有以熒治群學者之思情也。故不憚煩猥而著之如右。人之生也。於舉世而有其一國。於通國而有其一家。於其家而有其一身。則雖有高識遠慮之民。其能違於一時風氣之所薰濡者寡矣。故其論去來今之治制。亦本乎此識而為之。而無由脫然於其梏。使其身為養人之小人乎。彼意念之閒。常懸一在上者與之為反對。不悟彼所日詬為不仁之制者。乃一時所得為之良法。而身實受其庇者也。又不悟往世之所為。雖其不平。方今為甚。而自其時之所得及者言之。亦為一時之善制。而有造於勞力之民者也。更不悟彼所日禱以求之良法。所發憤以爭之厚實。不能徒至也。必其流之民質既變而後能之。凡此皆小人之流梏也。使其身為養於人之君子乎。則不知是蚩蚩者之所短。與己之所短者為同物。特以地勢之異見不同耳。即今之法度。凡所以宰制萬物。役使群眾者。其不廢。非以其於上之人有所利也。實以其上下交利而後存。然今日之法制。未盡善也。特勝古耳。苟求復古。治且退行。故今日法制。致與古同。而皆為一時之蛻嬗。後日者。將君子之尊勢。日以陵遲。而君子之娛樂優游。轉以益進。道之相資。有如此者。

然而流梏為人心之害。固也。而其害與國拘之為物同。必有之而群乃不渙。此群學之所以難治也。使有人焉。能自脫於流梏矣。乃反之而過。則其見亦蒙。而真理亦失。嗟夫。中庸難能。群學尤甚。數百千年以往。民群之天演日蒸。而人心之趨平以易。則庶乎二者之梏。有以祛之。居今之日。學者知其難。而勉跂焉可耳。

# 政惑 第十一

察一群當前之變端。言政治者用此以測方來。吾黨亦用之以通群學。一夕之院議。一紙之報章。苟具此意而求之。莫不有較然可指者。近事首輔格來斯敦去位。愛爾蘭民報。以為大樂。極口詆諆。吾黨於此。一以見黨論大張之時。公是公非。所存之多寡。二以見其地民品之隆污。三以見聽採輿論之難。而治群學。求真例者。不可以不謹。蓋政黨分立門戶。美惡毀譽。大抵溢實。同一政也。公黨之所建白。則保黨黜之。及乎發於保黨。斯用之矣。其純乎意氣之私如此。然此猶是其近而易見者耳。彼黨人心習既成。且用之權勢不關之地。故雖先代異邦之法典。合其意則為所必收。異其指則為所必棄。而當時之情勢。他族之治化。非所圖矣。英人撰希臘史記最著者二家。密德福為保黨。主墨守。穀羅特為公黨。主更張。而二人之論雅典民主也。所微闡之意大殊。是可以例矣。故福勞特論曰。凡史自其最初而觀之。刁錫大第極言民主之放紛矣。而撻實圖又發揮霸朝之昏橫。洎

以下通論政惑大指。

夫後之作者。讀瑪可里者將不知百年以往。吾小民之何以自存。更觀柯柏哈蘭二家之書。又不解何前日如彼之驩虞。成後來如是之窮蹙也。乃至及吾身親見之端。一千八百四十六年。愛爾蘭告饑。某神甫告予曰。國病矣。男女老少所逃亡四方者無論矣。其力不能去鄉里以饑死者。總二百萬人。凡此皆英政府之所殺也。他日遇一脩教牧師。則告以所聞於神甫者。牧師曰。是何言耶。死者不滿千人。實不逾五百口也。嗣余乃考之官籍。列而覈之。知其實數乃二十萬也。觀福勞特於三世之史。所言如是。不佞何暇更贅一辭。故國家每行一政。發一令。欲知論者然否毀譽之何如。視當事與言者所屬之朝黨而可得。蓋所論者固不在其事實也。以如是之情。而與考已往推將來。如吾群學之所有事者。非使之洗腦滌心。庸有當乎。

夫政黨是非之不足恃。固所共察而無待言。顧有諸黨所同。其生心害政。雖不若黨論之殷。要亦為吾學之大阻。往者吾於情瞀一篇。已於人情聳於權力之私。詳論之矣。乃今其惑中於人心。雖不若情瞀之廣且周。而政之不中。強半坐之。請繼此而為之論。

夫曰收效與施力常為正比例。此近人所數數稱道之言也。為此言

以下駁

者。其意蓋謂得效之多寡。視人事之淺深。必勤於耕。而後多稼。必富於財。而後廣賈。雖然。此其例不盡信也。自我觀之。則勤於耕者不必多稼。富於財者不必善賈。而事效相反者。亦頻頻有之。不獨一身一家之中然也。一國天下莫不如此。顧不幸人心守此甚堅。遂至履爽而不悟。一家之穉子。以所欲之常不遂也。則怏怏然曰。吾安得長大如阿兄。將今日所不吾畀者。盡可以有之。其阿兄又曰。吾安得如阿爺。將有大屋渠渠。而出入盡如我意。而其父又曰。使我某事而遂。將成素封。行見甲第車馬。閭里相誇。豈若今日促促如是。顧彼所祈嚮而欲得者。浸假則皆得之矣。獨有其事而無其效。境遇雖遷。而所謂快意娛樂者。則不必至。其每進益殆。時時而然。然則彼所謂事效比例者。豈足信哉。

論政家成見。所謂收效與施力常為正比例者。

更端以云。則若圖書之於問學。俗常謂其人卷軸富者。必淵雅殫博之倫矣。顧孰知藏書之家。多非讀書之子。架上之卷帙。與胸中之事實。大抵成反比例焉。是故吾黨見聞所及。凡以積學著稱者。常屬得書最難。擁書甚寡之家。然則事效比例之言。於此又無驗矣。

且書籍之貧富。猶其形下者耳。則言多識博聞。是宜與神智為消長矣。乃觀事實。輒又不然。今試問記醜而博之家。果其知類通達。勝於寡聞者耶。彼聞道知德之倫。果皆偏讀奇書。多聞往志。而後得此也耶。必不然矣。神智之與見聞。本無比例。夫會通固由於繫賾。而約禮亦待於博文。**顧不通之繁。未約之博。其為通約之阻力正在此。是故有事義而無條理。將所為識者愈博。其所為思者愈棼。**事義日精。博而鮮通。譬如劣將募兵。不為部勒。募之彌眾。率之彌難。**積義壓心。竅脈將塞。此文字所以不為得道發智之資。而反為牽識拘思之障也。**又如饕餮悷夫。珍羞日進。軀幹膨亨。徒為膏肥。不為精力。則終為累而已矣。於人己之閒又何裨耶。然則即言形上。而多聞之於智力。又未見事效二者之相為比例也。

更廣而言之。則常法所謂討論脩治者。其效與事之不相謀。皆如此矣。今即以文字一端言之。生為英人。英之言語文字。宜所不學而具者矣。況夫孩提之歲。使其父之力足給。則必為子計教育。使入里塾。其練習於文字之律令者至早。字分其九種。句求其瑕疵。訓有淺深。名有虛實。施之於用。各有攸當。凡此所謂小學名義者。幾為所嫥事者焉。如是者有年。則資之以入大學。雖所討者不一科。而文學要居其大分。則為之究義法。調聲律。凡古人之典冊高文清詞麗句。亦幾日所誦習矣。其事之之勤如此。顧其效又何如。詁經之家。其文章最為無賴。此人人之所共聞也。讀嘖矢譏誹之報。其所著以為笑枋者。則伊敦國學。溫則國學。諸祭酒石師之文也。國人方譁笑。而出者若不自知。沈浸典籍之功。其效乃如此。由是而更求之議曹講署之中。與更進而求之部院。所謂操政柄而秉國鈞者。是亦文學之上選也。乃亦未見其差強人意者王朝制誥。是宜華國之鴻文矣。而其中詞義違反。紕繆百端。設塾師課徒。欲示以何文為不通。何詞為煩贅。何義為糾紛。求之宣詞。其楦已足。此不獨先進之野人然也。後進之君子亦猶是耳。凡此皆名師之所典教。益友之所切磋者也。事之疎密。又豈足以定效之精粗也哉。尤足異者。吾國才子鉅公。其文字為一時宗匠。後世模楷。考其生平。大抵未經國學所陶鑄。且生世艱辛。身家之累。奪其時力。而其成就。卓卓如彼。此若戈白、若班養、若休美勒、若馬是、若福格思、若斯密、若歷山大章章在人耳目閒。如此尚得謂必有其事而後從效之也哉。事效固有時而相生。顧其理不如是之簡直耳。

由是觀之。人所常言。乃無實驗。效之多寡。不必與所以求效者為盈虛。此自善事之機器。求利之母財。以至於學校之教人。法度之經國。任言何者。莫不從同。今有新機一部於此。使淺人觀之。彼將歎其離婁鈎聯。以其繁密。遂謂巧不可階。顧使知機者察之。彼將指其難行即在此太繁過密之故。機之善者。在簡非繁。**蓋一輪一幹之增。則阻力遝率。與之俱進。既以徒耗功力。且棼則待理。斷則待續。為窒滋多。**此其理不僅一機為然。凡在人事。可以一概。是故言事效相從者。有畛之言也。過乎其畛。則事贏而效益虛此理經制之家。知日鮮矣。

以下進論事效相反之理。

以事效之必相比例。又輔之以前云之情瞀。情瞀者。顓愚之情。常以官治為可恃也。於是法令蝟毛起矣。蓋流俗之意。大抵謂一群之事。使在在為法度之所營。官吏之所督者。其勢必可以日蒸。**言法之利則常過於其實。於法之害則身被而不知。**此清淨之治。所以不可期也。

夫群之為物。至為繁賾。而其變難知。為治者心有所祈嚮。而為之立一法焉。顧法行矣。其所祈嚮者不形。而得者常在於所祈之外。

其為物至眾。其為數至多。往往為立法者之所不期。此自有國家法令以來。所不一驗者也。即如近事。吾英國民議院。所更張者可謂重且大矣。一千八百三十二年。取占舉之法而擴充之。當是時保公兩黨。持議不同。然皆謂過斯以往。中戶之民。所舉者必於其黨。而議員之出於齊民者必多。迨法既行。兩黨之言皆不驗。議員流品。大率如初。而國中風氣之開。其大且遠者。皆當日持議者所不見也。至六十七年。所推愈廣。占權所及。下逮勞力傭作之民。或謂此後議員。勤動小民。必居其半。即不然。彼扶犁操錘者。終當與學人勝士。雜廁於稠人廣坐之中。事後觀之。又殊不爾。凡前所逆覩者。闃然無聞。**而所謂齊民。其國家思想。乃從之而大進**。舉此一端。而其餘殆可概已。故知為法之際。謂吾法行而國中當有某某效者。其應大抵多虛。惟云一法既立。所不求者。常過於所求。則無時而不驗。然則立政之道。夫豈易言也哉。

**夫祈者不至。至者不祈**。此其所以然之故。殆可即鄙事而悟之。人特不之察耳。今設有一銅槃於此。本甚平也。以經隊地。而左方隆起不平。微作凹凸。主人惡不平而欲其平。是宜施何術乎。客曰是不難。直舉木椎。當其隆而撞之耳。如其言不得效也。則加猛焉。乃視其槃。向之所欲治者如故。或且加甚。而當其右方。昔之本平而無弊者。乃今橋暴衺枉不可復理者。凡三四處。然則客之術。果不可用也。主人於是乃呼槃工。彼曰。是當其凸而擊之者。不足使槃平。且益其不平已耳。及觀其所用力。彼固將治其所不治。以致其所欲治。椎數舉而槃平矣。此其事若甚易。而其理則難知。夫一槃至簡之物也。而常智有所行若此。則群之為事又何如乎。丹麥王子罕謨勒之言曰。子以吾為易調若此籥乎。吾今亦曰。公等以群之不足治。若此槃乎。

蓋嘗論之。自然之力。運於一物之中。假令物之官體繁。則其所致之果。亦將彌以錯綜。展轉相生。常至不可究詰。今夫群者生物之會也。則其官體之繁賾可知。矧若人群。尤為難究。神變不測。自宜愈奇。而昧者用咫尺之智。欲指事責效。何其傎乎。今使聞吾言者。求徵事實。不佞將正以其多而在在可見之故。難於置答。以其習見。遂若無奇。議院所著之令甲。政府所議之更張。但為法制章程。則其事莫不如此。問者試取漢薩得所編布者觀之。無在而不可以自見。何假不佞一一指似也哉。

無已則試取酒禁而言之。自麥音之法用。徒使征行渴飲之民。不可得酒。而私家湛湎。轉以日滋。即蘇格蘭一千六百一十七年所行之議。於民之酒德。亦未嘗有毫末之改良。至若耳治第二之縱容令。丁圖禮言。令下不數月。而監酒榷諸公。即知其法之不可施行。乃自解於立嚴行恕之說。斯摩勒亦言小民以法之故。犯之愈力。委巷城闉之限。其賣酒者類皆不請縱容。不納稅榷。公然售沽。雖懸賞以待舉告。然民憚尋仇。不敢告發。而官吏貪竄。悉置不問。禁酒之令。空行而已。且不徒空行。誠恐令行之後。民之食酒者。歲有大加也。

洎一千七百四十三年。此令遂廢。議者謂方一千六百八十四年。英國之糖燒。所釀不過五十二萬七千格倫。歲增。至一千七百四十二年。則七百十六萬格倫矣。令之行否。於斯可見。雖懸重賞。獎告發者。民則展轉相貿。以神其姦。誣證行賕。靡所不有。閭閻大擾。官以為畏。極其敝也。乃民吏相仇。擄掠戕虐。橫尸道旁。往往而有。令之所為立者。杳不可得。而所致之姦。如毛而起。正如吾前者銅槃之喻。椎擊所加。舊枉不祛。而新敗疊見。方酒禁之未張也。民之愆尤不過酒失已耳。顧自法立之後。酒失則無損而有加。而又譸張殘賊。贓盜誣詛。直至藐玩刑憲。殺人通衢。而民德之澆極矣。而誰則尸之。嗚呼。彼任法者何悟之不早也。

如此。而又益之以事效比例之謬說。遂使政惑益深。而任法之情愈錮。於一群之變故。大抵皆推之於可見之近因。不知法令者治具。而非制治之原。制治之原。其力之行。常隱不見。此如小兒見一汽機。以為一切生於輪桿之紛。鉤聯之密。不知其功發於鑪鞴。且鑪鞴抑其次耳。非水火相得。則全機之用皆亡。彼身為國民。謂徒張皇於法令之間。善治可以坐得。又曰吾將為之國機。機之既良。將莫不良。此其識勝於小兒豈能以寸。

以下言法令非治民之具。而民品之程度所關最鉅。

富強之不能。平治之不效。徒斤斤於法令章程之間。以求其所祈嚮。抑富強既得。治平有基。乃栩栩然以其法令章程足以致此者。此其談之不根。與古者初民。謂其君為天亶聰明。首出庶物者。實未嘗異也。倥侗句霿之民。習謂其君。智力兩足。芘賴無疆。雖事實常相反不以悔也。至於今世。則移其尊王之意。而致諸憲法之中。亦以為能事無窮。長資樂利。雖其力有所待而後生。而蚩蚩者終不悟也。夫

**憲法之立也。立於民品既隆之餘。然後有以存而不廢。使民品甚污。而強致尤效者。將形具而君形者亡。雖立猶廢。**此不必求之國家之大也。今之商業公司。亦一社會之法制也。故其事可借觀焉。

請舉不佞之所躬歷者言之。一日某鐵路公司者。行傳單。期某日。將聚股東於某所。言本公司當事諸公。以其路轉賃他公司。既已成議。且諸事部署悉定。路已在賃者手中。所少者獨諸股東畫諾耳。所期之會。欲以得此者也。則如期會合。主座述所以轉賃狀。及新條約。已而股東眾議。不過條款出入之間。無一人及當事此舉之是非者。將具諾矣座中一人獨起。明斥當事。奪主者權。所為非法。眾咸愕眙相顧。其人進曰。諸公所以有此不法之舉者。殊未明當事與股東二者相繫之真理耳。當事者自謂有權。為一群之元首。而以股東為公等指揮之臣僕。此大謬也。夫公司之成局。其出財置母。以率作成務者。眾股東也。當事者。股東所舉以代其治事者也。故當事者之權。必由股東之所畀。而後有成局。業大小異。主傭之分則同。**當事傭耳。而股東則主也。**設有行店。其主人外出。當事之傭。以其業擅賃他家。書招店主。至則督其畫諾。曰吾固已賃之矣。諸公將以其事為何如。吾恐主人所為。將大反於是傭之所期。斥其篡奪。且以法黜治之而已。今日之事。無乃類此。言畢。廣坐之中。寂然無一和者。於是諾具，且條約種種。不過主座者口述。無印刷頒示之事。其尤足怪者。此公司前與賃者交接。業為所欺。而今又蹈其覆轍。然此不具論。不佞所欲明者。是公司之規制。與他一切公司正同。所謂純乎民主者也。以股東之眾。而舉當事。以當事之眾。而推主座。主座行非法者可以廢。當事不任職者可以更也。顧法雖具。終莫有申而用之者。以吾所聞。獨當事者謬戾毀成。或有肥私敗業之事。下此未聞為股東者能用其固有之權者也。當事雖退。俄而更舉。若故事焉。號雖共治。而其權常操於一人。故公司者名民主也。課其實。則共治與專制耳。且此事非其間見。實其常行。股東非蚩蚩之氓也。皆經問學。為殷商法家。為牧師田主。彬彬焉質有其文者也。顧所為如此。**然則謂學校興民能享自由之福。用自主之權者。其言之可為典要與否。又可知已**。

　可悟為國之道。治具不足恃。面制治之原。存乎一群之民品。雖有良法。不能自行。**必得天演之自然。民品既臻。本其性情風俗。脩**

**之以為成法。夫而後有相得益彰之效。**假令民品與所行之法度。絕不相謀。若革命一時之所立。抑變法更始之所為。**憲法固甚高。民品則甚下。將視其政俗相睽之程度。終於回循故轍而後已。立法良固無益也。**欲徵此理於事實者。求於晚近之希臘、墨西哥、南美諸國之所為。斑斑可見矣。乃至法國。其無往不復之致。尤為深切而著明。數十百年以來。法之政法屢更。其中能者欲圖至平之治。至美之制。顧自旁人觀之。則見其陽號民主。而舊日專制霸朝之政。實陰行夫其中。**所謂自由平等仁愛三者。雖揭於通衢公廨之中。而國中之實象。則門戶之水火也。排擊之不留餘地也。議院之憤爭也。異己者之窮捕也。禁黨人之聚會與報館之昌言也。**其至今稱民權者。無異於往日。而黨同伐異。傾軋掀豗之風。亦不殊於曩者。吾不知彼所稱之自由平等仁愛三者居何等義也。

則更置法國勿論。而求其與吾英人近者。越額蘭的以西是為合眾之國。彼自開基自立以還。固以自由平等為主義者非歟。然其西鄙之加理方尼亞。民處其部。常以性命不保為憂。且有人焉以殺人自雄。刻其短槍之柄為鑿齒。以紀其所戕之人數。又有白婦以下嫁黑種之故。其種人怒而焚之。睚眦之怨。刲人昏夜。或群出止人車。取其所仇恨者。民以兵自隨。視為常態。理者執法行罰。時時為眾所持。不果。是豈復清平世界也耶。彼建法制以求至公之治。顧民處其群。言不得如其意之所是非。行不得隨其情之所向背。名實之際。大舛如是。然猶得曰是特其甚者耳。草萊肇起。法未盡行者耳。則置勿論。而試求之東部可乎則吾恐自由之法。與自由之實。又未必果相應也。夫報讎之家。眾譽所屬。罪人雖得。輒議其情而縱之。雖然此必非善治也。設其久行。則文明乃淪為蠻野。何則。法令之權不尊。侵欺相尋。鋌者以身為理。是亂道也。是使民之性命資財。日有不足恃之勢者也。況夫執法者。吾聞其受賕矣。監守者。吾聞其自盜矣。奴約之政。百孔千創。賦稅之加至重。國功之脩至寡。如此尚得謂法行政治之國也耶。其行法之吏如此。乃更觀其立法之權。則又交通營私。陰踞利勢。若摩辟利埃股分一事。其尤彰彰者矣。是故言美國之治。名為至公大同。而不公不平之弊。陰伏其中。法律之業。舊有專家。民之操此。實覬大利。設聚會。畜計謀。長羽翼。凡此皆將居民上而秉國成者也。使他日勢成。美國民權。當為何等。竊恐非當日立制之所祈也。何則。是治人者。其利害與治於人者不合故也。**是故徒尚自由之法制。而不尚自由之實者。此今日言民主者之通病也。雖占舉非平政也。雖代表非民權也。凡此皆其所由。而非其所止。止者云何。法立而群黎遂生。各得其直。而毋相侵抑者也。民各享其所自為。而莫之或奪者也。**其所由者之良否。視所止者實得幾何。使其國所由雖優。而所止甚劣。轉不若其國之所由劣。而所止者優也。

即在本英。亦法為治形。必有民品為之君形。而後利用也。議院雖納議員。以為齊民之代表。顧經幾何年。而後有其代表之實權乎。下議院與國君貴族。三分國權。而鼎足立矣。顧又幾何世。而後有此鼎立之真形乎。即至今時。吾英民議之權。可謂弸其中而彪其外者矣。通國州部。舉各以公。且自由絜矩之說。漸漬於人人心腦之中。為日綦久。以此而保民之生。申民之直。宜無一夫之不獲。而無敢侵陵侮奪者矣。然尚有時立之法焉。而自犯其所禁。此如一千八百六十九年雜驗婦人之令是已。且此乃公黨之所為。則於保黨又何訾焉。

使聞吾言而謂法制無足重輕。斯又誤已。**夫法制民品二者。固有交相長進之功**。民品優而後法令行而可恃。亦法制善而後民品得之乃益蒸也。夫謀國之良。固求甚宜之法制。不得謂民品既下。而法制遂可以不公。特吾所論者。**猶謂以童子而操賁育之所持。且困踣而莫振。以壯夫而守侏儒之所服。將蹝踻而不行也**。二者之器。各有所宜。而欲其相得而益彰者。不得徒以器言。務兼用器之力言之。而後當耳。彼言法令為治具。視民品之優劣而後利行。此其言是也。即謂民品既優。法令必進。否則優者將劣。此其言亦是。故事效不相比例固也。而功生於力。則無間之言矣。力既施而欲其有功。非善其具者不可得也。

夫顓愚以官吏為神明。目朝廷為父母。謂政刑既具。則理平可期。不知民品既卑。雖有勝制。無益於治。此任法之惑。既詳論矣。又有人焉。以圖治為無難。謂太平可立致。即以今日之民品。而經國擾民之術。固有其勝今而利行者。使能者出而為之。不崇朝可以大治。彼居民上者自不為耳。此其為惑。方之前論。略相等而有微殊。吾將寓為主客之談。以明吾說。

以下言民品未高而妄求上理者之惑。設為富民時宰主客之論以發明之。

有英倫之齊民。造其國之時宰。而致辭曰。奈何乎。公所遣吏。算吾緡錢也。常以意高下如此乎。彼所算者過於吾之歲入甚遠。使吾默爾而受之。不獨今之所出者。大逾於吾分也。嗣是以往。是所過者。將例今而無窮。使吾起而爭之。不徒費時而落吾事也。且使吾私盡露。為默為爭。民乃交失。凡此皆公之吏不信吾所自占。而逆億吾言之不以實耳。公為國宰。奈何聽之。由來民之相為訟也。事之虛實。法常證於訐者。不責訴者以自明。此大公之理至正之術也。公於獄訟既行此矣。獨至賦斂。奈何反之。獄訟之費。曲者當之。而今之費。曲直皆吾事也。是何為者。豈公欲襲古為吏者之所為。用民之力。而償之如其意之所揣乎。抑更追而上之。其於民也惟所欲取而無有制歟。民之治生甚難。而吏之無藝如此。雖國有常憲。以與吾直。奈煩重勞費而受患滋深何。彼吏固知吾之有所憚。而後敢為此耳。公所豪奪。吾於何而求償之。向也民以長官為有護。乃今直魚肉之已耳。

時宰曰。是嘵嘵者欲何為。吏之算緡也。言自占者不以實。其所得為。亦僅以意。欲責徵據。固無從也。足下若以是為虐民。則國家置勿算焉可。誠欲算之。舍是無善術也。

齊民曰。算緡與否。於吾固無擇。吾今所與公言者。交於國人之通義耳。今有兩造涉訟。使告者有所指而無其據。公不以被告者不能自明為有罪也。公曰彼告人而無據。吾不能聽此獄也。是固通法。獨奈何公之吏告人遂異此乎。公一國之平也。而傾如此。民將何所措其手足。且英律有之。爰書未具。兩造皆無罪之民也。何獨於近事赫什爾一案而不然。密德塞令尹。但疑其殺人。則不待證供。而佴之於狴犴。公未嘗罪令尹也。是不知文明之民。義不入獄。廉恥之士。法不可刑也。焉有以疑而遂致人罪如此者乎。此又民之大惑也。

時宰曰。文明之與鄙野。廉恥之與貪頑。自持法之吏視之。固無別也。豈刑獄之事。足下欲於是而別之。是又非平等之道矣。

齊民曰。懿哉。公之為平等也。是不獨民一人之幸也。顧民所竊惑者。以公平等之義。施於他所者。與此多不同耳。國中之吏。食厚俸。位通顯。而無所事者不知其幾何徒。他日議撤當也。而公乃與之以重卹。民嘗竊思其故。意或者此曹持粱刺肥。享富貴日久。居平縱奢。勢不得為畜積。故公以此善其繼也。船廠之傭工。他日者亦嘗取其老憊而汰之矣。顧公於此曹無角尖卹也。民又嘗竊思其故。意或者此曹辛苦勤劬。日得幾微。以贍身家。然惟其困窮。蓋藏乃有。故公不必為之謀其後也。公平等之義。所見於事者如此。雖然此特吾旁及之論耳。而吾今所欲與公深論者。在國家所行之刑律。夫刑律之設。非以杜奸欺而行保民之實者乎。顧以民所親見。則重為虐耳。何保民之與有。是故訟之一言。大畏民志。今無異於古所云也。吾友之中有業律者矣。告民曰。脫不幸為人侵漁而失財產。慎勿赴愬於理以求復也。倘子求之。將所亡益多。所侵益甚。徒為親知所痛已耳。於足下事又何補乎。國家名設憲典。以保吾之身家。顧民處其中。覺亡產破家之事。隨地而有。無閒於民之為動為靜也。何以言之。惟以法之難恃如此。吾雖安靜循安。而黠者可先發。言吾之蝕其財。脫不幸遇此。而民欲求免者。則或容忍受欺。飽其所欲。設以上愬求直。則所喪於吏者。必以益多。且使得直矣。以公之法。一切之費。宜被於曲者。然不幸曲者赤貧。抵死不能出費。而吏與律師之勞。不可不酬也。則坐有財。費終在我。曲直又不論也。今夫富而多財。非民罪也。乃今以財之故。一涉獄訟。曲直皆罰。國之為法如此。而民又何所託命乎。譬如公設警察者。所以保行旅而執禦貨者也。今民不幸遇盜。以督郵之有護而號之。彼于于然來。不為民復所亡之貨。而反取吾之囊橐而盡之法之所為。豈異此耶。

時宰曰。不圖足下之卞躁至此極也。豈不聞國家於此。方謀所以更張之者。曩議院擬設申愬法曹。今貴族四人判之。歲俸各七千鎊。即為此也。夫舊律與所謂平議。往往多牴牾者。政府知之久矣。今兩院呶呶方爭此事。意蚤暮尚有所以便民者。著為令耳。何足下之不能少安以俟之耶。

齊民曰。公所改良。民先致謝。雖然。此特恐舊法病民之不深。取民之未盡。為之新焉。使靡孑遺。且加速耳。且公之意。求以便民。此德之盛也。顧民之意。則謂便民莫亟於便官。**蓋惟便官。而後便民之實可以云也**。乃今一國之律。委積放紛。不獨民之所不能明。抑亦吏之所不能喻。律如此而言便民。雖更設百曹。滋煩擾耳。必律井然有條。較然可知。而後求所以省訟費者。庶幾有效。不然民寧受侵欺。不敢以法為吾衞也。且公法度之不立。豈惟於律而見之。民一舉手投足之閒。乃無往而不遇。晨起將有所適。視鐵路所表之時刻。自詭未暮當至彼也。乃於某驛。車不應期者劣一時許。因敗吾事。旅宿增費固矣。而翌日又失其半程。吾所購票。固一等也。所不愛重價而為此者。位寬茵厚。同車者多勝流也。乃度某集時。適墟散人歸。驛卒言三等坐位皆滿。因開上車納之。膩帢垢顏。酒薰汗臭。令人叵耐。**然則是民一出行而受再謾也**。夫受民之財。而不與以所直。**是鐵路背約也**。失期而敗吾事。**是鐵路背約而害也**。**背約與背約而害**。**皆法所宜問者**。而公未嘗問也。向使吾與鐵路以偽幣。抑購二等之票。而篡一等之車。法於民當云何。其不以民為無罪也審矣。夫公之行法也。於民則分明而果之如此。於背約者則含容而縱之如彼。豈公以是為細故。不足以勞大慮也耶。不知使舉國之汽車。無有如所表定時而發者。隳功廢日。傷財多死。皆此行法畸有重輕者職其咎耳。公豈不知。抑知之而故蹈耶。

時宰曰。疇昔之日。倡在宥無為之說。且曰官辦不如商辦者。非子也耶。**向謂一國之事**。**政府愈置度外當愈佳**。乃今以一汽車客座之不讎。**喋喋然怨吾法之不為子保廣坐高茵**。**毆褦襶之客**。**而以時抵所期地也**。**是無乃甚矛盾乎**。宜子不聞近者議院建言。使各鐵路公司為二客等置煖腳鐺耶。

齊民曰。公之為此言也。不亦異乎。使吾與傭愚人言。其繆吾恉當不此極。誰謂察言之智。身為宰相者若此下也。夫一等坐位之不得。汽車發止之不時。吾又安能責公以此等乎。獨至國民契約之守否。則真公之所宜兢兢。而民之所以責公者正在此。民與公司以錢。而公司所以與民者不如約。此公之所宜問者也。民以錢若干。得所應享之便利幾許。此公所不宜問者也。**故自大道而言之。議院之責公司與客以煖腳鐺。其失理與不問公司之背約謾民。正負有殊。輕重等耳**。蓋後世之治與古殊。市價之廉貴。所市之美惡。所成於當市之評者。民之已事也。上所不必越而代謀者也。評定約成。守之勿背。此主治者之專職。而民所託命於其君吏者也。民生得此而後延。群情有此而後固。**蓋萬物之所延其生者。以用其精而為耗者。必食其報而為彌也。既彌其所耗。且常有餘焉以為長。此生物滋養最大之公例也。物既耗其精而不得食則死。或於其精之既用。而絕其報所由復之塗。此與操刃殺之。無以異也**。在萬物莫不然。而生人為尤著。人之得食於群而以彌其耗也。其道與他物異。物以其徑。人以其紆。人各奮其能事。以成專物。成而相為易。其求以給。其生以遂。是故人居一群。欲此例之常行。而其生之不閼也。**必契約之公且信而後可。不公**

不信。將耗其精而期其復矣。而所期者卒不至。不至則弱者病。而彊者爭。惟病惟爭。群之所以敗亂也。

是故吾前者之責公也。以違此例。致群生夭閼。將卒底於亂亡。乃公近者之所為。則守此例既不篤。而又若甚懼民之自害其生。夫民之受害於他物。公之所宜衞也。民之受害於一己。公之所不必衞。即衞之其勢且終窮也。以為治者之昧此也。故昔者勞理彼得禁民自殺矣。乃公所行抑且過之。而禁民之或傷其肢體。日者鐵路之條規云。車未止而躍下車者有罰。是民此一躍。肢體之害否未可知。而公乃定其罰。使卒害而無可免也。且公之所以為民者。豈惟是罰其自罰而已。乃至起居娛賞之事。亦慮民之不知自便。則取民之財。而為之搆公浴矣。又鬻民之賦。以為之庋群書矣。凡此皆民所得自為。而公必皇皇然為之煩苦如此。且時而為致者。過於民財之所當。則如庋書。公今著述之家。書成先以一部獻之公所。今夫窮愁著書。例寒士耳。寒士亦民也。而公為民便。乃必使寒士耗精竭思於此。無錙銖之報。舊傳謂戴惟士刼賴查魯之財。而以贍富家。公茲所為。無乃類乎。雖然公之勤亦至矣。獨惜公所以與民者。皆非民之所急。而民所急者。

**而公乃屯其澤而不施也**。夫察日之珥。測海之深。與求西北之航道。將以通歐亞之二洲。國家皆殫賦稅之力以經營之矣。凡此固美。然問有否耳。財具。凡此皆民之所能自致。而無假國家之力者也。民所必仰於國家。**計非得此。且不可以一日生者。在務絕侵陵。取奸宄而致之刑罰**。其有不平之訴。上之聽必以情。獄無小大。明決簡速。而不至反為求直者之禍災足矣。而公乃釋此不圖。獨諄諄然他事之為問。民將安所託命乎。**夫勞財力以為我致一碣於伊匪穌。曰此學界之至寶也。乃至吾儕小人。或耕焉而不保其所穫。此何異民方饑求食。而公與之以塊乎。且民之所求於公者亦僅耳。凡力所出。可以必收。即為至足。至於見聞之博淺。娛樂之寡殷。將自視其力所能至。本不期分外之獲也。自作之孽不可逭者。此天所以砥厲驕子者也。不勞明公。為我恤之。公今者乃忘其天職之最隆。而不與我以其直。吾勞力之所得者。既不能賴公為保持。獨損他人之所應有者。而惠我以所不期。拯天罰之所宜加者。以狃民使不知儆。此非所謂倒置者耶。**

時宰曰。世有所謂不恕者。真足下之謂矣。事之至政府者如邱山。而吾輩所能為者。亦盡其心力而已耳。某事當考。某獄當鞫。某利宜興。某弊當絕。博觀而明辨之。所每夕至於夜分者。為此故也。議院代表諸公歲歲合。所為靡鹽不皇者。大抵為期民謀安利耳。開民智則廣厲學官。衞民生則潔除城邑。食河水則防其不清。禁湛湎則議加酒榷。架屋而慮其傾圮。故頒其圖式也。殖民而恐其重遷。故設之專部也。子行一國之中。安往而不覩吾輩精神之所周浹者乎。廣苑囿。資同樂。建鐙磵。指迷舟。邑邑有醫。以救薦瘥。鄉鄉有局。以督牛痘。又知男女民之大欲也。則糞除其情田。

言未已。齊民率爾儳之曰。止止。民知公所欲言者。公等所為政術。盡於此已。不為民防害之自他。而為民禁孽之由己。舍其最重之天職而不修。徒營營費日勞精。以驚民之所可自致。雖然。取公之所事。以較公之所不事。權其失得。寧相酬乎。身為文明之民。非若南洲之晦盲。又不若遠東之呰窳。凡公所為。皆同種之義務。而義在自將者也。不勞公為。以為吾澤。獨至持一國之平。責契徹而杜奸豪。公不謹此。溺其職矣。且民今日之責公。亦至不得已耳。夫豈好為訕上而出是哉。公之法曰。有冤抑仇負者。令赴有司。以質其成。不得自操法以相報復。違者以殺人劫財論。此誠治國通義。雖民其無辭。

故雖遘奸欺被豪奪。喪其性命財產。不敢自為直也。而將惟公之求。何則。**公固自任為我司此平也。獨何意民今倚公。其受禍較前之所喪亡者乃更烈乎**。此通國之民。所以寧坐受侵牟。而不敢自投於理也。向者民欲自直。而公禁之。既禁而又不能與之直。此民與同國者。所為疾首叩心。不覺其生之足娛。其群之可樂也。由是而敗美阻成。由是而時虧財費。亦由是而商賈躊躇。百物踊騰。廉潔自好者屈。姦黠禍害者昌。負債者傲其主人。失期閉業之商。往往由之坐富。夫如是而國不病民不貧者吾未之前聞也。民如公之盡其心力何哉。

　主客論竟於此。自側聽者而評之。將兩家之言孰是非乎。意將曰齊民之言是也。雖然不佞所取此以明政惑者。非造為不復之詞。而以靳時相也。**將以見彼齊民者。乃真大惑之所在也。何則。彼以謂法度之立可。本理之所是非者而徑為之也**。彼之心若謂。一群之中。縱民德已薄。民智已卑。而制置之際。有巧術焉。則可行其美而塞其惡。存其利而祛其害也。雖然大誤。由今之俗。而求彼之所期。雖取吾國之制置而百變之。莫能至也。夫法令特器而已。而操者人也。操器之人。非異群之所出也。**是故群戾於仁。而欲為政者之忠。群趨於闇。**

而欲治國者之明。此自有文字紀載以來所未嘗有也。吏傳之所前有者。有以一姓相承為王者矣。有以貴族長老共治者矣。愚暴之民。無仁智之貴族。猶昏亂之國。無明恕之君王也。即至以公產之義立群。其於治可謂進矣。顧其制雖殊。而舉權有公偏。治柄有紆直。究所立以為代表者。不過一群之經德中才。烏能過乎。彼齊民之責時宰也。意若於中下之民。可以求郅隆之治。則何不觀通國選舉議員之日。民之所以推舉。與彼待舉者之所以自售者乎。阿眾情。順時好。謬取所不可得之群利而張之。則千掌雷動。盛譽景從。而明日投鉏之占。署其名者大半。設有人焉。進以苦言之藥。欲解眾惑之深。則雖真實可徵。亦必為群情之所不附。而若人之不得推擇。殆可決矣。嘗謂選舉之求人也。等諸鑪鼎之家。蒸雜投之藥。而傾其液。藥品不皆上也。則所傾之液不皆精。民品不皆賢也。則所舉之員有不肖。豈惟有之已乎。恐且居其多數耳。天良者民之所同具也。然而分之常見多。而合之乃見少。其為群之智慮亦然。天之生賢智不易。而民之愚不肖至多。持平等之說。而以賢入不肖。猶以金入砂。忽然沒耳。故如是之群。而求代表。當其代者必愚不肖也。而賢智乃昧昧焉。若夫選舉既終。則一院之僚。皆代表者也。中下者稠。而高才落落。法曰。三占從二。則所從之非高才。又以明矣。是故雖有超世之姿。絕倫之識。其自陳也必取庸眾人之所共喻者而為之。至所謂探本之微論。見極之深談。必置之而無所為發。非不發也。即發猶無聞耳。英民之得議院。數百千年於此矣。顧至今有以遠計深言唱於其中者。喃喃之聲必和於廣坐。則誰復以一智而當群愚之咻。雖有前識。嘿然而已。試觀議院詞頭。文章闇汶。義言違反。行於國中。常為報家指摘。彼六七百人之中。豈乏識與能者。然而其事乃如此也。則吾向謂智慮之事。散見於人人者常多。而合見於其群者反下。可以驗矣。

是故欲為有道之法者。必為有道之民。民倥侗懬忮。而望明通中正之法度。可行於其群者。執因以言果。則茫昧而難期。由果以窮因。則見於前事者皆其反也。嗟夫。於無良不憓之民。求大道為公之法。就令勉強而立。乃望其相得益彰。川增木長者。此其誤。為政之家。伊古洎茲。非一世矣。吾黨身為英民。尚知今日國家之典憲。雖不足與於盛美大和之數。顧使民功得責其所直。口可以言其意之所懷。而無箝制刧持之患。此其所以皷等流貴賤之憑陵。禁民庶愿黠之

**詐故者。以民觀政。固已極天演之所可期。而樂利驩虞。其機即由於此**。第若求無偏之政。宏至善之規。將無異求豫章於培塿。望魴鯉於潢汙。不獨今行之政制所不能也。即更始法度為之。亦無望耳。前齊民之於時宰也。意若謂牴牾之弊。去者不過一舉手搖舌之勞。即甲不能。乙當辦此。**此實言治者至深最普之政惑**。竊恐他惑雖祛。而是所云者。終著於心本而不化也。

自其為群學之梗而論之。則政惑之害。其減於流梏者劣一等耳。政黨之宗旨互殊。而不能無惑則一。此人人所不盡見。然亦各有所見者也。以公黨❶而觀保黨。❷則曰成見甚深。而瞽於當前之禍害。與將來之利賴也。以保黨而言公黨。則曰是徒言變舊。而不知舊者之有利也。徒言更新。而不悟新者之有弊也。至二黨之說。不可偏廢。則彼此黨人皆無見也。為公黨者常期於至善矣。而不悟就令其道之盡行。其所濟於國事者。僅差可覩。不能悉得其所祈也。而保黨之阻力。常有匡其所為之或過。為保黨者。務循舊章矣。而不知凡古聖先王所創制者。要皆為一時之法。於其所遭之運會為最宜。然道法典章。無亘古不變者也。即已所為。亦不過防其過驟鹵莽已耳。向使一

以下結論本篇大旨。

國之民。盡為保黨。而不言更張。將極能事。無百年之善治。其所出死力以持之者。浸假皆陳朽窳敗。不可以復行也。是故二黨者。不獨不知其反對之為何物也。且不悟己之於群。其功用為何等。知己知彼。兩無當焉。而與言群變之真。邈乎莫能與矣。

若前之所言。黨之所各異也。而又有黨之所各同。其惑不袪。亦將無以與於群學。保公二黨之人。皆以法度既脩。則一國之事無不從志。向之衰且弱。而民鮮康樂之休者。特以制之未善已耳。乃今某事著為令矣。某人立於朝矣。德化之成。須臾可竢。民有賢愚。政有枉直。吾有術於此。遵之則賢在位而愚在野。直者舉而諸枉錯矣。尚何疑焉。夫其心之所深信而不疑者如此。是故與之言千古一時之治俗。則莫不以群者數聖人王者之所陶成。而所謂天演之遞遷。物有自然。隨運會而底於如此者。非所圖矣。徒識治者之權能。而不知所治者之勢力乃愈大也。一群之中。有其生滅。有其變遷。有其合散。凡此皆其內力之自然。而為之主治者。或推之或挽之。**而其人要亦為大力者之所負而趨也**。而持前說者未之或知也。此如匠人。徒知審曲面勢之有功也。而不悟陰陽燥溼之異用。其考工之論。所以偏而不賅。群學終古不明。所坐正此耳。

雖然政惑之宜祛固矣。而終不可以盡祛者。無他。時為之也。此與前者國拘流梏同其理也。政惑之祛。與群德之進。相表裏而有其比例者也。必天演之度至高。而後脩身之中庸見。亦惟天演之度至高。而後治國之中庸見也。嗚呼。可強跂哉。

## 附註

❶ 主於更張為進步者。

❷ 主於守舊為安靜者。

# 教辟 第十二

大食之華效卑。❶見一印度肥人。嚄唶曰。美哉斡乎。是阿鼻之薪材也。夫彼以回。而所以稱不回者如此。則其所持為宗教。以明天人之際者又可知已。英之人有巴爾古黎者。曾游大食。而紀其所見者曰。一日某遇一華效卑。名闕伯剌的弗者。宣教於利遏德之眾。述穆護在日。曾言其教。於未來世當分七十三支。其七十二皆以待地獄之孽火。其永享天園幸福者。獨一支耳。於是眾徒頂禮涕泣。問天使此曹何脩。而得獨享極樂如是。穆護答言。惟一生言行與我合者。乃有是耳。演說至此。闕伯剌的弗乃作色易音。告大眾曰。我曹利遏德民。荷阿剌❷深慈。正成此果。不佞之引此也。所以見宗教為物。入人既測。則其所以視外道者。莫不曰地獄之設。正為此曹。夫回教與景教固異。而二者之中。有平行線焉可比例也。然吾意所重猶不在此。吾所重者將以見教之不能無辟。教辟既深。則所以觀群者。必一切易位而失實。事有異於此者。請更徵之。

以下言宗教相謂異端入主出奴。莫衷一是。

太平洋之東南有二島焉。曰沙摩亞。曰非支。往者美人以舟師徧考島民。歸告其國。其言沙摩亞民。於草昧諸種。褒詞獨多。謂雖偷懦貪欺。不離蠻夷性質。然樂易子愛。和悅好客。其男婦皆重子姓。其壯少皆敬高年。丈夫以慳吝不任恤為恥。婦人以貞白持門戶相誇。溺女殺嬰。絕於其地。而撫視殘疾。則各引為己分。有匍匐救喪之風。其所以謂沙摩亞之民者如此。至其鄰島非支。則所言大異。非支者食人之島族也。其視人命至輕。而同種相防如寇讎。無一息之敢逸。札克孫謂其以譸張詐故相矜。視流血之事。不獨非罪惡也。且以為榮寵。殺不擇物。罷癃羸破。非所恤也。所生之子三。則殺者二。稍長則笞其母。鬬狠憤仇。其天性也。臣僕有致敬主人而不如法者。死無赦。生瘞群奴。而即其地以立王宮。造舟試水。輒刳十許人之腸。取其血以為釁。王者死。妃妾近侍大臣爭先死以殉。而國人壯其節。至於食人。尤謂尊行。一王者其太子死。為哀詞曰。是兒在日。雖愛妻美妾。有得罪者。彼且殺而食其肉。不以靳也。其食人也。則燔烹之。其王達那亞嘗親斷其從兄之臂。吮其血。及其人之未死。烹而啖之。使及見也。已乃龠其肢體。分賜臣妾。所祀神鬼。德如其民。民食人肉矣。而鬼乃嗜人魄。烏以饗之。自彼言之。體魄同物。特異名耳。報怨鬩爭。得則相食。絕於人道。俗所崇敬而效慕者。竊妻寄猳殺人食腦。其所稱非支之民俗又如此。然則使所稱而信。是二民族者。雖均島夷。而教化之高下。雖至愚人猶能第之。而試觀彼非支之所以道沙摩亞者又何若也。非支之於沙摩亞也。其畏惡望避。若將浼者。以沙摩亞為未有宗教之民。不敬鬼神。廢其血祀。不循非支之所為故也。札克孫遊其島。遇其賽神。而未嘗如其俗以致敬也。則眾淘洶焉。指而目之曰。何來此嬰匪毒之白人乎。由此觀之。則其所以謂沙摩者。殆可信也。

此雖小蠻夷事。而宗教之際。所見於文明國者。可推也。彼兇殘暴狠之非支。本其習非勝是之意。且謂本吾敬神重祭之忱。雖用人於社。而膰其肉。當也。至其於鄰藝天隳祀。餒其鬼矣。雖愛其同類。慈祥忠恕何稱焉。故以非支之見。而論沙摩亞者。縱察之至精。從莫得實。彼將本其宗教之是非善惡。以論非宗教之是非善惡。則無怪玄黃易位。黑白倒置者矣。

故宗教精粗真偽不同。而其為群學之梗則一。所奉者揚之升天。

所闢者抑之入地。攻取擊排。雜以憤好。是於一群之變。欲因果事效。釐然無惑難矣。彼非置而不討也。顧於此則見其美而忘其惡。於彼則得其劣而忽其優。不僅初民象偶淫哇之教然也。即進乎彼者。又可論已。

宗教有最重之二義。一曰神道。一曰人理。方化之淺也。其所謂神道者。必掩其人理。而化之漸蒸。雖人理漸申。而所謂神道者尚存其大分。故宗教所標是非之準。至無定也。而常隨世運為隆污。當於其世。各有所宜。以言其極。則皆無當。宜者。以其所值之時地。民智化理之淺深也。無當者。以多主於遠而難知。不關於邇而可察也。然以神道之故。民之嚴其難知者。常過於可察。如是則宗教之是非。常為治化是非之阻力。以論一切之人事。必有大失其平者矣。治化所謂利弊者。非宗教所謂利弊。有時宗教所甚重。治化則以為至輕。巴爾古黎記與華效卑問答之辭。華效卑曰。以所以事造物者。事其所造之物。此諸孽之魁也。巴曰。是固然。其為罪首無疑義。第此首矣。何者居其次乎。華嗷然應曰。其吸煙乎。巴曰。如此何以處殺盜淫妄證諸孽。華曰。上帝深慈。宥此諸孽。巴曰。然則天下不可宥者。僅有二孽。一曰淫祀。次曰吸煙乎。華正色對曰。如是如是。夫其國之教。既以吸煙為不可赦之辜。而得罪人理。至殺盜淫猶為微眚。此於群法其無可言甚明。**夫人事謠俗禮法。不自治亂苦樂之功分而觀之。則群制治功。固無良楛之可論。而一切教化之進退。亦無以云也。**彼巴爾古黎之所載。特其尤異者耳。其劣此者固時見也。古及今所以審是非之辨者不外二端。決之以天心之向背一也。決之以人事之利菑二也。雖群演既深。則人事之重。與天心埒。而務民義者。或以天道為悠渺而難知。顧宗教未絕於人閒。則事之善否。決於其次者。終未若決於其一者之眾也。故一事之稱惡。以違背教律者居多。以其致害於人倫者常寡。其論群法也。必依其宗教之律令。以褒貶其制度云為焉。至於即事為衡。決以斯民樂利所由之增損進退者。真落落乎不多見也。

夫教之為辟。隨在可見者也。而於吾國之某公為最著。某公所奉之宗教。乃合為己兼愛雜出之者也。故不佞每與某公言。退未嘗不深思其所以然而不可得。某公之為人也。居平每日必夙興禱祈。遇來復日。雖老憊猶黽黽赴寺。布坐聽牧師說法。有禮神事未嘗不與。其尊神重教。蓋可為後生儀表者矣。然其生平最喜談兵。聞海陸戰事。則陽滿大宅。色飛舞蹈。若親與於勝負之榮辱。而出入於礮雷烽電間也。故人謂某公所讀書。二約而外。則阿里森[4]以言其情。殆不遠矣。有時言愛爾蘭教寺未立。以為大詬矣。繼而牽引潛移。則及師子心、力察德之戰。沙剌丁、威林頓、窩德祿諸役。聲顫音高。幾不自主。僕之始與邂逅也。嘗訝此老所信向與所欣悅者。奈何衝突如是。洎與諦省。乃悟所由。蓋彼所取於宗教者。特其臨御監觀之意。而宏忍洪悲。止殺好生之旨。固概乎未之或思也。彼其心直以上帝為宇宙之元戎。疆場之司命。方其奔趨教寺。頂禮讚頌。意與小校騎兵。應期聽點。伺候指麾。嚴恪之情未嘗異也。故知常人服教畏神之隱。即本之以為慕君尊上之忱。此其中之既深。則所謂平等愛人之意。雖日日耳提。其所領者特若存若亡之際耳。此則某公之心術。其發情矛盾。所可得而言者也。

然則教辟為害。任其流極。將人道必承其蔽。蓋宗教之經法。雖有合天理與人情。然其督民之守之也。非即事為衡。計民生之幸福而為之也。特以是為神道之條誡。順之者吉逆之者凶。本其畏服之忱而為之。其於守道含德。非真知其義利行之也。事為之援。曲為之附。率塗循轍。懍禍罰而不敢違。故其為效。雖不必顯悖於人理之當然。而民義不明。至其末流。終於為梗。彼率塗循轍者。由而不知其故。心未嘗取事之遠果。而一思其何如也。故一事之形。設其為惡。惡於人理者。彼以為是不足與治也。獨至顯違教旨。則深惡痛絕。致憤憤而攻之。教之所言。著為科律。謂凡此皆至德要道。必不可叛者。明世道之亨貞。人倫之利賴。雖宗教之精在此。且轉置為後圖。值不得已。負之無罪。故以宗教之家而伸民義。其意常委曲倥傯而難通。此觀於近者亞達那獻派之爭可以見矣。❺彼謂三靈一體之說。所關於國運民風者甚鉅。三靈者。上帝為父。耶穌為子。而分賦於人人者為靈神。所謂一體者。蓋當知三靈本無差等。同具全能。是三是一。三者其一在天。其一捨身救世。身入地獄。以收所分賦之靈神。奉景教而疑此說者。乃墜泥犁。永世不拔。且謂為國若審知此理。令諸祆師。時時用此戒其百姓者。其國當興。設任異說朋起者。其危亡不遠。夫使教辟至於此極。雖有群學。吾將如之何也哉。

教之為辟。雖宗宗互殊。然使類而同之。正相等耳。大牴觝滯不

以下言

通。無以與於大同之理。以其宗旨之相傾。則駮擊牴排。而異量之美不見。今將使一宗篤信之家。知彼所為捐頂踵棄嗜慾。以求其道之大光者。非必真實也。特相較而真實耳。非盡善也。特相方而善耳。彼將牴死而不喻。更與言特宗別派。凡所謂為外道異端者。又未必持之無其故。言之無其理。而於世皆有一節之用也。則愈怫然不悅。彼守一宗而篤者。其懇誠肫摯固也。然與觀他宗之徒。其懇誠肫摯又相若。及深求其所以。則大抵生於某國。產於某鄉。而為某家之子弟。所持守者。受於其先。以少成習慣之既深。遂拘焉而未由以自拔。彼於他人言之瞭然也。獨至於己則不若是。且其拘束之既深。不知是異宗之旨。其中一二。清淨精闢。且過於己之所皈依。就令遜之。而跡其源流。常皆有一時之可用。夫非一無所宜。而能立為宗教者也。

往見近人華理、牛德階二家之論羅馬公教也。其掊擊幾無餘地。則與言是當歐洲往日。於民群之演進。未嘗無功。彼二氏必超然而不信也。更與言是公教者。即至今日。於民生猶非為無補。彼將愈怫然而不能忍矣。雖然。以往者之國異政。家殊俗非宗教權尊。臨之以不得不奉之勢。則所謂風化齊一。合眾小群而為一大國者。殆無其時明

歐洲通行基督教派之辟加多力。即公教。即羅馬天主其舊者也。波羅脫斯坦即脩教。即耶穌即誓反其新者也。二宗之外尚有特宗。特宗者。不純主國教而樹義自立者也。

矣。王者為域中大權之所集。向使宗教非稱天而行。則欲用其權力。以息戰爭。興文物。其道無從。草昧之民。尚鬼而誣天。使向者非定於一尊。而以其道為無諍。則雖有甚善之示。未始不裂而為象偶。今之訾公教者。曾亦思數百年以往。民行之所以日純。橫暴之所以日泯。奴虜之被虐。有所息肩。女子之遭逢。差無楚毒者。微彼教力。誰與歸乎。而如是種種之說。恐非排擊舊教者之所容心也。乃至加多力宗之謂波羅忒斯坦宗也。其不平亦然。故波羅忒之意旨功分。苟自加多力而觀之。皆不可見。嶺以南人。❻皆謂宗教之用。不獨薰脩自度者所不可無也。即至生世之苦樂。亦以崇奉之虔否為差。設告之曰。宗教之法制功脩。與其所以明民者。皆不過有一時之用。至於民智既蒸。出藍著美。則教力之日微。即天演之日進。故彼所大懼。乃真吾黨所禱求者。持舊宗者必不信也。舊宗以一道同風。為教之極致。故以異言殊服為亂階。又以人立說著書。使一國之民。於素所篤信崇守之端。有致疑之意者。此其罪魁禍首。宜為天誅帝殛之所必加。又何訝焉。一昔法國布爾多令尹言。二約所稱魔鬼。殆非他人。即倡言誓反者耳。而常伯爾世爵大韙其言。嗟夫。自歐洲變教以來。

舊之所以詬新者何限。射工螯影。自其口出。夫亦置為不足道焉耳。獨是使持舊宗之說者。為辟之深如此。則望其於新宗之義指。與一切所不得已而更張之法制。平意並觀。而褒貶毀譽。稱物以出者。無其事已。

夫宗教新舊之間。其為辟既如此。尤足異者。乃至同為新教。而門戶不同。則其辟亦見。特不若向者新舊之閒之已甚耳。方加多力舊宗之初變為波羅忒也。不知炮烙者幾人。流血者幾輩。而新者幸立。且立之而為國教焉。乃不一二百載。民之視國教。猶向者之視公教也。於是有別立之宗。以別立之宗而言國教。猶以誓反而言舊宗。在在皆有其害而無其利。夫別立者散宗也。獨不念當彼新舊水火之初。使散宗而留其衡。其所為摧陷廓清之功。能如彼乎。彼合一國之策力以求之。其難成僨失尚如彼。則以特宗之首尨勢散。當之必無幸矣。而彼講宗教自由者。終不悟也。此別立諸宗之辟也。至於國教之辟。則不知政教之事。**凡出於二者其常。而出於一者其變**。出於一而國與民能以之有利者。此不過際群演之一時耳。天演之道。莫不由簡以入繁。由純而漸雜。**故別立宗多。固宗教之進步。而非其退行也**。徒見宗教之事。向之定於一尊者。乃今降而為諸別。向者國家所為政。乃今人人所自由。而以是為陵遲之衰象。則不知宗教而外。民之所待以立者。猶有政治學術。其中別立自由之勢。亦以日滋。又可說耶。可知自一而萬。天道之常。而辟於國教者。自不見耳。今國教謂民閒別立諸宗。為散無友紀。猶向者羅馬公教。謂北邦脩教為叛亂無章。而自吾黨觀之。此特天演之二境。勢有必至。理有固然。無足怪訝。且其變乃上行之軌。而非下趨。**雖見於古則為害。而出於今則為利也**。

故凡其人而辟於所奉之宗教。雖有至明之群理。必欲其喻而不能。方彼之奉一教也。且以是為至誠。與天地同其不變。而一切異者。皆外道魔宗。皆異端邪說。設其依違。歷劫墜落。當此之時。設吾告之曰。宗教無所謂誠偽也。立於其群。視群德之高下。民智之深淺。其清濁固殊。而皆有持世之用。彼必怫然大不悅之。蓋其心以為。吾所尊信奉行者。真實清淨。與大宇同其旁魄。與長宙同其悠久。假持吾道以入紅黑黃赭諸種人之鄉。果其道一日而行。是諸種人之獲福。不可思議。而其人之信喻嚴威此教。猶己之信喻嚴威之也。其為辟如此。**豈悟教之不可以強跂。猶政之不可以強行。二者同為群**

**德民智之華實。使過其文明之程度而為之。將受其名而捐其實。浸假將與其所前奉者。殊貌而同情。**此吾群學最普必行之公例。而彼辟於其情者。遂盲於其思。

雖然。教之為辟。其蔽淺。人之所易知。教之反辟。其蔽深。人之所難喻。非為詳論。罕能見也。教之反辟者。**蓋宗教緣畏神服教之民德。有所主張。言經行法。罔敢或踰。而久之則教辟見。及其反之也。乃破藩決籬。不可禁制。一時人心泛潰。難以復收。自以謂隳裒解弢。不復知宗教之大用。此誠治群學者。不可不謹之大防也。**今欲明反辟之何若。試先舉其粗者而例之。印度湼叵羅王龍巴哈都有后。患痘疾。愈而痂痕著面。憤其容之毀也。仰藥自殺。王大悲恨。乃詛其國。殺其醫。毀其所有事之百神。其殺醫也。鞭背三百。一一聅而劓之。其毀神也。先為文檄。數其所素享之歲祀。羊幾千頭。錫幾百斤。乳幾千格倫。乃今無功。王今行誅。命武士列礮伍。轟祠廟。讀文已。下令然礮。武士或戰栗奔走。寧死不敢奉詔也。連殺四五人。而後燉舉。蓋半日之頃。其都之祠廟。閎壯崇侈。無一存者矣。考天下史書。載毀神事。此為最烈。**以其毀之之烈。見其前信之之深也。**

以下言教辟之反。反教辟者。謂民生群治無所用於宗教。

**非其前信之深。無以為後毀之烈**。蓋二者有反比例焉。方吾英康摩律之爭民權也。聚所號清淨黨者。以為兵。撤國中前有公教諸寺。以養馬。法國革命事起。毀一切供養。裂經取紙。以築火槍。偽演宗教威儀。相為譁譃。當此之時。察洶洶者之用心。**皆前者教辟之深。而今適得其反耳**。雖晚近以來。緣教爭之淺。決羈叉軛。不若前此之深。而時時厭故謀新。則矯枉者必過其直。前者既阿所好而惑。後者亦惡其不讎而失中。前者稱其真實不虛而致敬。後者亦惡其假託矯偽而鄙夷之。前者其事神為人事之最嚴。後者亦謂尚鬼為無用而煩費。

失如是之情。其往而不返者有之矣。亦有時時過情遷。顧往事而為悔。善乎噶來氏之言曰。**此如形長之人。褫其見短之舊衣。而以為無用。俄而展觀。則返憶蔽形飾體之功。而悔其棄擲之已蚤**。彼於舊信之教宗。為裂冠毀冕者。前後之情正如此耳。雖然。是悔心之萌也。有其輕微。有其重鉅。使悔矣而不擾其衡。則此時之情。庶幾可與言宗教之實用。即一切群事之涉於宗教者。皆可論也。

且彼棄一切之宗教。縱心孤往而不復歸者。固亦有其所以然之故。彼於已陳之芻狗。見其偽而不見其真。計其害而不計其利。方且謂使天下盡取矯立之宗教而棄之。將民皆相見以真。而世道由此進也。欲知其說之不可用。惟即其所據之理而究論之。庶乎有以息其喙耳。

彼則曰。是稱天而行。與夫假神之設教者。果何期而出此乎。吾將以人治人。凡脩己接物之際。使皆有可立之程準焉。以人作則。而人守之。是於民義不更切而易行者耶。夫何待於宗教。而後人事有所程乎。是言也。蓋未嘗於人事深察其實也。夫苟自人事而觀之。**將見齊民之智。雖在微譾。彼且無術以自將。有時事理當前。略用思心。即可以濟。而總總者猶病未能也。則又況義理之廣博。嫌疑之黯冥。欲以責無教之民。必無望耳。**是故烝民之智。雖在日用常行。必有君師之權。以為之法而使循。庶幾易蹈規矩耳。設一切任其自行。取其意之所是而由之。彼將穨然而廢。且聞者以吾言為過乎。則曷即其一日所經之事。而觀民智之所存。

每日晨起。對鏡傅衣裳訖。以醫言宜日服補劑藥水若干滴。則具栝持瓶傾之。數滴以後。皆沿瓶口作屋漏痕。不可復闇數。此以瓶製未如法故。吾不知國中諸玻璃廠。每年製售此瓶與藥店者。幾兆幾

以下駁反教辟者之說。而究其說之不可行。蓋常人思力之淺。於日用之際。在見之在。況於遠大。烏能自作則而率由之乎。

億。其沿此不便。亦不知經幾何年。未謀改作。彼製器者用思之儉乃如此。頃而髫鬟。綴領緣又須用鏡。然几上所有。欲定其與地平作若干度。令常向我。則累試不能。稍仰更俯。同於無用。向使製鏡者。求其重心。當點作樞。將無論何勢。不復易位。然乃歲歲年年。鏡之製者。當復幾京幾垓。未嘗於此最易之端。稍留神慮。為之改貫。其儉於用思又如此。傅衣履畢。下樓晨餐。盤中具魚。須哈爾維醬。持瓶傾之。覺其弊與前藥瓶正等。汁涔涔沿瓶下。污几幕作點斑斑然。乃又歎彼貿易中。無人肯勞其神祛此弊者。晨餐已。圍爐讀報紙。火稍微。須添炭。持鉗取之。三四夾不得一煤。其已鉗者輒溜去。以鉗股端太滑故。不知製與售此爐具者。父子曾元。操業幾世。然終不肯為鉗端作鋸齒。抑操鎚鑿。作數齟齬。以便用者。不亦異乎。逮費幾許手法。乃得煤一枚。置爐中。火稍旺矣。坐軟椅。對之展紙讀。半簡未終。覺肢腰不適。須數數易勢。始悟是所坐者。雖號軟椅。特名存耳。未得其術也。夫製軟椅。術在使坐者壓力。無畸重輕。抑使當坐椅形。與坐者背臀。窅眏相合。則壓力平均。而人椅相得。顧人類自變席地為交椅以來。不知幾何年代。訖今雖家需人用。而猶未得其術如此。則審曲面勢。於此曹又何望焉。

且此特一頃之所遭耳。設引以竟日庸。有既乎。事事而察之。將見民力之所存。皆族世所鬻。竭畢生筋力以治之。而其中思力所施。可尋求者至少。今使呼一執工之子。而畀之以稍異素操之業。則雖圖之至明。說之至悉。望其無誤。殆不能也。假其訝之。彼將夷然對曰。是固非吾以前習者。所聞於師。未有是也。夫含靈之類。乃不能為一隅之反。事必待教而後能。此可深恥。而若人不以為怍。且此豈獨工之細者然哉。即在制造。其改良之新法。大抵起於非制造之家。而躬制造者之所守。多數十年之死法也。即在商業。其經營興發之塗術。雖歷久敝生。而末流尚循而不革。嗟夫。人生一世間。其靳於用思。而心血之耗。恆求其最少之數者。果若此耶。於形下之粗且如此矣。其於形上。又當何如。然則宗教泯滅。彝訓不存。而謂率循無具之民。於處群行己之間。能本其性成。而別何者之為善。何者之為惡。又能高視遠想。審是非。明利害。擇其一以服膺循踐之乎。後世不可知。若今之民。殆可斷言其不克也。則宗教之曷可廢。

且此不必反覆推論之而後見也。每有一事當前。使宗教不先定其是非。則世俗莫能分其善惡。譬如群博。此其不善。揭然明白者也。而其所以不善之由。則不勝異說焉。或曰。是其弊足以破產也。或曰。是怨及朋友。而致妻子於凍飢也。或曰。是廢時而隳業也。或曰。是樂與其損者遊也。其所以訾謷群博者類如此。顧博之為事有至害焉。則持種種前說者所不見也。蓋博之所以不可為者。以其必損其鄰而後益耳。夫人之得其所欲。抑得其所以易之財也。其中有二義焉。**己必有所以為易。以為群之美利一也。彼出財以與人者。常得其財之所當二也**。獨至於博。其道反此。勝者之所得。未嘗有以為易也。而其得之也。必與他人之失若害俱。夫如是之道。其去寇攘。特一間耳。反於利群之道者也。習於利群之反。**則人偶之意將日亡。其自私之情必日酷**。人偶亡而自私酷。此群德之所以日渙。而民行之所以日澆也。

由是知近世愛智之家。有為人道新教。以代神首舊教者。其說為虛願。而不可實見於施行也。**夫人道之教出於思。由明而誠者也。神道之教本乎信。由誠而明者也**。顧欲祖仁本義。由一切人事之宜。而張為法制。此在上智。猶或難之。況彼中材之眾庶。且彼所訾於宗教者。惡其既古。而所本者虛也。則不悟一宗教之行。能歷數千年而無墮者。其所昭示創垂。而以為坊民之紀者。豈皆虛哉。夫亦以人事之失得徵之耳。**故宗教所垂之懿訓嘉言。而為人事之經法者。同非竭一人之思索辨問而為之也。乃積數百千年人事之閱歷甘苦而得之**。當此數百千年中。人類之所為。**固不知幾經拂亂。茫乎其是。而從其非。從其非則禍患痛苦死亡從之。而非之塗乃以漸廢。是之塗乃以獨存。而以為後世法。是故宗教雖人事之經。而亦天演之事。經物競天擇之淘汰。而有此餘也**。然則宗教者。固人事之科律。而其所以垂為後法者。非一二人之劫制號令也。閱數百世之治亂興衰。積累試驗。合而成此。**故其說多堅。而其理多信**。而後之人欲以一曙之智慮。謂可取而代之。夫亦於其事之所由來未深審歟。

不寧惟是。夫以人道之教代神道之教者。就令竭其心思。而所以網紀人倫者。釐然悉備。是教也其果可施行而效矣乎。是尚不可得而知也。何以言之。人特謂人心之所信守。與其行事之所率循者。皆出於知。而不悟其非也。**知僅為其得半之塗耳。蓋凡人之行誼。其定於情。而不由夫理者。蓋什八九也**。

是故面從不違之法語。與夫既信其說。而身體以力行者。二者之間。不可同日而語也。其事顯然而有徵。其辨確然而無隙。是可以制其行而使之弗畔矣夫。而不能也。乃有時一言之發。一義之標。徵諸事而無驗。甚而違反者有之。顧徒以言者之主張。若其神明有所獨至。一夫唱說。百人皆聳。從之以往。若不自由。是又何說也耶。往往與流俗人言。持之甚堅。責之甚厲。若父之誡。若君之詔。不必道所以然也。彼將奉令承教之惟謹。言其當然足矣。設語之以所以然。將所以然之理愈明。其所以行之力愈怠。此非明者所共見者耶。蓋因果相及之致。非流俗人思力之所能與也。己莫能明。則資於人以為導。是故使言者灑然慨然。彼將即言者之信以為信。與及因果。敗矣。其委曲層累。非彼所能窮也。不能窮而強使窮。彼於其所必至所固然者昧。則轉以糾紛。使其稍明。則得其輕掉。糾紛輕掉。其行之之意皆荒。轉不若主張劫持者。有以震動奮發而使之必行。然此情也。非理也。理主於知。情以為信。故曰徒知不足以制行。而人之行誼。常定於情。

就令問學之人。達識之士。其論事也。必求其徵。其說理也。能知其故矣。然必謂其制行遂一於理。而不溺於情者。又非極摯之論也。**博聞多識之家。其行事也。或明知其後害而故蹈之矣。或深信其理之當然而自畔之矣。其心之明。有時而復。所謂悔也。侵假其悔之意又微。而又喪其所守。自非上聖。免此者希。**蓋所知之理。與所感之情。同起於心。而情之勢張。有以蝕理。此如恑憏之病夫。**方其頽抑無聊。神志慘沮。雖良醫之忠告。前事之既經。明知己所憂虞。皆由血氣之衰茶。而卒不能以自振也。又如昌披之狂子。方其恣睢睥睨。雄視一世。雖朋友之苦言。已往之敗衄。悟事勢之不易。所望之難償。而卒不能以自返也。**當此之時。情方擾之。其所知之理。何權之與有。

彝訓雖誠列。章則雖誠施。其所以行於群。本其所震動之情者多。由於所諦驗之理者寡。民之生也。內有父母之儀。外有師保之訓。而其嚴恪將順。期無負於勤劬者。以所受者。為倫黨所期。宗教所誡故耳。至於從之者福祥。逆之者禍滅。雖理有固然。而本此意以執行者。抑其次矣。**故使情有弗存。而理獨為用。則其所以率民者。往往不足也。**

夫謂群演既進之秋。如今日文明諸國。與其國秀民。其所以制行者循理多而率情寡。循之既久。居仁由義。不待勉強。而若率其性之自然。此其說誠非過高之論。顧就令如是。而民之制行。雖不必盡視其群之毀譽。而群之毀譽。則有以使其履道之益篤。群之所毀譽。與宗教之所癉獎者。差相若耳。況夫淺演之群。其利害不必與是非合者。則宗教之為用。尤不可以一日無明矣。

則由是知教辟固害。而其反者又未嘗不害也。其所由害。以不知群演未深之日。得宗教而後教化尊。民有守死善道之心。而群之合乃大固。即使稱神而過。**要亦隨時之義。不足深訾**。又不知非宗教不足以持民情。徒以理制行者。未能如彼之有功也。

夫彼所以蔑宗教為無足以言者。謂其誕也。謂其虛也。然蔑其虛誕可也。奈之何並其不可虛誕者而棄之。夫宗教之真雜。與群演之淺深相表裏者也。治之未純也。教有其真。嘗含其雜。而辟者則緣瑕而棄瑜。因非而亡是。故惟蔑教之至。至於其極。而宗教之真以見。**乃知向之所蔑而棄者**。**特教之芻狗耳**。**而有其必不可蔑棄者**。**則教之真也**。彼不知者或恤然而保之。或憤爾攻之。意若謂是區區之法制訓

以下更言蔑教者之失。蓋宗教精粗不同而無可廢之一日。

辭。教之所視為存亡者也。而孰知是法制訓辭。方與時進退存亡而為長存之真所應時之影響乎。

世降而天演之行益昭。而人類之所以言天者代變。已往者為陳迹矣。而來者方無窮焉。**無初之義。不可以意言也。則宇宙必有始。其所謂第一因。其所稱為太極者。亦代變也。亦變而不知所屆者也。**雖然變矣。而推之無窮。是太極者欲以為無。不可得也。不可得以為無。則人心之中。終必有其意象。今夫天演之行無貴賤小大一也。欲知其未然。迹其所已然而觀之。可以得已。古宗教之言天。與今宗教之言天者。有以異乎。曰有。其異何如。**曰離乎其迹。而日即於乑。**使已往者而若是也。則未來者亦若是而已矣。乑故不可方物。不可迹象也。顧其道之不可離。而體物昭察者。則後之說過於前之說也。

今夫民之於宗教也。原始要終。無二致也。**曰主於所不可知已耳。**言天演者。可謂極其致矣。然而方為句萌。固此物也。及其參天拔地。支葉扶疏。亦此物也。民之為渾沌狉榛也。覺己外有物。其功力為己所不得與者。則以其有不可思議者存。而致其畏敬。當此之時。民之為慮至微淺。日用飲食。出作入息。道雖無往而不存。彼則以為常。然而無足訝。雖有至理。彼不能言。而亦以為無可言也。獨至變常反經之端。而又屬於志氣之近。夫而後乃驚歎。而求推其所由然者。逮事物之變。積而愈多。得稍會以為公理。其驚歎於非常之變者乃益深。而最粗之宗教以起。則如鬼物之宗。青蛙神蛇諸教是已。顧教之演變至繁。吾不能於此而盡數之也。則略其中間。而言其最後之變。夫最後之變。其異於古所云者無他。**古者見其異而驚之。而宗教之事起。今也知其同而神之。而宗教之義深**。寒暑晝夜。與夫一切天行之變。莫不循環周流。極而反始也。則起而求其所以同之故。況格致學興。凡向之所謂異者。乃今莫不得其同焉。**則向之於其異而不可思議者。乃今轉於其同而不可思議**。至於見其會通。立之公例。而推之彌廣。**則其所不可思議者亦彌深**。疇人實測天行。知有不增減之通吸力矣。而問通吸力以何者為之因。與其所以攝世界諸塵以推行是者。彼將默然無以對也。於是則謂之以太。似於所以推行者有可言矣。而更問以太何因而有。與其所以為性情者。彼又茫然無從以致思也。**然則以太非所以釋乎也。而特乎之簡號云耳**。由是而推之。乃至一切形氣質力之學。其言物也。為之質點矣。為之莫破矣❼。雖得此而物理之可言者眾。顧從而窮之。則質點也。莫破也。亦終於不可知之物已耳。是故不可思議者。宇宙萬物萬事之歸墟也。道之所通者。雖日以闊。而是不可通者終有在也。民之方為狉榛混沌也。見有物焉。其變為人所不得與。而不可知之義起。宗教之事興。越數千年。雖其能事日進。智力日張。兩間之變。為知能所不與者。轉以益多。向也驚於其偶。今也驚於其常。向也不知其所以異。今也不識其所以同。其深淺迥殊。而默於所不可知。則一而已矣。

此宗教之天演也。其變雖繁。其物常如此。故謂數世以往。宗教之義。將滅於人閒。抑謂其事。將不與前為同物者。此知言者所必不出也。言其質文代變可也。言其畦畛日滅可也。而宗教之精義。則終古不可變滅者也。宗教之精義存於幽。幽故稱神道。而後之人欲以民義之顯者易之。此不僅求之心理而不然也。即考之往跡莫有此者。夫人道之尊固也。然嘗有物居民義之先。而為根蒂者矣。執民業而忘天道者。可以為一時。不可以為永久。何則。宇宙之閒。人道不足以盡物也。人道有極者也。而天道無極者也。欲以有極者代無極。此反宗教而辟者之過者也。反宗教而辟者。且不知宗教為何物。不知宗教為何物。故蔑其前此之功。忘其現在之用。而謂其物將為後世之所無。宗教者。群之大用也。或辟之。或反而辟之。其於言群。均無當已。

教之為辟如此。自其大者而言之。則神道之嚴威既重。將人倫之修飾以輕。其論事也。將以合於教者為善。不合於教者為不善。而民義舉以廢矣。而且宗風不同。支流各異。則往往本其門戶之見。以一概相量。而遂為事功之梗者有之矣。迨夫民智既開。神道權減。而矯枉過直者。將又以宗教為無裨於民生。則不知宗教為物。乃群治所不能廢。其儀文清濁。亦本於隨時之義而成之。而皆有翼群之用。故儀文隨世升降。而教之精意。將與天地終始。不能以人意為廢興也。若彼者謂之教之反辟。反之與正。其辟不同。而其害群一也。惟折中於斯二者之間。而知宗教之有天演。與群中他物正同。其變也嘗趨上行之軌。而民德既明之後。不能用顓愚之所虔奉者而使之強從也。故其物不能無變。然而後之變不能蔑乎其今。猶前之變之不能蔑乎其古也。

以下結論通篇之旨。

## 附註

❶ 康熙間。亞剌伯有回民名華哈伯者。起於拏業以脩明穆護之道。自任遂成宗風。其徒號華效卑也。

❷ 回稱上帝號。

❸ 嬰匪毒譯言。不信宗教也。西人以此語為深詬。

❹ 著兵史。

❺ 亞達那獻。希臘歷山埠人。生於魏晉之間與亞利安派為敵。皆持景教異說者也。

❻ 意大利國在歐洲長白山之南。故洲人稱之為嶺表之國。

❼ 彼言阿屯。

# 繕性 第十三

總前八編。所欲明者。大抵群學之難為已耳。約其旨。則見於第四之知難。散其說。則外見者一。物蔽是也。內見者二。智絯情瞀是也。而學詖國拘流梏政惑教辟五篇。凡以能所對待之不齊。情瞀從而異耳。嗟夫。為學考道之業。外之則必資乎物。內之則必治以心。物之來也。其為體殊。而其所當之會異。心之往也。其受性不同。而所秉之習相遠。是故事理常一。其不勝異說。而難得其真者。大抵以前事之異。而為熒蔽者多也。心知其難。夫而後可與共學。乃今難者喻矣。吾得與學者言其途術焉。且是所欲言者。又非群學之本圖也。**蓋言夫所以繕性刳心之方。治其甘白將以為群學之和采已耳**。夫同一事理。彼思之而荒。此論之而得者。惟其心功異耳。心功之異。由於天賦。而亦由於人事之修習。此篇之論。將取其人事之所得為者而詳言之。

夫人之所以為人者。曰形與神而已。形之為用。人而不同者也。

以下總前五篇。言其皆情瞀之分見者。合前智絯之說。然後知為學之難。思誠之不易。知為學之難思誠之不易而後有省察之功。雖然。徒言省察。尚非學也。

故神之為用。亦人而不同。形之藐碩鈍捷判。故有甲之能事。非乙所能跂。神之剛柔清濁判。故有丙之思理。非丁所能循。此本夫自然者也。形以其所素習。故都盧侲子。以獨擅之技稱。神亦以其所素姱。故學士疇人。以冥悟之能著。此出於人事者也。雖然。形習矣。使有所偏。則跛踦重膇。必呈於其體。神姱矣。使有所壹。將詖淫邪遁。必中於其思。

是故心德非一。而繕性之事。所功加於此而效見者。其徑者也。所不加於彼。而其效亦見者。其紆者也。使徑之所便。而致而極者。將紆之所不便。悉形其偏焉。夫形幹之與心神。其修之不可以兩隆。久矣。是以睿思績學。有體弱不振之憂。長狄佼郎。寡疏通知遠之智。且精而言之。是相剋者。豈獨形神之間而已。形之與形。神之與神。有互為消長贏絀者矣。右手以多用而靈。以右之愈靈。而左之扞格不操愈見。體而如此。心亦有然。夫心德之分。最鉅者二。則情與識是已。是二者之不同物。深則察之於感念理想之間。淺則見之於觸塵知物之頃。此情識異用之大經也。降而微析。則知物與理想又異。是故同為考察矣。而甲之用心。則長於積測。所以為博也。乙之神

。則繼此而論其所以繕性者。他性非其亦言為所以方學之。而已。

**解。又在於會通。所以為約也。每聞公例之立。其所稽之事實。多他人所前得者。**❶而己之所積測者。非以其散著之可欣。而在其徵實之有用。再析而微之。**則同為理想之功。而用思又有廣狹普專之判。故能見於大同者。多遺於專理。而專門之士。亦常闇於通宗。**然則心能之異。不其著歟。

若夫思術不同。久而成習。以其心習之各異。其效常見於論事審理之時。使其事繁理賾。則論斷者心習之異。將愈可知。遇其事理簡徑。而因近果專。如幾何數術。格物問題。彼稔於其業者。本公論而證要歸。據弟佗❷以求答數。甚為無難。無由見心習之異也。獨至繁賾問題。流分源遠。則理如觀貝。人有特思。心習不齊。於斯見矣。

是故欲治群學。非先治心習不可。然而心習非虛而無驗。若俗所謂心術者也。思理之所由通。識地之所由實。皆於此而課之。欲保其天明。而祛其物蔽者。捨科學之磨礱鋤溉。殆無由矣。蓋群學者。一切科學之匯歸也。今夫例立而無不賅。物生而莫得外。取一切形神道器。表裏精粗。而莫不舉者。名數二科是已。故名理算數者玄科也。所以挈不易之事理。究不遁之物情者也。而群學首以之。則玄科之治。不容緩矣。理由玄而漸著。雖然。未遽著也。而有其玄與著之間。是為閒科。則質力諸學之所有事也。二者介於形上形下之交。而皆為名數之所緯。至於其理。則因果對待是已。言群學不能置因果也。故閒科尚焉。然而知因果對待矣。不及其著。則不知其為物之悠久蕃變旁通錯綜也。故有天地人物諸學。之數者皆大物也。然以言其所貫通。則隘於質力矣。而尤隘於理數。惟以其上下照察。耳目所得施。故稱著焉。學而至於著。則所謂因果對待者。雖有遠近繁簡之殊。庶幾能盡其變矣。此其所用。所見於群學者尤多。不可闕也。是故欲治群學。於是玄閒著三科之學。必先兼治之。以本之為心習。夫而後有善事之利器。是三科者。**取其一而遺其二不可也。為其二而靳其三亦不可也**。❸

以三者關於吾學之重也。故前揭其要旨。而後詳說之。將以見一科既治之後。其所得以為心習者之為何。又以見一科偏廢之餘。其所病於心習者為何狀。則試於是三科者。遞舉而徐明之。

夫所謂玄科者。❹名與數二學是已。今使學者之姱心也。置是二者而不事。則其蔽可以不知何者為不易之事理。不遁之物情焉。今試

以下言以玄科諸學姱

觀未嘗學數之夫。甚至四術不知。比例未習。則其用意持論。於所謂以如是之與數。得如是之所求者。不可見矣。在習者雖以為至明。迷彼乃若有餘慮也。在習者雖以為至確。而彼乃若有餘疑也。無他。**不識何者為物之所不得遁故也**。又使習於數矣。而未為名學。彼將於數見其不遁矣。而於理不能。夫由原竟委。理有固然。其無以易。與二五之為十均也。而彼未嘗媮心於名學者。**乃有時知之而不信**。**有時信之而不堅**。

是故理在物為不遁。則信在心為不搖者。此惟深於玄科諸學者為能之。顧治之而不得其術者。又不能無弊也。譬如名學。其所治者心。而其所以為事者名。名實之表也。設學者狃於其名。而忘乎其實。**久之且執其名以當其實**。**斯生心之害見矣**。惟言存乎名。而意注於實。學治其弌。而變觀其著者。夫而後所思之對待。不託於虛。而吾心了然於原委相及之致。庶幾有以善吾心習。而名學之用見耳。至於數學亦然。其粗且淺者勿論已。至於精深。則其為簡號名稱者。所代益眾。而相及之致。亦愈以杳冥。使學者非時警其心而使之意存於物。則將所以求益者。反得其蔽。何則。**溺於代而不見其所代故也**。

心之用。然亦互用利害之可言。

此精於算學者。甚難逭之災也。故數科多目。而幾何形學。其用較宏。而所謂不遁之思理。往往由是而得之。何則。形實當前。無假於代故也。有其與數。有其原詞。而答數委詞。釐然必得。層累曲折。瞭然於思。即物窮理。而不滯於名代。此其姱心之習。所以誠也。

雖然。玄科諸學。為繕性者所不可少矣。為之無失其術者。嘗有可指之效矣。且如是之心。將有以興於天地之大同。事物之通會矣。然使專而不廣。而以是自封焉。則心德必有所頗。蓋其事將成為心習。而心習之用。將形一切之思。**彼方以數觀物。而不知其物之不拘於數。以名察變。而不悟其事之不盡於名也**。今夫算家所馭之題。其取物常甚寡。其封畛常至清。而兩間之變。其用事之物常繁。而其封域必不能如是之明且晝也。使學玄科者之心習既成。而不能以自拔。則其心將有以與於玄。而無以與於著。其論事也。常挾其二三。而遺其什伯。將以分際之難明。而姑以為可明。此如造沈螺之舟。而不知水底之壓力。守拋物之線。而不知空氣之横吹。其所思之違於事實決矣。

以是之故。世常謂疇人之心。可與言極深之數理。而不可與議常近之事功。查塞律者。法之碩師也。而不知所收奈端、巴斯噶爾諸手蹟。為極易辨之贋物。又摩根者。英之名宿也。而其論事也。常舉其偏端。而忘其大較。斯皆略舉之。而可以為學者之前鑒者矣。

以下言閒科之用與其利害。

若夫介於玄著之閒科。其所以為姱心之用者。**在習其思想於因果符驗之間。蓋日觀形氣質力之變。久之其理愈明。其所以為信之情不能不篤**。此其功效。非他科之學業之所能為也。今夫群學之事無他。亦取一切之變端。而明其因果之不得不相從已耳。而欲洞然於因果之不可逭者。惟此科為最宜。此力學所以繼名數二者而有事也。

人之生也。**日與形氣為緣者也**。自其物時時變動起滅於吾前。欲無概於心。不可得也。故雖田奴市卒。未嘗學問。於形氣之因果亦粗能言之。而於力變之簡者為尤著。獨是於一切之感。隤然順受而未嘗一考其精密。如格物家之所為者。故其心於所以然之致。莫能指實。推以言化。則謬悠之見。往往中之。**試觀古今民族。閒有怪妄詭異之夫。敢為謬悠之說以動眾盜名。彼聆其說一若固然。可知其心於因果品量二者之間。未嘗一案其真實也**。夫以某因而得某果者。常有定而不可移。然必相從以類。乃吾聞某公言。軍中以羚羊繫置廄中。能使馬不生疾。將校走卒。翕然同稱。則從非其類矣。動之多寡。視所用力。此數之有定者也。而世有欲為恆動不息之機者。則無能生有。而數為無定者矣。夫既品量之不知。雖言因果。亦至粗已。此災異禨祥狐鬼星命之言之所以眾也。

夫道固無往而不存。苟用耳目以察觀。亦將無時而不見。**獨是察矣觀矣。而不知參驗稽分之術者。亦無由以悟其會通。**而得天理流行之實也。惟於一切形氣之所呈。其辨之也嚴。其衡之也審。凡所用事。無所遺略。而一一皆原其始而要其終。知其同而錯其異。夫而後見物理之所必循。與對待之恆不易也。而為此者則閒科諸學之事也。力質二學之所為。以試驗為窮理之利器。方其試驗也。對待之理愈明。其所信亦從之愈實。必有某事為之先。乃有某事為之後。有幾何之果者。必先有幾何之因。其衡之也精。其驗之也微。日月從事。習者之家。是故其心篤信深喻。而不可以復搖。**謂天下有無因之果。與謂天下有無果之因者。不徒不可使信也。且於其心乃不可以設思。謂因果之間。其分數功量為無所對待者。亦不徒不可使信也。於其心亦不可以設思。**蓋心習之成久矣。

至哉因果乎。化之所莫能外也。其為物理所必循。而對待之不易。惟從事於閒科之學者。夫而後有以見真而信篤也。雖然。使繕性而止於是可乎。使繕性而止於科。將變之繁有過於格物之所治者。彼又不能以無失也。今夫格物之為學也。務在析之而已。其為術也。即眾而見獨。離繁而得簡。故使事之久而止於是也。則二弊見焉。變之用事者。不僅一因也。而彼常重其一而遺其餘。變之相嬗常無窮也。而彼常得其近果而以為已足。治質學者。雜投之以觀其相受。抵制之以驗其相剋。分而雜之。所以察其愛力也。淤而渟之。所以收其變質也。終之乃得其一物焉。而知是原行者。其前合於自然者為多寡。雖然。未敢以自信也。則屢變其術以析之。使所得者符於前。則所求知而微驗者為得其實。乃至是物一切之性情。與其分合之所拒受者。大抵皆遵前術而求之。其性情品也。其多寡量也。品量明。而一原行之為物定矣。是故觀其為術。大趣在祛其所糾繞。離其所合并。以嫥嫥然一物之為諦。俟其既確。乃及其餘。而所以求其餘者。又前術也。如是而周焉。彼於一果之眾因。皆能言其所以然之故矣。此質料之所為也。至於力科之格物諸學亦然。譬如聲學。聲行氣中。求其速率。

奈端以數理求之。其數乃與實測者劣六之一。繼而拉不拉斯考其所以相差之因。則謂以聲力入氣生浪。浪有排擠。因而生熱。熱生而原力耗減。所以行遲。而需時較奈端所推計者多也。拉不拉斯計其耗減之數。以益之於奈端之所前計者。其得數與實測同。此亦離其所合。譸其一端。事周而後合眾因以言一果之術也。則力科之為析。夫亦與質科等耳。總之其事。莫不即異而觀所同。去雜而紬所一。觀其所用事。然後合而論其同功焉。至於合之。無餘義矣。

使學者觀物窮理。而咸遵夫斯術。則其心習成。而受病略同於向者。所得於數學者。物本繁也。而以意為之簡。境本渾也。而以意為之晝。且以有盡之心。從夫無涯之變。得其一推而足。不暇為深求也。蓋彼所從事者。常於一變之孤因。抑取眾因矣。而為數恆過寡。故其心之為用。能為其分析。而不能為其會通。審於支流。而闇於全局。顧天下之理如魚網然。如劑和然。方一因之行。又恆有無數因者。與並行錯綜於其間。而合成之果乃大異也。而彼謂吾於分者。既得其所以然之致矣。則其餘皆可知也。何可哉。

是故力質二科之學。雖欲明因果之用者所不可不治。且非以此先治其心。將無以與其知於繁賾。然使業止於是。則其所以繕性者。又不能無憾也。欲證其然。試舉並世之數學力學名家。如某公者。彼於二者之專科。可以當第一流而無愧色。顧與入著科之學。則其識力之短淺。遂以見矣。無他。彼所習治者簡。而著科之因繁。彼所能言者畫。而著科之果渾故也。以斯之累。遂使其所據者。多意造疑似之例。而彼方且用甚精之術。以求不遁之究竟。張其所得。以告來茲。意若曰理之真實。與所以推之術之精密有比例也。此其所以不行也。❺

以下言著科之用。

夫欲取前之心習而救其偏。則非著科之學不為效也。今夫天下之理。大抵所可言者三倫而已。**有法則者焉**。**有用事者焉**。**有效成者焉**。名數玄科。所以用其法則。其功不可以已。而實未足用也。故受之以玄與著之閒科。水火聲光動電者。所以言力之變也。化學者。言質之成毀也。凡此皆以察物變之所用事者也。獨以察用事者治吾知不足也。即以用事法則。二者合而治之。猶不足也。故必受之以著科。前二者皆言其分析。而此則言其會歸矣。**法則與用事**。**皆分之而見者也**。**效成則本夫自然**。**合之而後見者也**。專治其法則與用事。不獨無以與於效成也。且本其習以言效成則多誤。**故吾心析觀之能事**。**必輔**

**之以綜覽之能事而後完**。夫心之能事。非先為其析觀。不為其綜覽。固也。然欲心能之全而無缺。平而無傾者。**非獨以析觀為塗術。以綜覽為得止也。不徒以析觀為所由。而綜覽為所求也。且當知窮理盡性之功。非析觀綜覽並施用時用之。不可得耳。**

夫著科之所以習吾心。有求之於前二科而必不可得者。是何也。**曰悠久也。錯綜也。蕃變也。**試取著科最易之學。若天文地質而言之。則物化所謂悠久者。大可見矣。夫曰悠久者。非但言其長存也。**亦言其用事眾因之不息。與其致果之無窮而已。亦言其天演之常行而已。**假如日局眾緯之中。有一星焉。為他緯餘緯之所攝。而以離於其軌。則是所果之異軌者。行之永永無極。其所致之異。無由泯也。且能攝之緯。其受變將與所攝之緯正同。於是轉相推移。布濩潭漫。至於不可究思之未來世。又如地員為物。熱散殼堅。外水內火。淘汰無窮。一變肇開。後此所以模範地形者。其用事之勢力。常存而可見。大力內轉海底增高。洋洋之流。交相為異。大陸氣候。從之亦殊。雨暘改時。商颷回轉。河海刷齧。濱岸淫淤。草木禽獸。州家遂別。一因之行。迻生眾果。果復為因。相乘無盡。蓋大宇所可見者非他。力質相推行己耳。力之既施。無由可滅。合同變化。雖歷劫猶可言其所以然。所謂悠久者此也。

然此尚為非官品之著科。故其變雖行。或為人類之所忽。至於官品著科。所講者為有生之物。則分明詭特。有不欲經心而不可得者矣。每一官品之中。其因果遞嬗之悠久錯綜。昭然若揭。觀於種姓一事。黑白二種。或經牉合。其種德雖歷數十傳猶可以微指也。家生馴畜。其由野種至今。真不知其幾何世矣。然其先德。所存於形質性情者。不可滅也。其悠久如此若夫因果為用之錯綜。則一有其後。莫不有無數者為之前。一有其前。又將有無窮者為之後。一刀圭之藥餌。其品性同也。其稱量亦無異也。而乃同劑施之二人。其效未嘗正等。甚至以一人而先後同服此劑。其效又未嘗正等也。此可見用事諸因之繁賾。與其為果蕃變之何如矣。日者以履不視地。而傷吾足。始非鉅創深痛也。施而不治。致成篤疾。浸假而步伐異矣。浸假而體段殊矣。浸假臂之所揮。頭之所顧。肩之高下。面之緩急。皆異於初。蓋其始之所傷。僅一部也。而以是之變。其骨肉筋脈。潛更陰革。以與之相和。四體百骸之間。一以受變。一以致變。致變為因。受變為

果。因果相報。旁羅紛紜。及其終也。乃不可以究詰。嗚呼。豈易言哉。❻

夫因果之悠久錯綜蕃變。觀於生理之學最明。固矣。顧尚有他義焉。求之於餘科而不見者。則消息之義是已。夫萬物之異。曰有生。曰無生。無生者常然。而有生者滋乳。是故自然之力之施於二物也。在有生者息。在無生者消。息者累而滋大也。消者散而愈微也。且物之滋乳也。非必全體乃有是也。生物之一部分。或良或病。或其治氣。或其亂氣。莫不有其孳乳浸多之勢。譬如惡蟲之螫。怪木之液。其中於生物也。非若金石之劑和。果與因之多少。必比例也。毒行血中。得其所附。而權力大增。遂使所成之果無朋。不可以所受之因限其計數。是生物者。方其未死。皆是毒所蹯踞而寖盛之場也。此其所以瘁也。且其受侵於外者若此。其滋長於內者亦然。男女之搆精也。所敷施而翕受者。眇若秋毫。非以顯微鏡窺之。必不可見。其微也如此。然而施者之性質。乃至恆幹之異。宿疾之耑。皆載之與俱往矣。此微分術中。所謂第二界之無窮小也。由此或至三十年五十年以遙。厥考之擁腫不良。清狂不惠。將於其胤焉而皆見。其歷時之久如此。

**其符驗之不爽又如此。此中消息之理。夫豈求之他科所能得者哉**。是故生物一體之中。消者效其果矣。然以累分而漸微。息者亦效其果矣。然以積久而大著。此則生理所為之尤異者也。

由是如為學繕性之事。生學為一大宗。得此可以翫悠久錯綜蕃變三者之理趣。而其豢吾心以消息之理者。尤非他科他學所可幾。雖然。使專於此而置其餘。則心德又不能以無缺。蓋生學固具前者種種之理趣意想。然以其繁賾隱奧。必以此為始事。所患或憮而不精。故必有閒科之先事。以狃吾心於簡明因果之際。以深知其無以易而後可。向使獨求因果之趣於生學者。其用事諸因。多所牽涉。不可析觀。一也。其蕃變之情。博而難周。二也。將使對待相生之理。轉以難明。即至品量二者之閒。亦無以燭照而數計。惟先從事於力質二學之中。知一力一質之流行。品之相從。量之相受。雖歷刦而不滅。夫然後受之以生學。則雖因果之際至不可知。而知其物必行於其間。不得緣難知而遂指為無有。**惟篤信因果之有在。以確然求之。庶幾至深之幾**。可以擘而達耳。

曰玄科。曰閒科。曰著科。三者既治。而所以治群學之始基立。

以下結

蓋三科之學。皆有繕性之用。而欲為群學者。非具三者之心能而無所偏。將不足以與於其祕。雖或習之。徒滋蔽耳。第吾所謂三科者。非曰窮年之力。極深致遠。而各為其至也。劬學之歲月有限。中人之精力無幾。雖欲兼擅其長。其勢有所不可。顧吾所期於分治者。取於各收其益而止。果能各收其益。**則於玄者得其法則。於間者得其用事。於著者得其效成**。其於群學一切之變。其智慮將悉有以當之。而肆應可以不屈矣。今夫群學之理。有其不易之對待。必然之理勢。如玄科之所論者。夫人而知之者也。何則。群之行也。不能無推知之事實。與可計之度數也。而人生群中。以自然之力。為之權藉。一政之立。一俗之成。其因果之行。與質力之存於天地者。無攸異也。則閒科尚焉。又群者天地之大物也。有生壯老死。方其演進運行也。有思想。有知覺。有為作。質而言之。與人一身之思想覺知為作等耳。此甚明之理。惜乎知而信之者。尚寥寥也。

論通篇以玄閒著三科繕性姱心之恉。並起下篇之意。

故欲治群學。則諸科之學不可廢。而生理之學。尤非此無以為之津梁。蓋群中因果之行也。悠久錯綜蕃變消息。惟生理之學有以似之。亦惟悉心於此者。乃有如是之心習。生學差易。而群學難為。先其易以致其難。則學問相及之致也。

且生學之於群學也。**將不僅取為心習而已**。何則。生者群之所由起也。故其要義。非此篇所能盡。將欲明生學為群學之樞機。與其公例往往為群學所根據者。非別立專篇而暢言之。不能晢也。吾故繼此而言憲生。憲章生理。而以群為生之大積。為生之完體。則其於言群理也。庶幾可以弗畔矣乎。

## 附註

❶ 如此奈端之於刻白爾是已。

❷ 此言所與。

❸ 案玄科如數學名學。閒科如化學及格物之水火電光音力等門。著科則天文地質醫學動植法律心靈皆是也。

❹ 字書玄者懸也。蓋其德為萬物所同具而吾思取所同具者。離於物而言之若虛懸也者。此其所以稱玄也。

❺ 案此所指之某公謂忒德也。

❻ 官品東學稱為有機。

# 憲生 第十四

義言如種。其播之土中。絕不萌生者之有矣。區萌甲坼之餘。雨露土膏。不足以資長養。俄以萎絕者有之矣。若夫根荄漸滋。抽乙布蔆。有成林華實之望者。豈偶然哉。豈偶然哉。故智者冥思眇慮。實測深觀。**其標一義而風施一時者。大抵與時相得。而去人不遠者也。使其超俗邁時。邈焉先覺。則雖有甚精之義。將莫之舉而遂亡。**故曰道不虛行。德不虛立。今如所謂群學以生學為根柢者。亦如是已。吾英三百年以往。固已有持其說者。呼刻爾宗教群法第一編。嘗舉此義。非所謂矚遐鑒洞者耶。當其世所謂科學。與一切科學之思想。闇汶無足言者。而呼刻爾氏獨具先覺如此。斯足異矣。又謂群之成也。視其民之品以為品。凡群之法制。與一切相生養之規。必以合群之德為標準。凡此皆非常智趨時者之所能與也。雖其中不免為宗教舊說之所拘。以尊所聞。不能自拔。然獨鏡可明徹。使能界其義。而益之以發揮。是可以當科學之思無愧矣。

此下言先輩之言群學。亦有以生理學旁通之者。特未昌耳。

繼呼刻爾氏而起者。有佛穀生。前今百年。著人群歷史論。發端領義。首明民性之大同。謂群之為物。本民心之相感相攻。而定其趣數。即至覲記開悟言語交際。凡如是之等差。皆言群為史者所不可忽。雖其書於一群么匿拓都之對待。質點全體之相成。粗而未精。略而未備。然於民群因果。先後本末之間。不可謂無獨見之明也。

科學之義。降而彌光。其漸漬於人心者。深固而不可以復拔。夫而後前之公例。乃懸諸日月而為學者所共明也。法國哲家恭德之興也。其為時正如此。故其言群學生學。二者相關之公理。為意明。為詞晳。與前者隱約之言大有異。恭德曰人之群也。以言其大理。與禽獸蚍蟲之所以為群等耳。故欲知其所以合。必自其所以分者而明之。其說乃實而可據。其為書。序諸學之次第。則以生學居群學之先。又謂生學所以導群學之先路者。非獨以分之未明。則合無由見也。非徒於生之事不能得其經緯者。於群之變不能舉其綱維也。亦以二學所由之途術。所咨之義法等耳。此其於生群二學相待為明之理。可謂曉然。其學猶有可議者。則所主之他義為之蔽也。如謂斯民德行之糾紛。由智愚乖錯之所致。其為書名正覺哲學。嘗謂識之能誠而無妄。

則行之自是而無非。不知行之善惡。所係於感情者為多。而識理智愚。雖為先導。不能為主。是故民俗群德之變進。所待之物尚多。謂民智既開。而世風隨轉者。亦未盡也。恭德又謂。種別氣質。變遷無窮之說。其理為虛。亦大背生學之公例。其言人。亦主變進之說。謂性情智照皆可薰修。特於種別常然之說。守之過堅。故其論么匿拓都之遷化改良。動多拘礙。考其全書。疑誤之端。不一而足。而最關群理深處者。如謂五洲文野之族。雖形制各殊。而要為一宗之天演。特淺深耳。此近理亂真之說也。蓋群之形制。其為變與種別正同。**乃支析派分之衡異。而非層累高下之縱殊也**。更有進者。學之稱科。其例至嚴。僅如恭德之言群理。雖極奧衍美富。實無以與科學之林。群學所以得列於一科者。以能本質力之通例。言推衍之無極。群有萌生。有堅熟。有老死。有蛻變。與庶品之萌生堅熟老死蛻變。為例正同。且一切變端。必推之至盡。而見其質力之本體原行而後已。夫而後可列於專科。下此者於科學之義。則未足也。

雖然恭德氏之所為。其軼於前哲時流遠矣。其即物窮理所由之徑術。亦真愛智家之所由也。偏詞單義。固有非者。而其大恉發端。則孕廣含深。為前人所未及。其例大者。莫如群生二學相待為明之理。前所陳者。所以著其說之所由興。乃今將即其說而詮之。則見是二學之對待相資。有其至明而最要者二。一曰。拓都之能事。視么匿之能事為轉移。而么匿之能事。又視生理之何若。故欲言群而得其真實者。必自言生而得其真實始。二曰。群者非他。有生之大物也。有生氣。有形幹。有功用。其理與孤生之生氣形幹功用。本平行也。故欲了然於群理之精微者。必以生理之精微為之筦鑰。則請先其平行比例者言之。

文家設譬之辭。多以意為之牽合。每取其一端。以喻其全體。故意雖從之以明。而理亦或因之而誤。乃有物本真同而詞設比體。則捨真取寓。反昧一原。此取喻理而忘真同之失也。每聞常語稱體國。又云民生國命。又政治之與形體。皆云官司。此其言外之意。本皆以人群為有生之物。在聽者不察。方謂此為取便說詞。有喻意而無深義。而孰知獨此喻辭。喻而不止於喻乎。其始也略窺文義。見物理之大同。其繼也詳審自然。知生機之莫二。蓋一民之生於天地。一群之立於兩間。其為有官之品一也。及觀其所受範於外境。與其所呈變於內

以下發孤生群生天演平行之理。

力者。其機緘正等。愈無疑義也已。

則先自其官骸體用。而觀其所同。夫天演之行也。莫不由簡而降繁。由散而之凝。由渾而成畫。顧孤生之與群。莫不如是也。生之最微。至於海綿水母極矣。則其體質。雖有生氣。不為部區。聚房以成體。而房房自長自生。不相為用。故自臠割分殊。可以不死。何者。其為物未有分官故也。渾沌膏胚。聚而未判。有生動物之最下者也。**是故體無專能。其動濡而其質汎。其於外境也。無所體合推移。陰陽百昌皆其賊也**。天演之格稍升。則向之蝡蝡者。浸假而有其骨骼矣。堅者為榦。而柔者附之。此官體之肇為判分者也。則向之同者。乃今異矣。向之簡者。乃今繁矣。體分則其為用也不一。不一則其所以待外境之至者亦殊。而稍稍能為其體合。雖然是體用之異者其始微耳。而所以為異者亦至儉。獨至演而彌上。則官形大具。樊然而多。皦如而晳。而又翕爾而相得也。斯生物之能事備焉。此孤生之理也。乃今觀夫群品之高下。深演與淺演者之殊姿。大初之民。其聚也如海濱之石子。社會之內。無異民也。其所以為生者同事。無常君也。獨至於戰。而勇者或以自見。散則夷然同耳。其為物之簡如此。由是而演進焉。形增勢長。而所謂分職設官通功易事者漸出。於是乎民有殊能。能有殊職。更進而其所以為殊者益深。以地勢外緣之不均也。而民之所以為生者大相遠。於是乎有君臣之常位。有士庶之分勞。浸假而分之中又有分焉。異之中又有異焉。乃至若今文明之群。其殊詭皆不可殫究者也。是無他。其所為亦與尚者之孤生同其理耳。則二者官骸體用之同也。

使孤生與群生。二者其演進之同不過如是。其理已足令人深思矣。況二者所同。尚不止此。何以言之。蓋二者之變化。有一公因焉。動物最下者。聚房以成體。而其用無所不同。無房房之生。不相倚待。當其演而進也。必自判分始。判分則官用見。其所以相為者各異。此所謂由同成異。由簡降繁者也。雖然是由同成異由簡降繁者。其事何由起乎。其始也。凡生之事房房部部。皆備為之。其後也。於生之事。部有專功。房有專事。專則有餘。故一房一部之所餘。得以與他房他部之所餘為易。此生理之中。通功易事之局也。通功易事之局成。則一體之中。部有專司。而不可以偏廢。此之謂官品。至於官品。其生理之演深矣。生不可離氣以為化。則有司其噓噏者。生不可舍物以為養。則有司其飲食者。飲食不可以不消導。而滓穢不可以不棄擇也。則皆有分官焉為之專職。是所專者於生事未為備也。其可為不備。而得為其專者。以通所專而易之。不啻自為其備也。是故官品之既立也。常以一官而待養於眾官。而一官之致養。又為眾官之所待。此生理之見於孤生。而其事莫不然。特精粗有差別耳。乃今而察之於群。則其事又何如。方其演之淺也。號曰群。而實無所謂群也。一身之所待以為生者。皆必取之宮中而悉具。夫苟莫之為害。是初民者雖離群獨立。猶可以生也。至其演而愈進。而後群之義著。將於群之所待以生者。待各執其一業而專之。專則有餘。出其餘以與他業之所專者為易。此群理之中。通功易事之局也。通功易事之局成。則一群之民。各有專業。而收其相得之用。故曰群者官品之大物也。畋漁之群。有職為弓矢。職為網罟。而不必自畋自漁者。以或與之禽或與之魚故也。耕稼之群。有業為耒耜。業為錢鎛。而不必自耕自穫者。以有或與之粟故也。乃至治則或為之吏。戰則或為之兵。凡此皆待養於人人。而為養人者所不可廢。是故孤生與群。同為官品。而官品之義無他。一體之中。所職各殊。而相資為用已耳。此又二物天演之大同者矣。

由此觀之。生理之於群理。息息相關。瘉益見矣。蓋是二者之為同物。不獨如尋常喻辭。取一節之似而已。實則其物如平行二線。所同者極於初終。右所云云。發凡而已。夫至窮之愈深。將所謂同者愈見。前謂一體之中。所職各殊。相資為用矣。然物之相資為用者。莫不自其能相通始。一部之所為。其能為他部之利益。抑分者之所專。得合之而生之事備者。為虛力。為實質。皆必有道焉。以為之宣播灌輸而後能也。是故官品之天演愈高。則其所以宣播灌輸之制愈密。此亦孤生之體。與夫合群之體之所冥同也。下品之孤生。其一體之中。所為繁異者甚寡。其精液之流潤也。散緩參差而無節。其痛癢之相及也。遲滯癱瘓而不時。其所謂分職通功者。常憮而不精。每渾而不畫。此亦猶草昧之群然。雖有日中之市。以為擊鮮皮革陶冶械器之交易。而生為食用之間。**其相為通轉者**。恆觝滯難必而少功。蓋商群未興。無以為灌輸之具。無異動物下生。體無營衞脈絡。**以運周身之血液者矣**。且夫官周一身。而百體之相為。出以至和。若行其所無事者。有神物焉。為之感覺綱維。而會其功用故也。生之下者。則並此無之。而群之微者猶是。故當外患寇讎之至。而有事於通力合作也。其所以警而集其群者。至於烽燧之用極矣。若夫深演之群。於二者皆大不然。庶職釐然。而棣通條達。故其所以長養者。則輻輳旁午而無不周浹也。其所以感覺綱維者。則神速風施。而莫不從志也。凡此皆無往而不可察者也。故孤生之深演者。無間其為何類。莫不有至繁之脈絡。以為其膏液之所流通。**翕攝以收之。潛滋以變之。吐棄其滓以清之。交勻其氣以調之。已乃載而行之於其周身。而周身之官骸得其養而不枯。有以盡其分司之天職。**惟合群之深演者亦然。無間其為何制也。**貨幣闐溢。交易路通。舟車周流。懋遷日廣。廢居而商。列肆而賈。人製地產。如百川分播。交於國中。而民取日用之百物。無論其為需為饒也。致之雖有至遠。而取之恆若俯拾。果腹強力。則各有所出以所轉餉之於其群焉。此其相生養之為通也。**若夫感覺之通。則孤生之深演者。有腦脊之大用。此所以綱維百骸。張主群動。使之至和。以應於外者。而無所扞格者也。而合群之深演者。則亦有其元首樞軸。為之司命。有通國之中央。有分治之要領。又有物焉以神其耳目。內之則上下之志大通。而外之有以待寇讎之至。故能一國之政。

極其繁賾。而疾徐先後之際。皆有以劑其可而應於時。夫豈有擁腫跛盭之虞也哉。

自群學生學之相為發明如此。則知非生學之理明者。群學之理無由明也。蓋二學為用。實相表裏。故其始也。生學最大之公例。由於群學而得之。已而生學之理大明。乃收其所得於生學者。轉以詮群學。而其義乃愈堅。其所引申者乃愈廣。二學之奧窔。亦由此而愈開焉。何以言之。往者愛德華❶之言人身體用也。其官骸臟腑分功之說。固本之於計學。計學者言群事之一大宗也。蓋見人群相為生養之業。以專於一事。得其巧習利便。而於群大有功。乃轉而近察諸身。見其始之本同。而亦以各任其一官。遂各具專能。而於生大有造。此生學之公例之由於群學者也。顧自此例之用於生學也。其理之所加彌廣。不獨用諸臟腑已也。實則凡一身之所有。皆此例之所賅。即至手足毛髮。其始本同而今異者。皆可本此例而推言之。夫其例之行於生學。無所不冒。無所不苞如此。則更以言群學。亦可知其例之無不冒無不苞也。故今日群學之言分功也。不獨見於相生養之食貨一端而已。乃至取一切之群法。皆分功之事也。譬如人群之秩序。莫不先為治人治於人之別。特其始之為分甚微而已。乃浸假而有君臣之制。而所謂治人者。又有君師政教之分。且本皆君也。而有五等卿大夫之殊。本皆臣也。而有士庶人農商工賈之別。始於至簡。終於極繁。然何一非分功專業而後有此乎。故曰其例無不冒無不苞也。是故學者於生群二者之相近。苟深明其理而拳服之。則其於一切淺深之群演。**不徒於其見象無所熒也。即至其中遞及之變。遠近之因。所以使同同之眾成今日之錯綜者。將不難於悉舉**。何則即身觀群。得所以比例為推者。有以即小知大。即近知遠。即所可見窮其所不可見故也。

且夫生學之宜治。不獨以其例之通於群學已也。自其例之通而治之。生學之關於群學猶其紆耳。顧二者之相及。尚有其徑者焉。今夫群者人之拓都也。而人者群之幺匿也。拓都之性情變化。積幺匿之性情變化以為之。故不知人性者。不可以言群。而人性之天演。生學言之。**於群學言其合者。於生學言其分。不知分者無以知合。不知人者無以知群。人性者生學之玉振。而群學之金聲也**。

以下言群為人積。故欲知群生之理必自其散者而明之。

使人之為性也。類莫不同。古及今無攸異。其所具以入群之德。呈為一群之見象者。可一求而得其恆若茲。則吾黨所務通。以為群學之基者。亦易與耳。即有公理大例之存。而如上之所云云者足矣。顧其事大不然。何則。人者生物之一科。而最為善變者也。自其善變。**而其變常受成於所遭之外境**。且所謂外境。其本於自然者無論已。所最重者。**又即在其群之所自為**。是故欲言治功。必通夫變之理。變之理者。凡有血氣所莫能外者也。不通夫變之理。則其於群也。必愆於思而悖於事。其愆於思也。**坐不知群制之於民品。有交相進之功。群制待民品之美而後隆。而民品亦待群制之隆而後美**。消息往復。莫定其孰後先焉。而自開闢以還。其天演之事常如此矣。其悖於事也。其立之法度而為之教養也。恆昧於其果驗之所終。**則或以甚仁之心。制為害群之政。蓋天下事之所出百塗。其得者一。其失者恆九十九也**。每見古今政家。其制為一令也。所有見者。不越目前之近效。而無形之變。由之而見於人心民力間者。雖千萬所祈嚮之區區。則未暇察也。然則不通夫生理之變者。而可與言治也哉。

彼生學之有事者。即此變之理也。故惟生學理明。而後有以救思之愆事之悖也。雖然是其理亦至明已。始吾以謂是固人人所宜見。初無俟專學以開之。不觀夫身之肢體乎。所常用者日長。所久廢者日消也。不觀之育子乎。凡其身之所薰修。則以傳之於來葉。此皆所共見聞。而信其如是者也。夫種姓相傳之理。苟獨取其一二而徵之。以先世牉合之繁且賾。其例或隱而難明。苟統其大經而言之。將格物公例之必伸者。殆莫此若也。此不必降求諸家畜之傳衍。昆蟲之蕃生也。即人言人。固已大顯。蓋種族之形貌髮膚。其互詭相殊。至不可掩。置支那民於五洲之間。人皆能立言其所產。黑人雖至十傳。其先世不可諱也。**且形異之不甚著者。其傳衍也尤為延長**。凡此皆常俗之所識也。大抵一種族之孳乳而浸多也。使所居之地從同。而所以資生者無甚異。則子子孫孫。雖千葉萬禩。性情體魄。一若其初可也。獨至散處析居。水土相絕。則數百千年以往。將源遠而流益分。今之言人類者。有以為一本所分者矣。有以為其始本異者矣。顧無間何說之從。於吾前理。皆無以易。**使謂其始之本同乎。則今之異者。生於外境矣**。使謂其始之本異乎。**則異者降而益異。非外境其孰為之**。彼所定為同種者。若亞利安一族。亦以所處境殊之故。形貌情想。降而不齊。自猶大失國蕩析以來。劣二千歲耳。乃今有東土之黑猶大。曰耳曼之白猶大。而取是二支。以與其斯美特之本種較。又各不同焉。夫此之判殊。設不由其境遇被服教化政制生業成俗之所致者。而孰致乎。然則生理關於群學之義。皦然至明。雖無俟專學之開譬可也。

雖然生學之治。要不可已。蓋其事雖散見。而其公例則惟專家為能言之。使非頒之學塾。列之課章。將不知其例為有生者之所莫外。其事必多方曉譬。推類觀同。使習焉而知其理之不可畔。夫而後見之甚真。信之甚篤。知有官之品。莫不可以遞變。而所變者莫不可以降傳。是故一群之中。但有一力焉為之用事。將其效必有所底。遠而益徵。則治群者於一切取舍從違之間。固不可以弗慎也。

有疑吾言為過者乎。則不佞試舉一二前人之所為。或以善風俗。或以裨政理。彼皆有意於群者也。顧徒以不知生理之機緘。而其效與所期者遂異。非好刺譏也。凡以求公理之明晰而已。

以下論為政救民而不知生學公例。不徒無益而其事終窮。

庶品孳生者。天之所命歟。然有大限焉。不可過也。大限云何。**曰死率之與生機。至於相抵適平而止**。失物之生也。所以致其死者至不一已。設有事焉。能取所以致死者而殺其威。則物之生機將進。進非無藝也。至與其死率適平而又止。故縱極能事。所減而去者至多。所謂大限。終有時至。何則。**其所去者彌多。其所餘者之威亦彌厲**。

**物必有所養。以其食者之眾也。是所以養者將珍而難得。物恆有所受剋。以所剋者之眾也。是能剋之者亦從而益多。又況口稠居密。疾疹橫興。故生蕃則死率與之俱進。**此不獨驗於下生蟲豸也。雖人類有不免。特人群繁賾。故其象委曲隱伏。難察以明。然而其例則常行也。是故有為殖民之政者。前之限擴充焉。有能盡地力而善樹畜者。前之限亦擴充焉。最後乃瀹其民智。則因應無方。所以袪陰陽之患。而以進其生機者至矣。然而消息往復之理常如是。是大限者終有時而至也。

今試據是例。以觀輓近政家之所為。夫政家所為。亦求退死率而進生機已耳。今夫死理萬端。約以一言。**則具於內者不足敵其外也。又曰內之能事。外之所遭。恆不相得也。**何以言之。死於金革者。以其質之腐不足以敵金革也。死於巖牆者。以其幹之弱。不足以敵巖牆也。有死於毒者乎。其血與毒不相得也。有死於塞者乎。其氣與寒難為雙也。凡此所更僕未已者。其事無他。陰陽人事。與夫一切之變。相逼而來。而吾身之所具。**不與相副矣。又必與之為緣。而不可以猝脫。**故吾處其中。彭可也。殤可也。恆視吾質幹之堅脆。與夫所以奉吾生者之所自為。自其大較而言之。彼質幹堅強。而所為得生之理者。將長延焉。長延乃遺其種嗣。而反是者則無所傳育而已亡也。故曰天演之事。存其最宜。**第使外境日難。則生機日隘。隘則脆弱者之夭札自增。又設死因日減。**外境安舒。則生機日充。充則脆弱者亦可**以傳育。**是以過庶之群。常以二因。會成一果。其二因何。**戶口增多。為生日難。一也。**弱種幸存。與強種合。而民質由堅成脆。**是謂陵遲。二也。**如此。則其民所具終身者日衰。而其外境之蹙其生機**者。轉以日盛。生機日狹。死率日增。立趨於平。**如其往昔。所異者。此時之民數較多。而民材通率則較弱耳。

夫生民之多難。即起於民數之日滋。然而其事不止此。一群之中。其所以袪外患利生事者。雖日起而有功。**然害生之端。又常從其所本無者而特起。**民之脆弱者。雖有所託庇以存生。然天行之虐。又常出其所不意。而不可逭。向也陰陽沴氣之酷烈。以其群之質幹。足以當之而有餘。自文明代興。而民質之降弱也。奇痾異眚又起。而為其群之死因焉。觀於今日白種歐人之疾疫。有為他種蠻夷。與歐洲上古所不經者。可以知此理矣。故治群者。求減一群之死率固也。**然死**

率之減於丙者。常增於丁。泯於甲者。或形於乙。往往立政著令。所以扞患紓災矣。而新害之萌櫱。即存於所立與所著。蓋云所以扞紓之者。為之功役。則不能無取於民力也。為之治辦。則不能無賦於民財也。力與財者。皆民所以資生者也。取焉賦焉。其所以資生者必屈。方一群生齒之降繁。其物競之行已烈。民竭其心思手足之力以求存。過而猶勤。其生蚤謝。一群之內。食人者寡。而食於人者多。一租一稅之增皆擢筋析骨之所原起也。是以國之文明而富貴者。其戶口日繁。以戶口之日繁。其民質乃日脆。以民質之日脆。其所以扞患紓災者愈多。以扞患紓災之愈多。其民力乃日罷。其民財乃日費。財費力罷。乃鄰於竭。以降脆之民質。處就竭之時。此生機之所以蹙。而死率之所以滋也。然則群害死因者。其諸無往而不復者歟。

今欲前理之大明。則為擬一群之民。而人人皆羸老。夫羸老之異於少壯也。以所以應外境者劣。而易致疾傷也。以其難於奮力。無以求得其衣食宮居。以禦飢寒風雨也。而又以其皆羸老。則無少壯為之服勞致養焉。夫如是將劣者愈劣。難者愈難。而是民之所以為生。乃如附贅懸疣。羌無一事之可樂。且何必羸老。少而體弱。其生之苦亦猶是耳。厲災疾疢。動乃得之。莫為保持惠養。其所以自立者。事誠苦辛。而以周防之多。其所為苦辛者愈至。由是知種質降弱之民。為生之艱。實無異羸弱之群也。且精力既沫。**則進之無以赴事功之勤。退之無以享逸豫之福**。方血氣之衰也。不獨生之苦因。從以眾也。為樂之具。亦以日亡。歌舞宴衎。飲食馳驅。何一不資於精力。而若人則龍鍾罷乏。病而未能。是故使一群之民質降弱。至無以任尋常之勞頓。禦天行之厲災。將其死率。必以日增。而生機坐以日蹙。且其生若負重。雖免於溝壑。亦未見其可樂也。

不佞之為此說也。聞者必蠭起而議之曰。充是說也。凡國家所以惠養矜寡。救濟貧弱者。皆可以不事。而不足為仁政也。夫物競天行。既當任其自至。於以收汰弱存強之功。則充類至義。凡所以鋤強梗。禁奸欺。事皆可已。何則。凡此皆救其所不能自救。而保其所不能自保者也。皆將使罷羸劣弱之民存焉。而衍其種嗣者也。且推而論之。將醫藥方術。可以不講。隔并旱潦。可以不防。何則。以其皆砥礪民質。使終於至彊。而使不宜者無遺種也。顧人道有若此者乎。此吾子之說。蒙之所以終惑也。則應之曰。惟客之議。非不佞之所恤矣。不佞向者之說。**非以持政理之所當然也。乃以究物理之所必然。**使因果之間。其流極誠有如是者。則吾說為得其真。理之真者。非人道所能掩也。**且夫治道之事。要不外擇禍務輕而已。**故興一利者。雖害從以生。而利多於害。則二者相為乘除。其所有餘固皆利也。試觀近世二三百年之間吾英之戶口大進。而民壽經數。加乎其前。是可知死率之減於此者。雖增於彼。而所增者固不敵其所減。害誠不可以終去。故入都會而察其民生。強固佼碩者寡。而嬰疾抱眚者多。醫藥養生之學術。雖深造而無如何。自體育之事而言之。吾群之生數。視前為多。而吾群之生品。較昔已遜。絕長補短。庶幾尚有遺利。然此皆不足論。而不佞所欲與學者共明者。**興利除害。有大限焉。雖極智巧。而不可過。**彼輓近政家。內秉熱心。外求進步。意若謂害生之物。可以終祛。生機固可以日長。死率固可以日微。去死即可得生。除害自爾成利。乃察之事實。殊未然也。**每政之施。其於民力。常有所耗。熾然並舉。將所耗者積多。曩所謂遺利者盡。盡其所餘者。皆害端矣。故作止緩急之間。期於適可而止者。**誠為政之至難。而非通生學者不能任也。不佞是篇所言。將以明生學公理。為治群學者。所不可無之根柢而已。告不明生學者。以吾心之所危而已。已未為秉鈞當軸者。借前箸之籌也。

前段所言。主於體育之事。則更觀是不知生理者。於民群之德育又何如。前者立扶持羸弱之政。而不知其效。乃使民質之蓮脆。今者為赦罪振貧之政。又不悟其效。將使民德之日薄。民智之日卑也。是故民有呰窳偷生。不能自立者乎。彼則傾能自立之膏血。剜能自立者之肌肉以輔之。此古今所號為仁政者也。顧統其終效。實不仁之尤。而以方前之見諸體育者為尤甚也。

以下論不知生理者。其為政之害於德育智育。

世有子姓之性情姿質。常與所生不類者乎。世有謂祖父習於不仁。敖很不悛。其子孫之天姿。乃與忠信勤恪者之子孫。無以異乎。誠使有之。則謂一群之民。其良莠無關於種業可也。夫如是其國之敏者。才者。有遠慮者。不自欺者。雖盡夭死而匪所傳育。而放僻邪侈傾巧行偽之眾。乃高壽而多子孫。於其群之安傾強弱。其效等耳。假如是之說而不可通也。**彼為政而厚莠民之生。且因此而奪力事能自立者之生計。其為群之害。而與於不仁者。可無待不佞之煩辭矣。**

今夫自作之孽・或由於不仁。或由於不智。皆不可逭者也。乃有人為之干盾焉。使無後災。得以蕃育。則積其不智不仁。至於累世。惡彌甚耳。其能事本不足以自存也。乃強為存之。彼習於無罰。則其後葉之所以自存者益劣。又無疑也。故前段所指之害群。第言其質幹體力之事。顧比例而觀。其例之行於德慧術智者。政相等耳。**取民所竭慮用力而後獲者。而殺其難焉。夷其險焉。則其才必退。後有艱難險阻。無以當之矣。以愚闇之幸生也。誘然以與其才且賢者為胖合。又不幸以生理之不可知。其愚闇者恆傳。而其才且賢者恆不見也。則不百年其群皆謬種矣。**且其害之大者不止此。蓋不仁愚闇者。立於群而不克自存焉。則其勢必藉他人之盡心勞力以為存也。或飲食焉。或監察焉。**凡不能者之所資。皆其能者之所貢。也不能者數多。而能者數寡。由是民之能者。始大殫矣。**嗟夫。一民之立於世間。使無所憑藉。其所以自存者非易易也。其所辛苦而僅得者。保其一身矣。有仰事之報。有俯育之責。**乃今又出賦稅焉。以養其群之不智不仁。俾得傳其謬種。如是彼之力竭而仆也。尚有時乎。**是自食其力之民。以力屈而不能昏嫁者有之矣。以時過精衰而坐乏子嗣者有之矣。即幸有子。而教養之事。坐以不周有之矣。其最甚者。乃夭天年。而孤寡其妻子。而不仁愚闇者。或衣租食算。野合廣嗣。長為其國之幸民也。**是故循若所為。勢必民之才者日益耘。民之菁者日益熾。則無怪其教化之日以益衰。而風俗之日以陵夷也。**

嗟夫。**天下之至不仁。其諸剋其賢。而相其所不肖者歟。剋其賢而相其所不肖者。積其孽以遺其後人者也。蓋後人之所受害於前人者。莫若承受其所遺孱弱惰窳放辟之國民。故相不肖之蕃衍者。無異遺子孫以無數之寇讎也。**彼煦煦者之所為。徒知未滅乎目前之有形者而已。而無形來葉之禍害。則非其所計及者也。不知彼之所謂仁者。其害於群也。雖至不仁者之所為無以過。夫人之為仁也。使有覩於近而無見於遠。將無異淫荒湛湎之夫。苟一時之樂。而不悼其後害。豪放恣睢之子。快當前之意。而不恤其終貧也。而彼相不肖而剋賢者之所為。其不仁乃過之。何則。當其施小惠而得仁聲也。**種其毒於後嗣。而已違其災故也。**至謂惟布施可以雪諸業者。其用意尤私。而其悖滋甚。彼以謂吾以市魂魄之安已耳。而同類後此之休戚。則未遑恤也。此其用心。居何等乎。吾不識所以名之矣。

夫謂中養不中。才養不才。此其說舊矣。顧必遵何術而後有利群之效。則其說甚衍。非是書所能申。然而自人道之所不廢者而言之。則若親之於子。推以至於兄弟朋友。極之於行路異國之人。胥有拯危救喪之誼。即至孽由己作。亦未嘗不可加之援手。以全惻隱之本心也。且賢者之於不肖也。有時以其仁施。而生其感愧。此亦群道之至美。而無可議者矣。是故人心為人之善。其發生施用也。使一任其人之自由。則未嘗於群無大益。獨至著為令甲。必剋賢以相不肖。使賢之生機日削。不肖之種類益蕃。斯必為其群之大害。何則。以物競天擇之行。造物方汰其不能。而責人人以自立。其群乃昌。而昧者乃以煦煦之仁。毀天之功。使不得進群之效故也。嗟夫。**產有限而食無涯。生類固有不並存之理勢。陰既長矣。陽則必消。**施者常懷其怨**咨。受者不興其廉恥。故其事徒為害群之大。又絲毫無益於人心之善機者也**。雖然。此非吾書之正論。吾書之正論。在明發政施仁。不可不知生學之理。必親治其學。籀其公例。見含生之類。皆此例之行。夫而後信篤知明。有以決不由斯道者之終遘大罰也。

右所舉者乃生學之公例。或其伸例。皆為言群者所不可不知。然而要矣。尚非其最大之公例也。最大之公例。則取前舉者而并苞之。（以下專論體合一例之）

而為治群學者之所宜明尤急。如生學所云。**官品無論為何**[2]**或徑或紆。莫不與其所遇之外緣為體合。外緣者。生之所與接為搆之形氣也。體合者。黽勉為存。以不能而漸即於能也。**

用於治群而分著其利害。

今夫人一而已。而其種別之不齊無窮。是孰主其陶成。而底於如是。赤帶之民。有尼孤路。（此云黑人）有痕都。（印度之轉）其所居而蕃之水土。歐羅巴人之所瀕死也。極北之民。有弗幾安。彼之所躶而溫者。他種人之所狐貉而寒者也。此孰為之。而其異若此。鞨韃之游牧無定居。去牛羊則大戚。茵陳趫捷精悍。舍獵。則生之可樂者亡。此又誰驅之。以各成其習而不變。故天演者。群生不同。而成其自己。偉哉造化。彼之所以模範眾生者。**徒設之外緣。以俾其自為體合已耳**。雖然民之隨外緣而為體合也。有身形焉。有心德焉。身形之合。牽天繫地。鼓於自然。與夫所勤動以厚生者也。至其心德。大抵所居之群制為之。民之於群也。**其心德必隤然與法制相順。而後居之而安也**。顧所相順而安者。非冥合也。參差詭殊。常僅得其什八九。**故其體合也。若鶵鳥之於孺子然。遠而可弋。近而難即。不離其所。委折往復。此體合之功。所以振乎無竟也**。向使化一成而無變也。則群制雖崇。民之體合也。將如登山焉。期於巔而止。群與民所以相得者。可不久而遂成。成可以常用而無變。其程固有極也。**而化不如是也。**是故總群之變。有二物焉。而皆由於外力。外力有靜動之二相。**靜者。同立之群。拓境辟疆。降而滋大也。動者。兵商之事。搆接交通也。**夫群既日長矣。其群制之大小。不能不與之相副也。而侵略懋遷。二者之多寡。其群制所尚寬猛從之。是故自一群之立於兩間也。其勢不能不隨時為蛻化。群蛻斯其民所受範之外緣亦遷。外緣遷。則身形心德之所以為體合者異。**故曰體合者。常期於合。而卒不可以終合。此真宰所以鼓進萬物之祕機也。**

夫群之所演進。與其民所為體合。其犂然不同。固矣。然而有大例焉。為凡群之所莫能外者。右之所言。大抵自其外緣之異者而觀之。故其不同如彼。然以人類有大同之性質。是以有普通之公例。必其民與之體合稍深。夫而後其群可以聚。又必與之合同而化。行之而安。而後其群之天演乃備。而郅治有可言者。是普通公例何耶。**曰民託於群以為生。彼之累其群者。不可過其群之累彼。一也。民生所受利於其群。所為皆有以相報。其所報者雖至儉。必如所食於其群。二**

**也。為義務。為樂方。將人人各得其自由。惟不以其人之為義務為樂方。而以阻他人之為義務為樂方。三也。**三者不備。其群不昌。夫民為幺匿。群為拓都。今設有甲乙二拓都於此。其所處之地勢。其形制之大小皆同。特乙之幺匿可聚居而毋相軋。而甲之幺匿則聚而相侵損。斯甲群幸福之全。必遜於乙群者。又使有丙群焉。其幺匿聚居不止於無相軋而相濟。此其幸福彌隆。而愈為甲群之所不及。

**今天下含生有識之倫。莫不扼腕言文明幸福矣。**然而文明幸福。果何物乎。則其義無他。一群之民。**各奮於義務。各得其民直而已。**為之憲法焉。為之刑典焉。皆緣彼二物。而後有事也。方其治之未進也。不得已而為之奴制。為之徭役。而禁遊手不土著之民。亦以一群之民。不得無事事。而徒仰食於群故也。義務者非徒為群。亦民之所以自立也。浸假則為之禁殺傷。督盜賊。責契約。杜姦欺。凡如是之章條。其為有國所同有者。亦曰民各奮於義務矣。然而其事有畔。不得以己之所為。而沮抑他人之所有事。或巧偷豪奪。俾不得安享其所收之利實也。若夫治功既成。而其群有時時之演進。則其中所大可見者。民各奮於本業。恆產興。民力存而無待其上之壓力。民各有畔。

無相侵漁。其不為篡奪陵軋也。若出於天性。即有一二。其國常典。足以禁之。可無至於生害。由是而知。群之文明者。義務民直。二者之義至伸。不獨其治之本於此義也。民方以此為地義天經。其守而循之也。若行其無事。則其所為體合於斯二者深矣。

顧體合非他。生學之公例也。其例不獨行於下生。而民莫違此。自有民群。民之性質遽變。其變而彌上者。日善為群。馴致太和至順而已。夫太和至順者。各奮於義務。而各得其民直也。然則為群者之所重。可以知已。國家之禮刑法度。固皆所以布一群之治。使群務民直二例之必行。獨能以此亭毒盧牟其民。使體合日深。而由之若性者。則知而行之者鮮矣。顧淺深雖殊。其事皆不可廢。而亦無由分。是故明於體合之理者。知以是二者為之外緣。民之性質將徐為其自合。又知期民之日善為群。而有太和至順之一日者。舍體合於義務民直二者。其道莫由。使為國者常目存之。而守之力。則其民之體合。將無時而不然。或怠荒之。將所以為體合者息。乃至廢棄勿用。或反其道而施之。則其群將渙。渙則別有所體合。而可以為文明者。乃轉而為草昧焉。夫使生學之理而信。則吾就有懸之日月而不刊者矣。

或曰體合則固然矣。顧體合之事。可馴至而不可驟幾。漸而不頓者也。設以淺演不可群之民。而制之以前者之二義。恐非徒無益。抑又害之。夫與其民以所不勝之禁制者縱不害其生。且相率而橫決之耳。**是故物生而有所當之外境。其甚暌者。不可以驟而附也。設強為之。則體合之效亡。而反以得死。**魚之去水。獸之去山。中衡赤帶之民。驅以處之極北之窮髮。延其天年已難。況蕃育乎。**彼所素具於身者。不足對其外也。是故善調群者。其設境也必以漸先為之中塗。而後更其極則所蛻者。與所漸加之外力相副。此和理之所以日濟也。**身形如此。心德亦然。今夫文明之國。**其民之思理感情。皆不可以猝跂也。取僿野狉榛之眾。徒恃有法令焉。遂可使自由而不相侵欺。吾見體合之不能。徒拂其天而以底於亂。**曰是固然矣。顧不佞意所及者。非僿野狉榛。而最為淺演之群也。亦將資其已久之化。本生學之理而為之法制。與偕臻郅治之塗云耳。群如吾英。洎他白種之與英近者。其么匿之性質。大抵同也。而又有既成之憲法。則其為此也。雖持之甚峻。行之甚嚴。無損焉耳。且國家為之法令焉。期人人以自致之義務。與人人以自由之民直。仁之至義之盡也。其為義盡也。蓋不如是。則無以相其良。而不為其莠者之所困殆也。其為仁至也。蓋以是二者為之體合。雖有所衡慮困心。而民常一勞而終享其利。不此將一治一亂。其所體合者無窮。而危亡之災。又無由逭也。

如以上所標之二義。無論古今新舊宗教之所推持。抑言道德者明體達用❸二家之所辨審。要皆與生學之所會通。而著為進化大例者合。其係於一群也斯為最尊之群德。假於此不能。雖有他端。要皆無補。何則。彼其民常相為累。而交相侵。故也。其行於一國也。又為最重之憲章。假於此不修。雖有他政。無救亂貧。何則。彼其中食多為寡。民徒為勞。不收其報。故也。其義之尊且重如此。獨不幸當國立法之政家。在野施仁之善士。其蚤夜汲汲之所為。不獨使民於斯二者。無以神其體合。且欲為其體合而不能。則正坐不知生理之學故耳。

誠本生理以為群學。則無為之說。有時而貴。雖然。是有真贗。其為分蓋微。使為群者收物競天擇自然之利。俾民之善者。自食其所祈之福。而不肖者。毋逭其自召之殃。因任自然。依乎天理。而無或間以其私。斯天演常進於最宜。而無為之義貴矣。若夫守清靜之說。

而契約之不責。姦欺之不鋤。民之受禍也。孽不由於己作。奔走號愬。彼昏不知。抑需甚重之費。而後為之理。民出賦稅之為何。此之謂曠其天職。而非無為之義也。**夫不知生學之理者。其於群也。方其有為。則以有為生害。及其無為。又以無為召災。**凡此皆沮其民之為體合。而天下之所以治時少而亂國多也。

夫生學之有關於群學者。其義誠不止此。獨以篇軸之限。又以今之所欲言者。取明大義。無事冗長。故不能一一舉。雖然是區區者。於群生二學對待之理。當共明矣。

以下結論通篇之旨而以喻意終焉。

且夫生者品庶之所同具也。故其理雖賾。而常流行散著於兩間。為有目者所共見。特非親治其學。則其信之也不篤。其見之也不明。即如此篇所舉之數端。亦間為持論者所有取。故往者國家制為政令。以長養罷癃羸疾之民。彼知其為仁政矣。而未嘗不言其生害。他日又為之政令焉。使民之愚不肖者幸以無罰。彼諾其立法矣。而亦未以其效為利群也。顧於數者常有所疑。而不能沛然明著是非者。政坐於生理所知淺耳。誠使習於其業。而一一親知其因果變嬗之所終。將見有生食氣之倫。其膂力才智。與一切所以應其外緣者。能進彌上。其道無他。必本諸磨礱習用。而發生潛滋。抑由於強者後亡。而種嗣盛廣。劣者先仆。而子姓衰亡也。是故天演無往而不存。而天演之為功。所以底於極盛無憾者。端由物競與天擇。有賤丈夫焉。用其煦煦之術而反之。輕則演進之機以熄。甚則使演者退行。其所以禍物殃民者。雖千百於自然之所為可也。向使其見之明。將知二者禍福。雖有早暮。必無所逃。又使其信之篤。將慎守之不敢違。而違者必喪心病狂而後可。

吾所不解者。人皆自以為智矣。而察其行事。則何顛倒錯亂者之多也。今夫欲得其全。必治其分者。為學從政之通術也。然則欲將有事於民之拓都。必先有事於群之么匿。群之么匿人也。人者生品也。是故欲盡人之性。必自盡凡有生者之性始。此物理相及之致也。乃今之言治者不然。如有攻木之工於此。一旦幡然。而欲操治人之業。鼓韛熾炭。曰鍊之。曰淬之。意摑摑然。則冶人必睨而笑。何則。以不知金鐵之性。而強欲從事於爐錘也。又使是冶人者。改以執攻木之事。於材之燥溼。理之疏密。無所知也。於楊柟榜梓。異木之殊姿。又無別也。執鋸則衺出而不中繩。操削則柹塞其穿。俄而刃缺指傷焉。**木工乃夷然而復之曰**。**是亦不可未喻其理而妄斵也**。夫匠治微業。身未為其學子。未盡其所治之性者。為之且敗。獨奈何至於為國家。修立法度。制置典章。將期以茂風俗。善教養。致富強焉。此其於人性。無異矯木揉革。而為之弓矢轂牙也。乃皆曰不盡人之性而已可。向於其業之簡且易者。雖積歲而習之。不以為多。乃今於業之至繁而難。雖聖者有所不副。則曰是固無事於專門之學也。則吾又何說以通之。嗟嗟。民自有群以來。是悖謬違反之說之行久矣。無以名之。則謂之病狂而已。病狂者必受之以心。故吾繼此篇以心學之說。顏曰述神。**心其體而神其用也**。

## 附註

❶ 英人寄籍法國。

❷ 人與居一。

❸ 西國言道德原本性分者謂之明體家。推勘事功者謂之達用家。其流別如此。

# 述神 第十五

今使有人為議員於此。當院集論辯之次。其可否事。準心靈之公例。如謂某事可行。以有合於感情之天演。某事當罷。用意相守例而知其末流云云。當此之時。聞者豈不以為大奇。而故事所未曾有者歟。得無謂其言之戲。而不合於論政議制之體歟。即不然。亦將謂某公持論過高。遠於事情。今日之事。宜止勿議。何則。**人各怵於所習。循其故者。雖非而弗驚。遇其變者。雖是而必訝也**。若夫議法之際。非不云某法果行。民情之變動當何若也。非不計舞文之相遁。錐刀之盡爭。策由此而有陰違故縱骫法徇私之事。彼方一一豫防之。夫如是。則亦曰人心大同。其嗜欲欣惡相若。上有某法為之因。則下之民情。將有某應為之果也。則亦知法之善否。視民之情感理想為何如矣。然則是議政者。亦本其所閱歷於人心變象。以為決事議制之資。雖其所得者。散而無紀。博而不通。未可以為一科之公例。顧欲捨此不用。則彼所據以臨事者愈無從矣。所足異者。彼於其散而無紀博而

以下言為政者於心理公例多喜其苛細而昧其貫通。

不通之閱歷。則以為可用。而他人所會通參伍。本之內籀於以成一科之公例者。彼則以為大愚。用其不偏不眩之小例猶可也。用其大例。則無當焉。故心學非政家之所不用也。彼謂資其精者。不若用其粗。圖其大者。不若取其細云爾。

雖然彼所得於目擊耳剽者。吾亦未敢以謂不足貴也。其稽古也有歷年。其諏今也有歷年。本所成於心者。冀有合於行事。吾又何敢薄其所得於閱歷者。為不足貴乎。每聞吾國之駔。商富賈。既成業矣。其妻子親戚。勸分議院一席。以為門戶交遊寵光。則曰。吾以生業之勤。未皇學問。俾為從政之基。國家憲章典故。浩若瀛海。吾未能纂集而條理之。其操持無具如此。吾恐一出而為人菑也。又聞世家冢子。一邑豪紳。其鄉黨任之。舉以為其部之代議。其所以辭弗將命者。亦徒以知識學術。不能自信之故。將曰待我讀書十年。出而當斯任乃有膽耳。又往往其人於社稷人民之故。既學問矣。且為推擇者之所共知矣。然而被選策名。與聞國議。乃恍然於所積之未優。而其身從政之太蚤。每歲秋假。雖有至健之夫。以其考訂之殷。所賦於腦力者之過。則必定郊居。呼鷹犬。以從事於竟日之馳獵。有時持銃行藪澤中數十里。蓋以謂不如是之勞其形。將不可復竭其心力也。夫彼從政者心勞如此。僕又安可以其所諏稽者。為不足治事。無所可貴也哉。

雖然彼之於法令也。古今遠近。其所纂輯者。固浩博矣。使未為此。其不敢議法。猶醫者未知經首之會之不敢議斷割。其於造律固亦審矣。而吾黨所猶可疑者。則彼何獨為其纂輯。而不為其剖析。彼何獨任其所博考。而不任吾黨之所約通也。夫例有通而理有乑。彼於通乑二者之分。未別晢也。故往往以通例為乑理。而曰。吾所為政者崇實。固無事此玅眾理之乑談也。故彼之所用。亦未嘗無公例也。乃常取其最狹者。假有大者。貫諸狹者而通之。彼方以為無實。而不足為之向導。彼之所宿留。亦未嘗非因果。乃常謹其最近者。假有遠者。越諸近者而極之。彼則以為疑似。而不知其為不搖。今夫心者。其為體虛。而其致用遠。虛且遠。故雖有至信必行之公例。彼無得而見之。本不偏不賅之曲例。而以之議憲法焉。則曰是所宜用也。至於萃一切之閱歷。羅一群之見象。而推其變化。本於人心。立之大例。以為為政之北辰者。彼且以之為迷途。今吾黨試取其所忽於心理之必然者。而為窮其終效。

政之合道者。以興奮民行為歸。而民行之隆汙。視民心感情之何若。故感情行誼。二者之相關。為政者所不可不洞悉也。為德行之學者曰。感情之淺深。與力行之怠奮有正比例。雖然。此言其常。而未盡乎其變也。有二極焉。習之至者。動乎其不自知。而不待感而行者。一也。悲喜太摯。闢閉機罷。此以感情之極。而不能行者。又其一也。微斯二者。而但道其常。則感之與行。實相視以為消長。氣安而色和。觀其貌申申然。無憒好失得之可察。此其血舒肋恬。未有感情者之形表也。頷頤蹙頞。陽滿大宅。手足發動。起走傍徨。馴至跳躍瘈瘲。大笑歌呼。切齒歎叱。凡此皆可以測其哀樂之淺深。知其情生於中。有感於外者矣。若夫攫拏搪突。求脫所苦。耽耽逐逐。以趣所欣。其用力也。歷久不休。益進未已。異於前者之暫而息也。然其疾徐作輟之度。要皆以中情之變為之程。

以下言民行之奮由於感情。為政者必知此例而後有化民成俗之驗。

夫力行與感情。其比例既如此。顧獨用此例。猶未足也。必合諸徒知不足起行之一例。而後立政者乃知所緩急也。今使我不察。而觸鍼探湯。則神為瞿然。其甚者乃至呼謈。是二者。其覺與行。若自相應。未有思忖籌度之介於其中也。乃今有人焉。其告我曰。觸鍼則痛。探湯則爛。是徒在言。吾固不為之動也。又假為是二詞者。而挾以鍼將刺我。抑以湯將沃我之意。則於吾心起早避之思。而或為之動。雖然。是之使吾動者。乃意中之恐怖。而非徒知其理。遂足以起行明矣。然則是行也。乃仍與感情為比例。而於徒知為無涉也。夫觸鍼探湯。感覺之簡者也。顧推而言之。即甚繁者。莫不如此。行之起也。從未有徒知之所為者。必知矣而得其感情焉與偕。則隨其感情之淺深。而行之效以見。湛湎之夫。非不知今日之轟飮。將為明日之頭痛也。顧雖知之而不能自止者。其畏惡頭痛之情。不敵其放浪拍浮之樂故也。且凡人之牽於嗜欲。發於憤仇。而不恤後災者盡如此矣。其有所顧慮而止者。必其憚懼後災之情。與其所欲所忿之情。二者交乘於中。而前者居其勝數。不然。雖明知其必有後災無益也。故曰。徒知不足以起行。其足以起行者。必知矣。而所知者轉為欣惡之情。甚且熾然於中。若無異於當前之感覺。夫而後行從之起。其行之怠奮平厲。亦即以感情之濃澹鉅細為之程。故又曰力行之與感情有正比例。請更舉一證以明之。不見河干之聚人而喧乎。近而察之。知一舟方覆。有人焉將滅頂溺也。今夫水之溺人。此立於河干者所共知也。有善泅者。厲而救之。此人可活。又觀者之所同信也。見同類之危亡。必不可以坐視。故救災恤鄰。為生人之天職。而冒險為此者。其仁尤足稱。此又吾黨束髮勝衣以來。所習聞於父師而人人以為宜勉者也。然而河干不乏沒人也。乃徒聞口之呼號。手之指揮。而水中之人。已載浮載沈者數矣。於此而忽有一人焉。褫衣去袴。躍入河中。垂溺之人。得以無死。彼與河干之呼號指揮者。同然人也。彼所知之物理。與此曹之所知又相等也。顧二者所行。不同如此。夫是不同者。必有所由起。而果何從耶。則惟其感情異也。彼河干之人。非無所感也。特其所感於為人。不敵其所感於自為。而是之翩然逝然。獨用其所知。以見諸行事者。純於為人之情可也。雜以名利之私可也。總之其所以行者。非本於知。而由於感情。則可決也。然則有為政作民之責者。不在使其知之益明。而在使其感之益至。灼灼然矣。

且由此而言之。使心學公例不誣。則所以道齊之術。不大可見乎。又使治群者於此。置其例而不從。抑所為者陰與此例相反。將其效又何如。顧反觀吾國立政講教育者之所為。其所搶攘而有事者。若一曰民行不本於感情也。顧知識何如耳。不亦異乎。

則曷觀我國近今之教育。有教會之所張皇。有學官之所廣厲。察其所汲汲孜孜者。大抵謂風俗之淳。道在開民智耳。民智之開。術在眾學校耳。又以所推於事實者之失理也。則一唱萬和。真若庠序既修。而刑措之風。可不期而自至者。報紙總計犯法之民數也。則取其習誦知書者。以與其不習誦不知書者較。彼見二者為數之相懸也。則喟然稱曰。是其趣於不義而罹刑辟也。夫非不學之咎歟。獨不悟執彼之術以為稽。則犯刑之多寡。與沐浴之勤怠。衣履之垢鮮。屋廬之湫塏。牀敷之備乏。皆將有比例焉。不僅讀書識字之一端已也。入國中牢獄。問晨興而浴者幾何囚。則罪惡之與垢污。恆并見也。問袿襠之有副。紀其數以與其無者比觀。將見喜易衣者之得罪為至少也。更問其所居之地。在廣市乎。背城闉乎。將又訝网加窮簷者。何其密也。彼篤信衞生。謂由此可以幾刑措。其料民而得其明徵者正同此。獨使知向者由原竟委。為不中於名學之律令。**則知是種種者。皆起於生事之無俚。而生事之無俚。又與其神明之卑污相表裏。故多罪之與寡聞。乃一因之二果。雖時時並著。而不可有所先後本末於其間也。**

以下言主教育者之不知前例所以舉措多謬徒更張而無補。

大抵一詖辭謬義之張也。若大波之軒然而起。非篤論明徵之所能抑也。徐以矣其自趨。則浸假而矯之之說亦出。今世教育之說。正如此耳。不然則前說也。倡之以數四道高難行之鉅子。遂至舉國風靡。雖徵諸事者。日得其反。而不悟何耶。人之生也。內之有父母之教誡。外之有保傅之劬勞。皆為之講去其非以就是也。顧何以子弟之佳者少而不肖者多歟。雖有至明之說。甚辯之談。而諄諄者終無補於藐藐。及至幡然向道。憬然覺非。**非其今之所知過於昔者也。其變化乃在性情之隱。此非導誘子弟者。所共知歟。**一家之婢嫗僮僕。於主人之訓迪譴訶。常若東風之過耳。及其改也。非教訓之為喻。乃責罰之為懲。此又非為主人者所共見歟。乃至由家而推之於國。則有若誑財之子。造浮漚之公司。售行濫之貨物。商標之贗鼎。權量之出入。庋不可行海之汽舟。增虛值以欺其保險。詭得冒利。奸儈博徒。此豈皆不學問而昧道理者歟。最下至於用化學以為鴆毒之事。行醫藥以受墮胎之賄。凡此又為公等之所覩記者也。**吾恐比其分數。一國士人之作奸犯科。過於通國人民之殺越焚刦也。**

故民德民智釐然兩事。彼謂徒事民智。而民德自然日淳者。見諸事實。偏其反矣。即自其根心之理言之。其謬亦見也。夫文字之用。特簡號耳。取羊皮竹簡。縑素楮葉。於其上為無數之簡號。自少至老。勤苦於其間。曰由此將克勉於天職之所當為。是二者之相召。果如是之神歟。以雕蟲篆刻為之因。以正直忠信為之果。此何等因果也。習於布算。明於商工。通乎九九之術。是於思不出位。不侵其鄰。果有賴乎。乃至精翻切曉文辭之律令。其用字也。各得職矣。其於公恕之理。誠喻之而過於未學者耶。山川之經緯。國土之幅員。亦既明而識之矣。未見其寶愛真理。遂與俱深也。嗟夫。是二者之不相謀。無異習乎指者之欲強其足也。今使有人焉。教其子以拉體諾文字。而望其旁通於形學。抑有人焉孜孜習畫。而自詭其知律呂。公等將曰斯人病狂。顧吾謂是徒進民智。而望風俗行誼之美者。其設思用心。與前二者。相去不能寸耳。

故覘畢陳書。不獨求民德之厚。為無當也。即用之以增方術。益智慧。其功效亦未必遂若今人之所期。蓋學問有心得稗販之分。心得者。躬驗而知者也。稗販者。得諸傳聞覩記。所耳剽目竊者也。學問自貴躬行而心得之。必不得已。而後資其次。乃今之人。不特不知貴心得之學問。觀其所為。直若以裨販為已足。而無俟於更求。尋行數墨。所從事者。印本之書冊。所以禔躬者具於此。所以教人養蒙者亦具於此。至夫仰觀俯察。近取諸身。遠取諸物者。愈非教育之所尚矣。**不知誦詩讀書者。乃置一己之耳目性情。而倩他人之耳目性情。以為吾之視聽思感者也**。奈之何以此為最貴。而纂學問教育之全功乎。澳洲之蠻。以書字為幻術之一種。有白人以短札致十桃於其婦。黑奴於途中。竊噉其二。婦覺而懲之。奴以謂發吾奸者。必札也。他日更竊。則先藏其札於石底。冀勿使見而再發之。其嚴文字而以為神如此。雖然。今之言教育者。其以文字為神。而嚴重之。與向者澳洲之蠻。殆未嘗異也。夫求廣民智於書冊文字間。其為術固已悞。乃求進民德。善民俗。於詩書文史中者。其為術之悞不滋甚耶。嗟夫。師保之耳提。父母之面命。其親切勤懇。終無救於頑嚚。矧夫其陳編斷簡也哉。

或曰無惑乎吾國教育之效寡也。其所日討國人而教訓之者。皆在才而不在德。而不知德之不修。而務長其才者。適足以濟惡。此刑之所以不措。而俗之所以不成也。欲為措刑。欲為成俗。宜教民以言行之所宜循者。則吾國教化之進。風俗之美。尚庶幾焉。此亦為言之近似者矣。雖然。使遵其術而求之。其能得所祈與否。則尚存於不可知之數。其所以然之故。前者既及之矣。而尚不止此。不佞得一二之可乎。且不佞之所欲言者。非必遠舉支那之事。彼孔子之教。皆以為善矣。顧其國民之行誼。未遂為天下模楷也。亦非近取美洲之所聞。彼學校之章規。亦日以至德要道為蒙養之始基矣。顧其國朝政之闇汶。民俗之譸張。未必遂如其所懇懇也。不佞之所言。乃在吾英輓近之所共知。誠以是為之徵。未見殷勤言德育者。常副其所望也。夫吾國景教數百千年之所為。非無分老少而教之以至德要道者耶。遍國中今日之教寺。蓋以萬數。七日來復。非以福善禍淫之必可信。以為宣法講義者耶。自祖父至曾元。其為法以驅之。使不聞道而不可得者。凡幾世歟。且此外尚有無數別派異宗之教寺。察夫其用。非以勸善過惡。使人人童而習之者耶。顧至於今。乃以是為不足。而謂國民俗漓行乖。將為一群之橫禍。然則向之所為。固已無效。乃謂循斯之道。過是乃有效也。則吾真不知其所以云矣。意者。今之為教育。將謂向之所以無效者。以其出之於宗教也。乃今事之以學校焉。庶幾得所欲耳。向者設講壇。演聖經。且輔之以眩神動魄之堂宇。圖仙靈之形象。對陵墓之感情。陰陽雪帥。其所以鼓人心而使之向道者。可謂至矣。然而猶不足。乃今者宣其義於鄉社蒙塾之中。蜃牆圖書之外。靡所有也。顧於人心反易入焉。又向也臨之以神甫牧師之尊嚴。和之以風琴雅歌之唱歎。其入於人心者。猶之淺也。乃今教之以冬烘之里儒。雜之以夏楚之敲撲。佔畢之唔咿。而其感之也將益深焉。此不待深明教育理想之家。夫已可決其驗否。吾聞治性靈學者之言矣。彼謂德育之喻人也。有以動其感情。夫而後有以深入。故必為之管絃琴瑟焉。為之威儀法象焉。而教誨提命之事從而施之。又曰正道之語人也。乍則敬心生。數則厭怠萌。故再三之瀆。無改繹之效。乃今講教育者之所為。其與此正相反。此其所以無補也。觀夫近廟之子多慢神。牧師之兒多不肖。則知法言不迪。欲得之於數規。為與心學之公例舛矣。

總之德育與智育懸殊。智育求之於理想。而德育則發之以感情。終之以行習。徒有感情。猶無益也。必自感情。施之有事。夫然後能由勉強而至於利安。蓋每一行之。則其德育愈固。至於既久。寖以為習。則若行其所無事者矣。此若心之二意。相因而生。因之既久。若

**不可離❶。又若身之一動。相續而形。其始輒難。須留神為之。而後無失。惟習之既久。乃若自然。無假費力。**是故行誼亦然。情動於中。事見於外。和其善而遂之。惡其惡而遏之。惟遂與遏。始皆勉強。數爾屢然。乃成性習。此小人君子。所日孜孜而分途者也。凡此不徒心學之所講析者然也。日用常行。實所共見。顧近世之高談教育者。獨置不察何耶。

且事之失理者。若行之而止於無益。雖竟行之可也。乃今以若所為。其後效將不止於無益。且有大損焉。蓋常人之於立政也。每心醉於所期。盲然不覩其後害。嗟夫。吾英數百年以往之所為。其有害於民德已不細矣。乃忍助之為虐。使火益烈而水益深也耶。此不佞所為不容已於曉曉也。

以下言不知此例。則所為不止無益實且生害。遂識英國所行教育之政制。

吾英之民。號無遠慮。未嘗於豐稔之日。計儉歉之時。雖多與庸。亦盡於數日之餔餟。前篇記某公司。冀勤者之積財為股東。而其股逾時無一售者。可知小民之不自謀。雖在上急為之謀。為無益矣。人謂盡當前之慾樂。不顧後日之飢寒者。英民之性習蓋爾。與大陸之民絕異者也。彼以為根於種性。則不知英與大陸諸民為同種。那威之民。以儉約慮遠。見稱史家。與吾民非異種也。丹麥之人。最善積畜。德和氏謂英民所得力庸。以資生不足者。荷蘭之民。守之可以致富。乃至今世之日耳曼。尤為彰明較著。而美洲之人。亦謂德人至彼。皆勤苦力作。衣食樸約。以此常傾英之傭民。即在本英。試觀德之商賈。虛至實歸。而富貴之家。喜雇德僕。則知條頓種人。不盡若吾民之短於自束明矣。謂諾曼德之餘風固如此乎。則彼諾之種人在洲中者。率皆善於治生者也。然則吾英小民。所為好樂而荒。無旦夕之慮者。果何由而臻此。求其故於遠因之中。固無有也。苟求之於近因。將隨在而可見。蓋英民之所以未能遠謀。不治恆產。**以養之之道。有以敺之使必至於如此也**。今夫民之所以兢業自持而不敢放縱者。知自作之孽。將不可逭而莫之哀也。乃國家為之法令焉。使放縱者咸無慮此。而自作之孽果可逭也。則彼何為而不遂遂然。民之勤謹者。計其後效。且不若不勤不謹者之所收也。則顓蒙之徒。又何事而自苦。**又況以今之法。養今之民。彼儉謹者。不僅無得已也。且有後罰。恆即以其勤奮之故。上知其能自立自養也。乃常使之出算。以贍呰窳偷惰之民。脫不出算則加以不仁之號。籍其貨賄。而奪其生計之**

所資。乃至己與己之妻孥。必相率以入於貧籍。其禍始己。然則謂國家以法禁民自立可耳。自愛清潔之民婦。卒卒然不待獎勸。力作自活矣。而倚市之娼。則月有貧糧。以長養其夜合之子女。甚且有人焉。以其孽之多而富於得算也。則覬其利而娶之。然則謂國家以法導女子之無良不貞可耳。夫如是。吾英之小民。累世以來。凡不為姦欺。常求自立。計力量財。而後嫁娶。仰事俯畜。不累他人者。皆以算煩政苛之故。其勢常處於不足。而無以蕃孳其子孫。乃放僻邪侈。敢為譸張。以罔其上者。轉優游有餘。衍其種嗣。使天演之例而信乎。則國家之所以為人擇者。固常在此而不在彼。又何怪民之無良。未能遠謀。不治恆產者之日眾也。今使有人焉於此。其為牧畜之業也。馬則擇其性之不馴。狗則取其性之不慧。而孳乳之。如是數十代矣。乃一旦惡其馬之跅弛。狗之冥頑也。雖塗之人猶笑之。至於民則以為獨不然。

若前之所為。其害已如此矣。乃今所以害之者。將又闢一途焉。今夫民之所以不敢恣睢。而必謹身節用者。以後災之酷。舍一身之外。莫與當也。乃前之為國者。竭其心力。必使不肖者無後災之可虞。則彼何憚而不自恣。民之謹於嫁娶。力不能辦飲食教誨之事。則不敢苟合者。知育子閔斯。其責無所旁貸故也。乃今之言教育者。又取之而代其責焉。則民又何為而不苟合。國何為而不過庶乎。明著憂休盛之不可以長也。方日討國人。而告之以民生之不易。戒鹵莽之牉合。而為人父母之責為綦鉅也。乃今以上之所為。彼方謂養蒙課幼。乃通國之公事。而與為之父母者為無與也。此其教慈教孝之道。居何等乎。出財以立義塾。是民有子而不自顧復。而轉於他人之子弟。有教育之責焉。是何其說之迂而難也。甲而生子。子之壯羸賢不肖。於甲無與也。而乙丙丁戊之遺體。其養與教轉為其義務。惟乙與丙。其忘己為人。莫不如此。計一民之所出。其名為賦稅算捐。資以為學校之費。以教育他人之子姓者。常六七倍其課子之束修而有餘。持此以與前四十年者較。則知民出此算之日多。其所以待己子者。即由此日微日忘可也。通國之意。以謂民之所以無良而刑罰眾者。乃社會之溺其天職。群喙一辭。若樹義至堅而無可疑也者。或又謂欲民品之日上。不獨智育。即其體育。不可不圖。是故衣被哺乳。亦將為一群之公職。其見諸施行者。則有蒙學養孩之政。蓋第一說即立。則充類至義。必終於此。雖欲中輟。不可得矣。由是沿流忘反。而至奇之說生焉。**曰男女之合。隨其所欲。至其生子。自有他人為教養也。**

嗟乎。使為國家者。以是為明民進化之圖。非所謂為者敗之也耶。夫任自然之所為。民欲無為其遠慮而不可。**乃前者既以術逭其自致之災。而民以此偷矣。今者又以術去其應盡之責。則民由此而愈偷。**民偷而欲其治之休。其化之進。有是理呼。每見下品群生。至於育子之時。則其精神大奮。其用力也常毅而有恆。其智力襟靈。亦當是時。其靡厲為最至。方其恩勤育子也。若忘其身。而機牙四應。**故凡諸蟲之靈性。皆於為母之時為最高。而在他時不能至。**於人何為獨不然。游蕩之夫。往往以諸兒之待哺。而篤於生業。妖冶任情之女子。至於為母。而至性遂深。其始雖日誡之不能得也。**是故激發民良之功。莫捷於為父母。其克己。其敏事。其圖將來。皆緣其愛子之情而遂摯。其摩鍊德性也。蓋時使之棄當前之可欣。以為其所生謀久遠。然則減其自利之私。而趨於他利之仁者。必自慈幼始矣。**乃今國家取人人燕翼之天責。而為之代謀。是於演進民德之道為合不合。奚待再計乎。**社會童蒙所受益者。極其量不外識字知書已耳。而長者摩鍊德性之具。從以大衰。吾未見所得之果償所失也。**

今夫講教育之業。而以文藝多聞為重。謹身篤行為輕者。此非狂夫不為此說也。有工傭小民於此。其不識字固也。然而勤謹節儉。無姦偷湛湎之行。又一屠沽賈豎於此。已受學矣。而為譸張。背約束。博弈好飲。而忘其家。人之擇於斯二者。不待其辭之卒也。即至中產世業之家。甲之文采炳然。而放蕩僭奢。靡所不至。乙則愚魯醇謹。不輕然諾。而知為後嗣貽謀。不使長而為親朋之累。是二者於群為孰利。又不待智者而後知也。乃自其實事而言之。則人人皆知所決擇。獨至造論。則雖至近之理有不知。夫國之所以重教育者。非以民行風俗為第一義乎。**求風俗之美。不當徒求諸文算輿地中也**。

總之。不佞於此。非謂民智不宜開。而民愚之不足以病國也。特所欲為國人正告者。當知群之衰盛。視國民性習之何如。而性習之何如。視體合所於遭之外緣奚若。**故情之時動者。將以其數動而益深。情之莫感者。將以其無感而遂伏**。上果欲民德之厚。風俗之美。而國從以休歟。徒日討而告之以嘉言無益也。治其術智。俾之多聞。痡無益也。**束之於國民之所當為。而時有以激發其德心。而懲瘠其忿慾。其道又何從乎。在使民常莫逭其自作之孽。而常能享其自求之福。此**

天演所以陶進庶類者也。而國家明民進化之術。亦法天之所為而已矣。

猶有一事。其理亦根諸心學。而為今日操國論者所不可不知。則男女之知識性情。雖同處一群之中。所由於天演者各異。婦人之與男子。群職雖殊。而為群之么匿一也。同為么匿。故以其性品之高下。而本群之形制事業影響焉。是故男女心德之同異。為治群學者所不可以不明。使其同歟。則雖畀女子以甚重之治權。其得效與男子當不甚異也。使其不同。則一群之治。女權重者。其收效自與男子之為政懸殊。

以下言秉國者宜知男女性情所由演成之異是亦心學之一例也。則女權之說宜慎其所發。

乃自心學公例言之。男女心德之異。猶其形體之不同也。今夫天之造物也。其大用在於生生。男女形體之不同。以所以為生生者異職也。故其心德之相去。亦緣於傳種保赤之殊功。彼謂父母天職雖判。而男女心德不緣之而分者。則天演體合大例。所謂用異體殊者。將從此而破。有是理歟。

以為母與為父之不同。故女子心德。所與男子絕殊者有二。其一同物矣。而度數殊。其一則天演異施。絕不同物。此男女天賦品數各殊者也。則先言其異於度數者。男子之長成而極也遲。女子之長成而極也早。其故無他。所以節其形長之力。以供生子之劬已耳。男子形幹之進長也。少之時。其翕以合質者。尚有餘於闢以出力者。惟其有餘。故長而未已。至於二者勢均。斯為長成而極。惟女子不然。其長成而極之時。其所收於外以為養者。尚有餘於其所費也。然惟其形極而養有餘。故克分之以為遺體。不然。則生生之機雖絕可也。此所以女子笄年。先於男子之丁壯。而男女軀幹之異。亦基於斯。男子肋靭而肢強。女子膚曼而末弱。則用力趨事積形待分之不同也。且女子之呼吸也微。而十二時所吐之炭酸較寡。於利用孕育之年尤著。此以見其消耗之不殷。而消耗不殷。即由呈力之寡故也。手足掔纖。腦海窕朒。故以器小速成之故。女子心德。所遜於男子者。厥有二端。其心量所涵。不及男子之廣大雄碩。一也。情感理想。心之二用。乃天演最後之結果。其在女常絀於在男。二也。若夫即異見同籀繹會通。謂之玄識。而公平之義。尤為玄識之最高。人必有此。而後發言制行。不以一己之所親疏愛惡。而紊其經。於此則女德之遜於男。滋益遠矣。

**自注云**。此理必察之同群並世之男女而後實。若取文明之女。以與野蠻之男較。非吾例矣。凡比擬心德。必於其倫。如女之人傑必與男之人傑較。女之常倫。必與男之常倫較。今之操論者於此往往昧之。

右之所言。乃同物而異於度數者。雖後之優劣。若著於品格之間。顧其異則根於度數而起。請今更言男女心德品格之異。是異也。亦起於夫婦對待。父母道殊。夫匹夫匹婦之於育子也。**其用愛同**。**其所以愛異**。其同者以其子羼弱。而用愛彌深也。顧為母者之於其子也。其愛情所發。即在其子之羼弱而需保持。用情至純。而無所雜。至於為父。稍稍雜矣。蓋男子之情。其一家之眾。凡有待於己之顧復者。莫不哀憐。不獨以羼弱之雛而後用也。然惟婦人之特性如是。故其能事。於保赤育子為最宜。其感通速。其防護周。故婦人之於存種也。**於心德有特性於形才有特能**。二者合。而生生之事大備。此其無可致疑者也。顧婦人之在群。其所為不僅存種已也。**而皆受其特性特能之影響**。

此婦德本於母子之倫而異者也。尚有牽於夫婦之倫而異者。又可言也。今夫陽強而陰弱。自有人類以還。為草昧。為文明。無間群演淺深。莫不如是也。以其一強而一弱。而二者又常為其最親。故婦德又有獨深之天演。草昧之時。物競最烈。種族鬭進。宜者乃存。於此之時。彼不至蕩然無遺。而猶有以傳其後嗣者。不僅壯佼強毅已也。必其侵侮不仁。而深於自為者。然則彼經物競之烈而猶存。以為此日文明之祖者。皆虎狼之民也。其虎狼之性質彌著。其於此時之物競尤宜。而所謂婦人者。則虎狼之妻妾也。彼男子之以強而存固然。而此時之女子。則雖弱而亦存。是之存也。必有其所以存之故。取其可見之德而僂之。則其能為容悅一也。夫能為容悅者必其好人悅己者也。當此之時。身為待命虎狼之女子。其能自存而而傳其種姓者。必其最善容悅者又無疑也。夫種姓之大例。女質傳女。男質傳男。由是而累世焉。則女性以成。愛好天然。善為容悅。固其所耳。深於匿情。次也。身為不仁豪暴者之妻妾。其常有終風之傷固矣。使顯示其怨尤焉。將不見容而蔑以自存。故婦人匿情過於男子者。亦物競天擇之事。有以使然也。工於言語三也。此雖不若容悅之常然。然與不仁粗鹵者居。往往藉詞令以自衛。否則躬且不閱。而所生亦危。乃至孕育蕃多。滋以寡矣。其最後所演。則警敏而善窺人意。四也。蓋當狉榛之日。以弱女而待暴夫。男子之舞蹈歌呼。下至一嚬一笑。皆中情所發。而其身之苦樂存亡繫之。使其機警前知。則常有以為先事之救。而不至於終凶。假其不能則無由免。是故以其習之無間。而又以此邀天擇也。數千萬年之後。乃合而演為女德如今。每觀近世尋常女子。善揣人情。得其笑貌音容。即知感情為何者。習者不自知其所由然。獨至有時雜以鈎距之方。微析之術。則其事愈神。可以為心學之釋例。即今吾國有女。以此知名。論者謂其能事。即在婦人為僅見。男子無其儔也。夫女子心德之特別如此。大抵由於隆古之世。所與男子交接。以爭存之功用而演成者。然不佞非曰。此其特性獨鍾於女子也。蓋男子亦有強弱之分。強者任力而有餘。無所事此。脫其弱而不足。則其自存之術。乃與女子同科。始以此存。終以此演。一耳。獨是男子之用前術而存者。十之二三。至於婦人。幾盡用此。其在家然也。而出門尤亟。生學種業。牝牡分傳。其代趨微而積久著。此所以前者所數之心德。雖間見於男子。而獨深於婦人。

右所言之婦性。所由於為母為婦而演者。此外尚有起於男女相悅之常。而其究亦為全群之利害。此其演進又可言也。夫女子之於丈夫。常慕其有剛德者。常趣於能自立而有護者。是其用情亦關於一種之強弱。向使其用情反此。而惟怯懦文弱者之求。將其種之弱者蕃。而強者澌滅。如是而累葉。其存於物競之後者。不其寡歟。是故東方有群。其牉合或不由女子之自擇。或係虜略賣。或由父母之命。而以為禮經。固無論矣。逮此數俗者除。而女子享擇對自由之幸福。當此之時。使所慕不同。其能蕃育子姓。而所生無夭瘥之患者。必樂附於身強志勇。能保妻子之男者也。彼以儒緩為可悅。怯葸為易親。即幸生兒。將幼則寡怙。長難爭存。又可識也。故惟女子所重在剛德。而其種以強。往嘗觀吾歐婦人。寧受笞傌而委身於強有力之桀夫。不願日得噢咻。而託芘於怯弱之良士。蓋其演成之性固如此。而不知者且以為可怪也。且女子之傾倒權力也。其始不過以之擇對相攸而已。浸假則此情見之凡事焉。如宗教。如政治。其嚴神畏威。大抵過男子。蓋神力大勢。震威嚴恪。此宗教之感情也。而於女子為尤至。故希臘舊史。其婦人信教最深。前公使阿爾各❷亦謂遊東方祠廟。見婦孺羅拜頂禮。所在皆是。至於男子。來者甚稀。且什八九皆鄉愚小民。而尊貴尤寡。印度雅覺訥特大會。每歲聚者數萬人。記者謂六之五抑十之九皆婦女也。什吉思多神之教。亦行於女子為多。羅馬舊教。所行諸國。與北方新教。見象亦然。世多謂女子畏神。由於教育。不知其根諸演成之性。所由來至深遠也。乃至政治之間。女子之尊尚勢力。崇拜威權。其情常過男子。亦由是耳。

由前而論。則女子心德之演成。所可即因而求其果者。以生生天職之不同。其心德之異。猶其形體之異。一也。以配偶之對待。而剛柔以殊。二也。故使外緣不變。則男女心德相差。雖至今不異於古所云可也。獨以外緣降異。而女子心德之品量。亦以體合而遂殊。古者以男德之剛戾。而女德之詭隨從之。可知群演漸深之時。男德異於其初。女德將與俱化。而二者剛柔之差。當不如是其相遠也。其所恃以居蠻野之群。得自保而無至於尅滅者。如是種性。其變當最先。其次則慕悅權力。雖不減乎其初。而形下之筋力。與一切粗獷之心德。宜不為所傾倒。而女子所心醉而神往者。轉在富貴尊顯間矣。幸輓近歐洲諸邦。莫不重女子之教育。使其劬學篤志。而形氣不緣之而損傷。則男女心德。亦有日趨於平之可望。蓋生學天演公例。厶匿自存之能力。與拓都自存之能力。為反比例。群強則民生舒也。故世界文明。則女子成長之年格漸高。知識之開通漸緩。由此男女神識情想相去之差。亦當日減。

然此皆將來之設想。而非當前之見象也。居今而操政論。則當知男女情識之本殊。此雖無關宏旨。然所係於群變者甚深。不可以不察也。姑依前序而言之。則矜憐煢獨之仁。女子常較男子為偏至。緣其所愛以及其所不愛。而公平之玄識。又演而未深。故丈夫之制行也。常先義而後仁。女子之用情也。常多仁而少義。有求女子之援助。但動其哀閔之情足矣。與之斷斷持公道。固無益也。

前篇謂民雖自奮手足心思之勤。以得其所應享。而國家轉悠然忽之。苟未至於甚損。終未暇為道地也。而至流離瑣尾。第使有以動其哀憐。則其受恤也常過於其直。雖為其人自作之孽。不暇察也。此其違天演之理。終以害群。男子所為。已可議矣。彼女子者。乃尤甚焉。是故婦人之仁。古今同訾。何則。以不察所施之當否。但以求援之殷。無依之苦。為施惠之淺深故也。且婦人之理想也。常篤於著相。短於通會。察於近習。遺於疏遠。故與言專指之人物。切近之因

**果。猶能與也。通而論之。原變於遠因。極效於遠果。則以其理之繁且紆。非其心量所能概矣。**此不必驗之於廣且大者也。觀於一家之中。夫已可見。為母者之於兒女也。所急而圖者。目前之苦樂已耳。至於慮其少成。端其趨習。則嚴君之事。非慈母之所能也。夫如是之心習。而使之參一群之政治。彼將本其所以為家者以為國焉。用其所施於子女者。而施之於庶民焉。心德之差。於此乃乘而滋大。則害群必矣。且以女子嚴神畏威之常過於男子也。故於國家一切制度。亦常以此行之。而有時而過。政教二物。舊者益尊。**物之由來甚久。而法相莊嚴者。最易起婦人之敬信。懷疑刺譏。證論平反。非其事矣。是故女權甚張之國。其持論設心。常以存綱紀別等威為主義。**即至行之而過。侵損自由。非所慮及。其言治也。意常存於目前可收之近利。故轉喜法禁之滋彰。懸有形之治於心目之間。雖他日末流之弊。至於舉手觸禁。民生無憀。非其識之所及矣。惟其敬上嚴威之情。過於男子。**故保愛自由之意。必不及之。夫吾所謂自由者。非獨其名已也。乃民生所享真實之利益。國必有此。而後民得各奮其能。以自求多福於物競之難諶。以庶幾可幸於天擇。**苟於群無所侵損。則無人所得沮遏者也。

是故女德。為群演中用事之一物。所關綦鉅。為言治者所不可不嚴。自古至今。無論群演淺深。女德皆為強弱進退之所繫。乃至近世歐洲之群制。則所繫尤深。夫女德之於群治。其用事。有徑者。有紆者。蓋道民之事。政刑宗教。二者其最鉅者也。而二者之外。則有禮俗。群之禮俗。主於婦人者。過於男子。即政刑宗教。所為黨分派別。群之女子。必有輔翼附合之能力。而輕重左右從之。此於宗教尤明。皆女子用事於群。所徑而可見者也。男子之思理感情。酌盈劑虛。其權常操於女子。其少也。以母氏之教為先入。其長也。出言制行。其受範於女子尤深。或由乎其心所知。或動乎其不自知。此則女德用事於群之紆而可見者也。然則一群女德之隆污。國俗民風。無往不為所陶鑄。使女子之權力。於吾群而日恢。將為吾群之福乎。抑為吾群之禍乎。此誠微渺精深。非不佞此書。所能奉其大對。今所欲與學者共明者。**在群學之精。非邃於心學者不能與**。而男女心德之所由異。與其異之居於何等。皆當於心學焉以求之。庶幾脫有變古之事。行於此時。而吾黨能灼然於其吉凶得失也。

右所以為述神之篇者具如此。夫述神非他。謂必取心神之起滅變化。而通其所以然。夫而後於群之進退盛衰有可論也。雖所言迤及於數端。然吾意乃存於廣喻。縱一時聚訟。不必以鄙言而息。於大義固無傷也。嗟夫。一國通人。方且爭言教育。欲循羅馬舊教之餘風。責舉國之童蒙咸使就塾。違者且罪其二親矣。則不佞於此。雖有異同。未必聞者。遂以吾言革其道也。彼方以開瀹民智為進化之全功。則僕雖謂其事將使民忘鞠子之天責。棄身教之義方。而民德因以趨薄。亦未必芻蕘之言。遂為從政者之所采也。舉國方欲畀婦女以政權。使輕重大殊於古昔矣。則僕雖有心德不同之說。而望持前議者之迴翔審顧。難哉。雖然。使議者於不佞之前數說。舉不謂然。**顧於是篇述神之旨。所謂群學必以心學為始基者。當猶有合也**。今無論獨治思理。於感情行誼有無變化。無論民德隆污。於群境外緣。有無體合。亦無論男女心德。其受範於群演者。有無異同。**顧之數者。皆心學之問題。而必求於心神之公例。則灼灼然無可議也**。假有人以是為不然。則將謂述神觀心之道。本無待於內外籀之真術。不資實測推證試驗之煩。而庸俗所為。疏漏叢脞者反有當也。則不佞之說。安往而不左。

以下結論通篇之旨。

觀世俗之謬論。一若謂察一群之變態。無待於分觀民行矣。愈無待於深勘其制行之感情思理。而詳論其所以然。此其謬妄。不必深於群學而後知也。明於世事人情者猶識之。今夫事變呈於一群之中。必非無因而偶至也。其所由起者。或發於一人之私。或成於無數人之合。或合矣而有權利是非。與所合者之權利是非殊趣。同者相感。異者相攻。以其相攻。遂形其不相得。而一群事變。乃紛如也。變所由起。恆出於感情。而思理者乃為之嚮導。是故捨國民之方寸。取其用事之心德。會其能所。合而論之。則群之現象將無一事之可知。而昧者或歸之於氣運。此三古之世。所以多災異禨祥之說也。然則心學不明。將群學無因果之可論。**彼謂治平之術。無事於心性之空虛者。直無異言兩間諸境。皆有因果相承。事資討驗。獨人群之變。其來無端。而人心之相感。於言行為無涉也。可乎哉。**

## 附註

❶ 此心學意相守例。

❷ 曾駐中國日本。

# 成章 第十六

不佞之著是編。非以言群學也。提要發凡。言所以治其學之方而已。顧言其方矣。往往連類而及其學。設閱者以此相稽。不佞無以自解也。雖前輩著書。以論一學之治法者眾。彼於本科之學。皆不能不連類而屢及之。此如言治天學。於歌白尼之日局論。於奈端通攝力說。二者之虛實關係。與其所以通此理造此術之由。皆不能無所發明。而議者無由病其逆節。蓋使莫之及。則無以為書。就令能之。而書成。於學者。未必果有餉也。言群學治法。何獨不然。設著者於本科公例無所發明。則其書可以不作。既作而默爾。其無益於承學者。又可知也。

以下撮全書之旨。先標首三篇之所論。

故是書言討論群學之方。則首以天演為宗旨。蓋群者天演最繁之物也。使天演之旨而有合。則於前人監臨降觀。昊天曰明。與乎聖賢經世宰物之說。勢不得以不分馳。蓋彼方謂種族家國盛衰興亡。一切皆本於天意❶抑名世應運者之所經綸。則其仰觀俯察。所取一群事變而論之也。自與天演之說大有異。何則。天演者因果相承。質力交推。自古至今。有生長發達萎病老死之可言者也。彼所謂偶。此所謂常。彼謂無例之可言。此謂有大通之公例。夫既無例。則無因果之可尋。而此則莫不有因。莫不有果。且有遠因遠果。眾因雜果焉。其為不同如此。故今言治之異。若占驗之異於今之律歷。黃白之異於今之化學。真無往而不徑庭者也。

全書於一群之見象也。無間為並著。為相承。其有因果可言。與格物家形氣之見象無少異。顧此主義。非意有所尚。抑臆造釣奇而取之也。當其發端。固先取其所據依者。而微驗深考其真妄矣。即彼以謂生民事變。造化於此。能別有安排措注。不若尋常形氣之變。故言群之道。宜與格物殊科。然觀所言。彼又未嘗不自亂其例。且審而論之。即人功持世之說。亦未見其能自圓也。蓋二家之論。皆出於稚群思想之常然。根於淺演。而莫由自拔。然主張其說者。又不能不資因果。以解群中之見象。夫既言因果矣。則必有公例。而順數逆推之事起矣。則謂言群與格物殊科。而群理不可以為科學者。其義果何屬耶。

自闢群學之說。而見群之可以為學。**此從負之說而得理者也**。更自主群學者。而見群之必有學。**此以正之說而得理者也**。凡物之散者為么匿。其聚者為拓都。而拓都之性情品色。皆可從其么匿之性情品色而斷之。是故執因求果。民群亦然。**使元元性品為所既知。則所成社會之強弱文野可以坐論**。蓋內之民德。合之天時地勢。鄰封外交。與一切所遭之外緣。將其國之形神。十八九得也。且時俗謂群無學者。以不知吾學之果何事耳。譬之以一人之生世。其壯羸愚智。所本諸種業形幹為演進者。生學之所有事也。至於傳狀年譜所言。出於遭遇之觭偶者。史家之所有事者也。**生學之事**。**可以前知**。**史家之載**。**難以逆覩**。群學之於國種也。將猶生學之於人生。即其形制事功。課其前塗。若夫離合紛紜。凡史氏所執簡以從者。固群學之所不事者也。和群學之所事矣。則古今所有之國種民群。相其文野之度。而比例參伍之。即異觀同。見其會通。而群學之例乃立。且其學尚有大且遠者。群之演進也。**始於質簡**。**終於文繁**。法制既立。而聲明文物之差等從之。依乎吾例。則民生大休。違乎吾例。則國種可滅。然則吾學所治。方之史家政科之所斤斤逐逐者。其本末鉅細之判。又何如乎。

右所舉者。吾書之前三篇所言是已。至於四篇以降。則所論者皆此學之所以難。今夫即物窮理之功。皆所窮者物之理。而能窮者吾之心。是能所判然為二者也。獨至觀群。而能所之分混焉。**吾所觀者。雖群之拓都。而能觀之吾心。即為是群之么匿。故曰能所混也。**夫窮理之所以精者。以窮者鑒空衡平。無所偏倚故也。其所以無偏倚者。以所籀之公例。其利害是非。或彼或此。於窮者為無涉也。**乃今窮理之家。固國民也。吾方託命於此群。受治乎於其憲章。礱磨乎於其事業。無所逃於其情感。猶呼吸者之於空氣也。不能外之以為生養。猶游泳者之於清波也。旁觀則易明。入局則自昧。此其難治。惟群學者有之。此群學所以為最後之科也歟。**

以下通結後半部之大旨。

然此猶言乎其大凡也。而尚有其特別者。特別之難。有自所治之物理而言者。有自能治之心德而言者。自於物而言之。則紀載傳聞之多不詳實也。夫傳聞始於目擊。而目擊者不必皆有道知言之徒。則其訛謬。或得之以輕心。或成之於迷惑。或雜之以己私。證故不同。而其言皆不可以盡信。夫觀物得情。非常昔者之所能辦也。藉非通理知微之士。持之以惺惺之心。則其於事實也。**必取其見之所易合。而失**

其情之所難知。雖所棄者倍蓰於所取。而其心終未嘗以一悟也。又不幸群學所徵。常非一物一事所能盡也。必積其甚多之陳迹。錯綜參伍。而後得其真。此其理之所以滋難也。譬如第五篇所指。其難有著於地之隔者。有著於時之暌者。上下數千年。縱橫四五洲。皆賴吾心之方寸。於剎那之頃有以攝收之。心量若茲。宜其甚寡。此其難之存於外物者也。若夫心量之不及。尤難言已。人類之觀物也。舍一己則無以為推。是故先民有曰。人者宇宙之衡尺也。凡異時異地之群變。彼皆以己之所有者為推。一概相量。凡古人之思理。直無異於今人之思理也。凡後世之感情。將無間於此時之感情也。此雖不得已之所為。然而不能盡合必矣。且理本繁也。而吾心之機簡。則無以相函矣。化無滯也。而吾心之境拘。則無以相得矣。此皆自其思理言之也。不寧惟是。有感情焉。有所恐怖。有所睎冀。則所信者皆偏著矣。有所欣悅。有所忿懥。斯所持者皆失平矣。惡之則忘其可恕。聳之則略其不仁。方其昧所得於天之分也。則欲奮區區之知。謂公例為有所不行及其習於受治積威之常也。則貢其款款之忠。以議院為無所不可。總之心習既具。欲以與於群理之真。難矣。

前數篇於群學之所為難治。雖分能所二者論之。顧所及者不過其大概。而人心偏蔽。常隨所處而各有不同。非分而指之不能細也。今夫學者所以愈愚。然而以陶成者之各異術也。則黨同妬真。而人心之為蔽滋錮。吾國教育之事不一塗。而總其宏綱。不外自利利他二宗教已耳。夫生而有群。二者之教。誠皆不可以已。獨持其義者有偏至焉。則無往而不齟齬。即自一群言之。專於一偏者。未必所謂利者之果利也。為發其蔽。而求其所折中者。此第八篇學詖之說也。民生莫不有託。地著以降。則國尚焉。榮譽之民族。未有不知愛其國者也。顧往往以愛之之甚。而其識以蒙。無以為群事之斷審。顛倒謬誤。則害隨之。一二特識之士。知破其拘攣。以觀於廣大之域矣。而無如矯枉者常過其直。則真理亦以不明焉。此第九篇所謂國拘者也。民之以國拘也。無他。私之而已。此固國之所恃以為存。而過之又未嘗不害。且使以私之而拘。則拘者不獨國也。蓋民生於群。通功既興。流品斯別。勞心勞力其大分也。而分之中又有分焉。生之所資。皆足繫溺。溺故物論不齊。而群理滋蔽。此第十篇所指之流梏也。群必有政。以是非之不可以一概也。而政論分焉。仇異黨同。若不自覺。以此為學。欲得真理。難矣。然黨論為國者之所不諱。且以彌縫匡救。而得其物之利者有之。故即有其蔽。見之無難。獨有其一。為政家之所同。而其病於群學為尤深者。**徒知主治者之為變因。而不知受治者之為國命**。治亂興衰之故。求之於憲章法令者多。而察之於民品風俗者少。其違在宥之戒。代大匠斵。而為者敗之。此則第十一篇所指之政惑也。雖然。政如是矣。教亦有焉。蓋群無論天演之淺深。國無分民智之高下。**而化之不可思議者。可推之彌遠。而不可以終祛**。故文野雖殊。宗教自在。而其為民義之蔽也亦同。聽神之國。其權是非而衡失得也。輒以合於宗教之律令為先。而其係於民生之利病者為後。甚則錯迕衡突。而二義相滅焉。故宗教之去真彌遠。其政令之病民滋深。洎夫民智開而教力減。勢非改革。不足自存。此宗教革命之所以著於歷史也。雖然。宗教者明民所不可一日無者也。昧者徒見其害。不見其利。輒緣其罪。而泯其功。於是有立為人道宗教之說。則又不審理實。蔽於卑近。而非考治群學者之用心矣。此第十二篇之所以終以教辟也。

夫既知其難。而具其詳略如此。則所以勉為其難。而務遵其術者。有可言矣。此前三篇之所覼縷。而宜無待於複陳。約其大要。則治名數之玄科。所以習吾心於不循常然之理證也。次則質力之閒科。所以狃吾思於一切可求之因果也。又次則天地人物之著科。自其散著。以悟其會通。自其用事。以求其合體。夫如是。庶使吾心知理證因果之符矣。而復有以與於悠久繁賾。蕃變消息之微。而可以破一切之拘虛囿習篤時之為害。其於言群變也。尚庶幾可以寡過矣乎。雖然。此猶是人格普通之學業。而未與於群學專家之業也。欲為是專家之業者。不可以不知生理。則生學尚矣。尤不可以不知人心之體用也。故心學重焉。蓋欲於一群之變態。而識其因果之始終。不可以不盡人之性也。不喻心學之公例者。其於人性也必膚。而不明生理之公例者。其於心理亦僅矣。且欲明人類之生理者。非於動植生理嘗治其全。亦無濟耳。此吾是書所以終於憲生與述神也。

治群學之方具如此。始言群理之必可為科學。繼言其學之難為。終論所以為之之基礎。雖然。繼自今。使吾學果得為專科。**世之論政言治者。其有念真理之難知。蔽明者之甚眾。小心孰慮而鄭重出之者歟。其有本吾斯未信之心。博訪周咨。使所知所能與所為之事相副者**

以下言此科新立必不為流俗之所喜。然作

歟。其有建一策出一謀。而知中者一塗。誤者千術。翼翼然恐所學之不足。心習之不衷。抑以外境所遇之不齊。而此心有不得其正者歟。凡此皆不佞所不敢知。而其所自知者僅一事焉。曰吾所期於世人者未嘗厚耳。夫天演之行也。無論人所居之任何群。群所當之任何世。其中政制事功。與其所由出之人心。思理感情。皆有所受範。而絕非偶形者也。使是思理感情者。與其群天演之度數不相合。或與其所遭之外緣甚睽。其能幸於天擇。而有立於其群者。蓋無有也。有之則天演之書皆可廢。故一群之風俗人心。實與其時之形制相表裏。有參差而無相絕者也。且夫群變之殷。莫若革命矣。顧其成者。必其順乎天而應乎人者也。當此之時。橫議蠭起。處士私家之言。特著其變之已形。而舊制之不可以無損益。故善治方將之國。其為政也。若鶉鳥之於孺子焉。踆踆然而飛。卑者高之。遠者邇之。雖不可以卒獲。而未嘗或至於相失。使竟棄也。方其群之進行。民之品固時變矣。變至則其制從之。故雖有所齟齬。其為勢常甚偏。其為時常甚暫。無橫決土崩之憂。蓋其演也。而非其渙也。夫演而不渙者。其群之風俗人心。未有不與其形制相得者矣。得者而欲以區區一人之言。使民之為慮。

者所期於世人本未嘗厚。

遂大易夫其初者。必無是也。故曰。吾所期於世人者。未嘗厚也。

雖然使不佞一無所期於世人。則是書可以不作。是用竊有冀焉。意或者廷議洶洶之時。其有人焉睪然以思。知其心之所信者。大抵皆遭遇事勢。外緣會合之所成。考之真理。未必遂實。即實矣。而其義又未必盡比附也。知彼之所見聞。所悻悻然執之以為天經地義之弗可畔者。要皆囿於方隅。覩於旦暮之結果。即所謂一心之權衡。所在在反之方寸而安者。亦已陶鑄於學術國土執業門戶宗教以成之。至夫回觀他人。則以陶鑄之不齊。其所謂一心之權衡。與方寸之所安又異。所執以為經義者大殊。則宜知物論之難齊。而是非之生於彼此。夫何必張咫尺之義。遂曰尊所聞而高明乎。使讀者於此而有得也。則不佞是書。或有當於毋固毋必之義。尚庶幾持論者。廓其宏納之虛懷。而以受他山之攻玉。其尤要者。能為持重詳審。而無貽鹵莽滅裂之後菑也。

人之智慮。最為不同。即如群學。或以為有是學。或以為無是學。且不僅以為無是學。一以為罔民。一以為褻天。夫苟褻天而罔民。則不佞是書。庸有當乎。竊嘗謂今人以此等較繁之見象為無學者。猶古人以較簡之見象為無學也。故雖以梭格拉第之睿智聰明。而謂天文物理。乃天命之流行。吉凶災祥所垂戒。以區區生人之智。而欲與於此祕者。必病狂不畏天命之徒而後可。使希臘之耆德。而覩今人所論日局諸書。彼將不獨以為大愚也。且詫為慢神褻天。而不敢近矣。且此意不徒見之上古而已。降及後葉。討論物理立為公例者。即繁有徒矣。而世猶謂安那薩哥拉日行有經諸說。等陽宗於一物。是謂蔑神。加以罪罰。然則其時人心視物理為何等。可以知矣。

古之人謂無機之物不可條理之使有定例。乃今人於有機之物亦然。生理民群。皆從事於有機之物。有官之品者也。吾方以民群之興壞。一切皆本於自然。而政理之寬猛。國勢之強弱。皆有因果之可論。是故帝心天眷。與一切出王游衍之說。舉無所用於其間。然而是說也。自宗教之家觀之。則其心之所感觸。與古希臘之士。見有謂日主非神。特質力推行。同於人間矢溺者。異而實未嘗異也。則見謂蔑天荒教。而欲加之罪罰。又何疑焉。吾輩所以幸而免者。恃今日言語自由之說勝耳。不然。豈有幸哉。

當一千八百七十二年。不佞是書之第二篇。初印行於北美之科學月報也。英相葛來斯敦言於眾曰。❷余近讀某報。論應運生才一事。乃有感焉。凡歷史所記。人事錯迕之秋。常若有一無形之神力。舉豪傑於稠眾之中。畀之以尊顯之權位。使克成一代之豐功。此不謂之天意焉。殆不可也。乃今某報。斥其事為不盡爾。而又薄其事為無奇。然無奇矣。以古代物理之未明。而其事之震竦人心。彼蚩蚩者遂視為彼蒼所位置。觀其說之不能自圓如此。顧此何等語。乃其下筆持論。夷然若道家常。毫不自知其說之駭俗。則尤足怪也。吾意充某報之說而求之。得毋謂古有一時。民之頑愚。雖靈性僅存。幾不足自別於禽獸。獨於此時。知有天道。迨長夜漫漫。已而忽旦。大慧御世。是名格物。而此格物。與天爭衡。而向所謂天道者。乃滅不見乎。猗歟休哉。吾黨幸生此格物昌期。而悟向所凜凜之天道者。乃大夢也。

讀此。則言者之心習可知。顧如此心習。世多有之。不僅葛相一人而已。即葛所言亦不止此。可知此等心習既成。必以吾學為惑世誣民之事。甚或不顧詖詞。與格物之學為反對。此吾黨所當取以為戒者也。他日葛相復於理物浦學館對眾言曰。自天演之學興。於是造物之上帝獲息肩之所矣。亦自萬物有不變之公例。彼鑒觀有赫者。亦從此以無權焉。由此言之。葛之用心。以視希臘古賢。直有過之而無不及。蓋如其言。不獨有機之物。有因果定則之可言者。為其所惡也。即以此言無機之變。將亦彼之所不欲聞。希臘古賢。所以謂格物之學為蔑天者。亦謂由此而造化宰物之權墮耳。今葛相之意。乃正如此。獨不悟使聞者必如此相繩。則可議豈徒天演。即通攝力與一切形氣天學之說皆無所逃。彼數百年以往格物之事。每一進步。而恆為宗教篤舊之家所不容者。其督過亦如是耳。彼葛相寧獨忘之。

**案**。葛來斯敦最信宗教。意以宗教為地維天柱。非此則人道將廢。而世不知為何如世也。故於百年來教力之衰。常抱無窮之戚。前事特其一端而已。自斯賓塞指其與格物為反對。葛頗不自安。復數番致書自解。略謂吾之前言。非與格物為難也。特以謂宗旨所存。末流多過。譬如自自由之說興。而窮凶之孽。或由此作。即持干涉之義者。而民直❸或以見侵。設僕云然。未必遂為自由之反對。抑亦非尚法者之叛徒也。至於天演本宗。僕固未喻。何必為局外之毀乎。與執事各守封疆可耳。無取為之角距也。

雖然。不佞於葛相之言。所為學者舉似者。所以見心習然者。則於群無可以為學。何則。今世所稱為科學者。非多識博聞之謂。必有天序物則。而因果可以相求者也。不寧惟是。將於此見天演之理。**有新舊之相推焉。而其物以化。其為變也不驟。而其生也以亨。豈惟不驟。夫固有欲驟之而不可得者也**。今夫世法之矛盾者不一端。**而有其一時之利用**。蛻嬗之世固如此也。譬如一人之制行。彼未嘗不求於事理也。而委於時命者十五六焉。至於謀國也亦然。曰國運曰天心矣。而其為政也又未嘗不知。必有如是之前因。而乃得加彼之後果。夫物理天數。二義本相滅也。而並容於人心。迭出而間用之。斯不亦至異者歟。而究所由然。則亦天演之所為已耳。往者吾國某王。民所弗愛也。忽有負茲之疾。禱祀與醫藥並殷。及其瘳。民會教堂。稱謝上帝矣。而政府又畀醫者以大封。著其勩焉。其為事正如此。依類為推。則吾國由來之政令。其用意大抵如葛相矣。以豪傑為天之所降任。而應運挺生。以事變為神之所主張。而丁時發見矣。而兩府之議。又蓋必如此而後得其所祈嚮。不如此且將有後災。則亦曰理有必至。勢有固然者耳。讀開會之禱詞。則固曰民無能為。依於神詔矣。而占言從眾之頃。則又若禍胎福基。惟民自立也者。異哉所為。吾常百思而不得其義也。

夫當蛻嬗之秋。民之行事。誠皆如此。其聽神之意。雖不釋於其心。而行事則不必悉委諸天運。然而言學術主義。則其間不可以少假矣。使其論群變也。非悉本科學內外籀之所為。而生理心靈之公例。尚猶有或行或不行者。則其心斷斷乎不可以與於群學。故不佞前謂是編所言。其能入於人心者。於謂有此學之人。其功已寡。至於謂無此學者。則如水沃石已耳。此新學所以必行之綦久。而後有功用之可言也。

雖然。是新學必歷久而後有功者。**未必非吾群之福也**。前謂萬物天演之道。**皆以為變不驟。而其生以亨**。而群亦如此。一時之思理感情。必與其現行之形制有相得者。否則變生。**故無論其群之民品為何如。其中制度。必其所利。亦無論其群之刑政為何等。其民之性情智識。必與相需。夫而後力平而勢靜也**。以吾國今日之民德如此。乃欲求其思慮感情。同於天演甚高之度。此不獨物理所甚難。即其能之。亦未必遂為福也。是故最優之群。**民之智識情欲有其日進者。著之以為其新矣。而亦有其不渝者。守之以沿其舊**。故能保世滋大。而邦以

以下言新學初立而群不即受法不遽變者。其真因在群而未必不為其福。

不傾也。今夫吾英。其所以於宇內為善國。而為古今他群所不及者。即以民之識慮精進。有以為其丕變而謀新。而又有其守若詛盟。以保持其見行之政教與禮俗。彼之力若足以革命。此之力若足以起衰。二者並行。以成其駸駸之進。故為奇也。夫葛相者。以國民之憂樂為憂樂者也。彼以為崇信宗教之心。所繫於民生國命者絕鉅。又謂其事。人與有責。不可一委於教徒也。則倜然以衞道護法自居。雖循前人之覆轍有不顧。然而深觀天演之士。乃於此得群理焉。葛相所持。雖不中理。而民智尚稚之秋。當國者徒欲用其最真之理解。以方柄而納於圓鑿。其勢亦可以為大害。知此則葛相之真出矣。蓋蛻嬗之群。無往而非得半者也。其法制則良窳雜陳。其事功則仁暴相半。其宗教則真妄並行。此雜而不純者。吾英之所有。正如是也。其衝突齟齬。自亂其例。上自國政。下洎學術。所樊然日多者。即以演進方將。損益之以與時偕行之故。義理法則。古之所謂宜者。乃今以世變之更新。而適形其不合。且是之世變。往往即為前時義理法制之所生。特世變矣。而新者未立。舊者仍行。則時形臲卼。設圖新而盡去其舊。又若運會未至而難調。此所以常沿常革方死方生。孰知此雜而不純牴牾衝

**突者。乃為天演之行之真相歟**。蓋觀諸生物。可以悟已。方一物之長成也。其骨幹功能。未有盡合者也。得其始之骨法。而其形以漸充。及其既充。舊之骨法。乃不可用。必陰更潛革。其生乃舒。是故生之進也。於過去未來之間。以為其蛻化。惟酌劑其過去未來之間。故其所為現在。多不盡合也。**海濱有蟲。其類曰互。始游於水。繼走於陸。其在水也。食氣以腮。其在陸也。食氣以肺。方其將為易居也。腮漸廢。肺漸成。於二法之生。舉不甚合也**。惟群之進也亦然。變其刦奪以為通功。其性德有廢有成。故於二法之生。亦不皆合。通功之德未純。則刦奪之性不可以盡廢。向使前蟲。肺未成而或去其腮。則是蟲有死而已矣。故曰是雜而不純牴牾衝突者。乃天演之行之真相也。

有政治。有宗教。有禮俗。仁人之所憂。任士之所勞。所欲為變進。以期於郅治之馨香者。亦眾矣。顧何昧於天演真相者之多也。為其仁。去其暴。為其所是。去其所非。審乎禁過。而不知過之所由生。知舊法之害。而不知舊法之有利。雖然。**是偏倚而無所折中者。其亦生於不得已者耶**。民於所生之群也。夫固各以其所遭。以為其天職。有其攻者。有其守者。有其毀者。有其成者。方其為攻也。非以為所攻者之甚可恨。則其攻也必不勤。方其為守也。非見所守者之甚可愛。則其守也必不力。惟其愛憎之皆過。是以天職之能盡也。故曰民情之偏倚。由於天演之自然。而不能自已也。然不能自已矣。而以為非過。則又不然也。夫民之所以愚者無他。游於形氣之中。為所使而不自知者是已。近者吾英之民智。經數百千年之顛沛拂亂。知人事之不可以一偏勝也。故其為攻也。誠不若他時他國之洶洶。其為守也。亦不若他國他時之蹶蹶。顧篤而論之。大害所存。猶是公聽並觀之心德少也。方其以變古進步為主義也。口有所言。筆有所書。大抵皆舊法之頗謬。民生以之病。國本以之虛。貪饕不仁。其勢若不可以終日。若非取今行之政。一洗而空之。則其國不可以卒治。推其意也。一若政之所以荒。治之所以不進。凡皆當路操政柄者之所為。而吾儕小人。治於人者。固無責也。甲之言曰。自某政之行。而國為之大困矣。乙之言曰。彼持祿保權勢者。何嘗恤民瘼乎。一倡而萬和。終無有人焉。知一政之行。一令之施。固常出於不得已。所譏之政。害固若此矣。而當日者。倘無其利。則安所舉而行之。且大弊之興也。非必以當路之私而致其如此也。上之與下。交有責焉。其端由於一國之民品。惟具瞻之師尹。與訛言之黎庶皆辟。夫而後其禍成而不可救耳。使非其民之無良。則所謂無道之朝廷。何由得一群之歸往乎。必其國能出不義之人。夫而後有不公之刑政。民賊之殘暴不仁固也。顧其所資之手足腹心爪牙。皆出於所治。卒為之鬪。吏為之漁。使其群之民德誠和。彼又烏由面得其羽翼乎。賄之成也。夫固有其行之者。勢之用也。夫固有其怙之者。由是言之。則凡治人者之不仁。皆治於人者之不仁。有以與之相召。物之無對待者。固未有能獨立者也。

是故近世謀新之士。知有所不善矣。而不知其惡根乃己與人所同具者。知有所宜革矣。而不知其中有宜因者。將與所革而俱亡。此在政俗已然。而宗教尤甚。大抵今世之學術。有摧陷廓清之功。而無其長養保持之業。其有所掊擊也。主於發墨箴膏矣。而不知真理非拳拳之服膺。亦無由以盛大也。天下之事物。往往為善惡所共居。形之惡者。其精有善。而精輒附於形以為存。革其形可也。然非寶愛其精。使薪盡火傳。以託於其形之善者。勢將使神明幽敻之端。民不知所託命。將謂事天明鬼諸大事。為群法之所可斁也。故真教一派之傳。必賴心知其意而衞道甚力者。庶幾有為之善守。而至德要道。不致隨所攻而俱亡也。

**是故通夫群學之道。則門戶異同之爭可以息已。**政制之主於君民。宗教之標夫新舊。自吾學以觀之。要皆天演之一時已耳。群學者兼謀新率舊而並存之者也。以言其謀新。雖今之極意更張者。莫能過也。以言其率舊。雖今之力為墨守者。莫與京也。**使知群者乃天演之委形。**其強弱文野。雖萬不齊。而法制功分之閒。各有其時地之相得。故以義觀之。雖極其所謂惡。而是惡者亦必有其所以存。故不惡者轉以不宜而莫用也。故憒憒於專制壓力之感情。雖救時悼世者之所為。而無所容心於吾學。又使知群之演也。**若驟若馳。邃古以來。無動而不變。無時而不遷。雖至於今。**成而不恃。所謂進者。非有遲**也。且加疾焉。**則雖生人祈嚮之最隆。以其不息之行。將有時而自至。況其演進之度。將或出於今人之所不期者耶。**則深根寧極俟焉可耳。**由前之說。雖率舊者有不能也。由後之說。雖謀新者有不逮也。**始於微。終於垺。始於簡而夭。終於繁而壽。明於分之無常。而終始之無故也。是吾與眾今日之所優游者。特一頃之蘧廬已耳。夫奚足與**

以下言通群學則可以息新舊兩家之爭。

語於大方之家。故曰年不可舉。時不可止。不可止。故其功至漸。而為變之量常無窮。不可舉。故其境屢遷。而至美之程。不可以驟跂。

得吾說而存之。彼兩家之難可以解。夫維新之急者。有所鄙也。守舊之篤者。有所懼也。惟群學通則蘄與懼皆可以稍弛。蓋深知夫群之差數功分。皆取決於其民德之何如。使本弱也。而忽強。本貧也而忽富。本僿野也。而忽文明。必無是也。❹民德未孚。雖以術為之。久乃廢耳。又使知政刑禮俗。所以成其如是者。一一皆有其本源。則圖進步者。知舊法皆有一時之最宜。言率由者。知成功者之宜退。如此則公輸之攻可以稍緩。而墨翟之守亦可以息肩已。是故用天演之說以言群者。將所以除憤解嚚。而使出於中庸之道而已。

於是有起而難者曰。信如斯言。則一群之所為。將一一皆依於天演矣。然則宗教。將無所爭其清濁。學術將無所別其醇疵。而一切教養之功可以廢。何則。天演有程。而人事無權故也。則不佞將敬應之曰。斯言也。類是而實非者也。何以言其類是而實非也。蓋使是書一十六篇之所發明者而信。則一群之內。使外緣無異於初。天演有必趨之程。非人事所可以大易。固也。然亦自天演之行也。人人之言行。

受範於其群矣。而又有範進其群之能力。積微成著。而其群之休戚盛衰從之。且夫人事。自其正而言之。其所以造群者猶小耳。苟自其負以言乎。則損益之差為絕鉅矣。何言夫其正。天演有程。而時不可舉。雖有至美之政。至善之教。而群之進也。以人格之不可以大踰。亦特如其所當然而已。不能驟變而速化也。故曰小也。獨至紛擾而戕伐。局束而箝制。則一群之生。可以速敗。故曰自其負。則為差鉅也。此察之一物之生可以自得者也。慈母之於其子也。意閔閔然。噢咻撫循。無所不至也。顧其生也有經。其長也有節。苟失其節。且以為疾。極悲智二者之所為。時飲食。謹教誨。善其所接之外緣至矣。蔑以加矣。假有人焉。欲其子之委矬聾盲。抑使負終身之惡疾。而無以遂其生。則其事固甚易。此其事出於不仁者寡。而出於不智者多。此生理之學所為不可已也。嗟夫。吾群學之於群。猶生學之於生已。亦審於群變因果之間。去其所以害群者而已。如曰助苗之長。則非不佞之所有事者也。

以下結束全書而與熱

竊懼聞者以吾言為無以答其憤悱也。世固有熱心鋒氣之家。謂人道為可以急進。民智之蒙者吾其開之。群制之非者吾其革之。天下事固大可為。而河之清誰能俟。則其聞此書之說。而以吾為沮也亦宜。蓋使生人之至樂。既不可以術而強致。而他日者。又將不速而自來也。則吾何為而汲汲顧影乎。

心世道者為慰藉之詞。

**凡侈於希望者。與之為篤論。未有不敗意者也。**雖然。顧所言之虛實耳。使所言而為真理也。則忠告者寧無補乎。人之自穉而至壯也。豈不欲其速成。而無如其術。必積歲月錙銖之長。而後遂其自然之生。今夫群者。有生之大物也。由其淺演以進乎其深。必俟層累之蛻化。此亦理之無可如何者也。雖然。使曠然而觀夫化之大同。**則一成而不可毀。至大而不可圍也。亦曰積其眾微。以為其埒而已矣。夫積微為埒者。惟天演能之。**大地之海陸。其積為此形者。其為時殆不可計。而歲月之間。世之人且以為無變也。物類之不齊。雖聖者莫能舉其數。而種衍之代異。世之人殆弗之覺也。是故有道之士。**得物之理矣。則降心以從之。**今夫理之至堅者。莫如玉石矣。而光浪者無形之物也。然以照臨之久。而質理以移。最初之動物。本無目也。得光浪之施。而視官漸出。**人之處於其群。猶質點之居於物體也。將使變其舊理。而即乎其新。**則思理感情之動乎其心。言語事功之形於其外。所以眾小不勝以為大勝者。其真積力久之功。又可悟已。欲不如是而速化者妄也。聞其如是而自沮者愚也。

是故喜功之子。常必有無窮之希望。而後有以鼓其精神。此於其群。固亦有一節之用。而聖哲之士。則願不必如是其已奢。而其赴功也曰恆與漸。知一人一世。所能就之固微。然不可以其微而遂廢。其弘毅者其仁。其寧靜者其智。合仁與智。此所以為群所待命者歟。

## 附註

❶ 謹案中國所謂天字乃名學所謂歧義之名。最病思理而起爭端。以神理言之上帝。以形下言之蒼昊。至於無所為作而有因果之形氣。雖有因果而不可得言之。適偶西文各有異字。而中國常語皆謂之天如此書天意天字則第一義也。天演天字則第三義也。皆絕不相謀必不可混者也。

❷ 見本年五月十五號倫敦朝日報。

❸ 即俗所謂權利與他書所稱民權。

❹ 其有外力逼桚者論稍異此。

# 群學肄言譯名表

## 二劃

丁圖禮　Tindal

丁德爾　Tyndall，英物理學家，生於 1820 年，卒於 1893 年。

二量空間之說　Hypothetical beings occupying space of two dimensions

人手天指　La Main del l'Homme et le Doigt de Diew

刁錫大第　Thucydides，古亞典史家。

## 三劃

么匿　Unit

大希濱島　Tahitians

大食之民　Arabs，指阿拉伯種而言。

大經　Generality

大闢　David

山蒙納長老　Archbishop Sumner

## 四劃

丹麥王子罕謨勒　Hamlet

丹檢　Duc d'Enghien

什吉思　Sikhs

今有（第佗）　Data

內景之學（腓支阿洛志）　Physiology

公黨　Radical

分功　Division of labour

厄達訥　Athanasian Creed

天方夜譚　Arabian Nights' Entertainments

太晤士報　*Times*

太歲　Jupiter

巴士基　Duc d'Audiffret-Pasquier

巴布亞　Papuans

巴伯芝　Babbage

巴則洛提　Barzellotti

巴特　Bate

巴斯基　Basques

巴斯噶爾　Pascal，法數學家，生於1623年，卒於1662年。

巴爾古黎　Gifford Palgrave

戈白　Cobbett，頁二六七作柯柏。

方維術　The Value of Quaternions，數術中之四元法。

日耳曼　Germany

毛祿　Moltke，德名將，生於 1800 年，卒於 1891 年。

毛舉　Speciality

木卉　Rigidity

牛德階　Newdegate

## 五劃

以色列　Israel

加多力　Catholic

加理方尼亞　California

加達支那土番　Cartagena natives

北海　North Sea

古冷漠爾　Cranmer，英改革家，生於1489年，卒於1556年。

古來翰　Graham，英化學家，生於1805年，卒於1869年。

古魯泔　Cruickshank

古魯維　Grove

奴約　New York，今譯紐約。

尼可拉孫　Nicholson

尼孤路　Negro

尼祿河　Nile

布拉索　Brussels

布法之戰　Franco-Prussian War，1870 年。

布勒敦　Burton

布崙　Brown，今譯布拉文。

布崙尼　Boulogne

布爾　Boole

布爾多　Bordeaux

布爾敦　Captain Burton

布魯蘇　Brussels，今譯布魯塞爾。

布羅諦　Brodie

弗洛登　Flodden

弗烈大力　Frederick I，普魯士王，生於 1688 年，卒於 1740 年。

必妥文　Beethoven

本源黨　Radical，今譯急進黨。

札克孫　Jackson

民約　Social Contract

玄科　Abstract Science

玄學　Abstract science

瓦爾特　Walter

瓦德　Watt，蘇格蘭發明家，生於 1736 年，卒於 1819 年。

白察理　Charles Bell

## 六劃

伊朮　Æsop

伊敦　Eton

伊番和　Ivanhoe

伊陽　Dr. Young，英物理學家，生於1773年，卒於1829年。

伊爾英　Washington Irving，今譯歐文，美國大文學家。

伊謨孫　Emerson

休美勒　Hugh Miller，蘇格蘭地質學家及著作家，生於1802年，卒於1856年。

伏烈德力　Frederick（the great），德王，生於1712年，卒於1786年。

匈奴　Huns

印度湼叵羅王　Nepaul king

吉賁　Gibbon，英史家，生於1737年，卒於1794年。

吐盧　Toulose

地亞士　M. Thiers，法政治家，生於1797年，卒於1877年，今譯退耳。

地動公例　Theory of Earthquakes

多罕　Durham

多明戈　St. Domingo

安伹曼　Andamanese

安那薩哥拉　Anaxagoras

安得祿　St. Andrews

安蒙斯昜登　Amsterdam，今譯阿姆斯特丹。

成章　Conclusion

汗德　Kant，今譯康德，德國大哲學家。

汕椎芝（檀香山）　Sandwich Islanders

老沐猴　An old ape

考文特理織工　Coventry-weavers

西和特　Seaford fort

西班牙　Spain

西新金山　Western Australia

## 七劃

亨蒙和志　Helmholtz，德物理學家，生於 1821 年，卒於 1894 年。

佛轂生　Adam Ferguson

克齊卡佛　Kirchhoff，德物理學家，生於 1824 年，卒於 1887 年。

克噶希亞　Circassians

利遏德　Riad

希伯來　Hebrew

李什斯特　Leicester，今譯勒司特，依利薩白后之親信，生於 1533 年，卒於 1588 年。

李登　Canon Liddon

杜克巴特　Dr. Batty Tuke

沙栗斯　Lord Salisbury，英相，生於 1830 年，卒於 1903 年。

沙斐支　Savage

沙摩亞　Samoa

沐禮直　Meredith，英將。

罕彌勒登　Hamilton，蘇格蘭數學家，生於 1805 年，卒於 1865 年。

谷加　Kooka

身毒　India，即印度。

身毒嗎拉巴爾　Hindus of Malabar

那弗島　Norfolk Island

忒司瑪尼亞　Tasmanian devil

忒德　Tait，蘇格蘭數學家，生於 1831 年，卒於 1901 年。

## 八劃

亞山埠　Alexandria

亞加孟諾　Agamemnon

亞利烏巴穀　Areopagus

亞敘利　Assyrians

亞理斯多德　Aristotle，希臘大哲學家，生於紀元前 384 年，卒於 322 年。

亞幾黎　Achilles

亞斯吉摩　Eskimo

亞達那獻派　Athanasian，頁一〇七作厄達納。

亞漠士　Amos

亞爾芝　Algiers

來貽　Ray

咀勒　Joule

咀斯　Zeus

呼刻爾　Hooker

和蘭　Holland，今譯荷蘭。

奈端　Newton，英國大科學家，生於 1642 年，卒於 1727 年。

奈德士　Knight

姑烈　Greg

宗教群法　Ecclesiastical Policy

庚特巴黑教寺　Canterbury Cathedral

底亞斯　H. Thiers，頁五四作地亞士。

拉不拉斯　Laplace，頁三二作賴不拉斯。

拉芳德　La Vendée
拉體諾　Latin
拉體諾那曼德　Latin and Norman
拂洛牴　Count Frotté
拂特之制　Feudalism
拂箖　Frank
拓都　Aggregate
拔可爾　Buckle，英史家，生於 1821 年，卒於 1862 年。
明體　Intuitive
東海紐西蘭島民　New Zealanders
林肯　Lincoln
析光陸離圖（斯辟脫拉）　Spectroscope
武芝　Wurtz，頁二二〇作武邇士。
波羅忒斯坦　Protestant
法刺地　Faraday，英化學家及物理學家，生於 1791 年，卒於 1867 年。
物蔽　Objective difficulties
知難　Difficulties of the social science
竺乾　India
芝那卜　Chenaub
芝諾芬　Xenophon，希臘名人，生於紀元前 445 年，卒

於 355 年。

花巴安　W. Fairbairn

芬奢　Funchal

近因　Proximate cause; apparent cause

近果　Proximate result; immediate result

長白山（阿爾卑斯山）　Alps

阿伯拉罕　Abraham

阿克爾　Acre

阿里森　Alison

阿拉　Allah，回教上帝之稱。

阿剌　Allah，頁一一七作阿拉。

阿泊沁尼亞　Abyssinia

阿富汗　Afghanistan

阿雅克斯　Ajax

阿節達　Ojida

阿爾布達　Albertus

阿爾弗烈　Alfred，撒克遜王，生於 849 年，卒於 901 年。

阿爾谷　Sir Rutherford Alcock

阿爾得尼　Alderney harbour

阿墨宗　Amazons

非支島蠻　Fijians

## 九劃

便尼　Penny，今譯辨士。

保黨　Tory

哈均思　Huggins，英天文學家，生於 1824 年，卒於 1910 年。

哈務德　Howard

哈術　Nature of the social science

哈麥特　Hamite

哈敦　Hutton

哈爾維　Harvey

哈蘭　Hallam，英史家及批評家，生於 1777 年，卒於 1859 年。

威力思　Wells

威士理　Wesley，美以美教派之創造者，生於 1703 年，卒於 1791 年。

威林吞　Wellington，英國名將，生於 1769 年，卒於 1852 年。

威林頓　Wellington，頁二三作威林吞。

威智勒　Virgil

威廉　Frederick Wilhelm，德王，生於 1744 年，卒於

年。

威廉　William of Normandy，英王，生於 1027 年，卒於 1087 年。

威廉生　Williamson

帝制可毀，立憲可更，而幕府常無恙。　Empires fall, Ministries pass away, but Bureaux remain.

思理發微　Investigation of the Laws of Thought

恪布林　Coblentz，今譯科不林士。

政惑　The Political Bias

柯柏　Cobbett，英著作家，生於 1762 年，卒於 1835 年。

柯恩　Cohn

查塞律　Michel Chasles，法幾何學家，生於 1793 年，卒於 1880 年。

查辣特島　Queen Charlotte's Island

流梏　The Class-Bias

洛克　Locke，英哲學家，生於 1632 年，卒於 1704 年。

洛克傳　Alton Locke

洛克爾　Lockyer，英天文學家，生於1836年，卒於1920 年。

為人之教　The religion of amity

為己　Egoism

為己之教　The religion of enmity

約瑟　Joseph

約翰候失勒　Sir John Herschel，德人，維廉之子，生於1792 年，卒於 1871 年。

耶方斯　Jevons，英國經濟學家。

耶哇　Jaffa，今譯札發

胡里芝　Woolwich

若耳治第二　George II，英王，生於1683年，卒於1760年。

若耳治第三　George III，頁三十作維廉若耳治。

計學　Political economy

述神　Preparation in Psychology

迪克森　Dickson

## 十劃

郎波拉疫　Fevers at Lord Londesborough's

韋尼巴　Winnebah

韋理森　Wilson

韋爾周　Virchow，今譯微耳和，德病理學家，生於 1821 年，卒於 1902 年。

飛支　Fiji

倭巴米爾　Obermier

倭拉斯頓　Wollaston

倪而遜　Nelson，英之海軍提督，生於 1758 年，卒於 1805 年。

剛奴特　Canute，英王，生於 994 年，卒於 1035 年。

剛柏達　Gambetta，法政治家，生於 1838 年，卒於 1882 年，今譯甘必大。

原行　Element

原富　*The Wealth of Nations*

哥侖伯　Columbus

唆廬　Saul

奚樂格　Shylock

師之心力察德之戰沙刺丁　Cœur-de-Lion fighting Saladin

恭牟尼　Commune

恭德　Comte，今譯孔德，法哲學家，生於 1798 年，卒於 1857 年。

拿破崙　Napoleon，法王，生於 1769 年，卒於 1821 年。

格里遼　Galilei，意大利大科學家，生於 1564 年，卒於 1642 年。

格來斯敦　Gladstone，英政治家，生於 1809 年，卒於 1898 年。

格致之家　Scientific men

格倫　Gallon，量名，今譯加倫。

格勞塞士特車輛公司　Gloucester Waggon Company

泰蒙時報　*Time*

烏利時　Ulysses

烏託邦　Utopia

狹斯丕爾　Shakespeare，英之戲劇家及詩人，生於 1564 年，卒於 1616 年。

班陽　Bunyan，英著作家，生於 1628 年，卒於 1688 年。

班養　Bunyan，頁二三八作班陽。

砭愚　Our need of it

納波羅　Naples，今譯那不勒斯。

荊士理　Canon Kingsley，英教士及小說家，生於 1819 年，卒於 1875 年。

馬克樂　Donald M'Leod

馬拉頓　Marathon（battle of），紀元前 490 年。

馬是　Gerald Massey，英詩人，生於 1828 年，卒於 1907 年。

馬理　Mary

馬歌諾支　Maconochie

高加索　Caucasian

高懷利之變　Gowrie Conspiracy

## 十一劃

勒斯黎　Leslie

國拘　The Bias of Patriotism

培因　Bain，蘇格蘭人，生於 1818 年，卒於 1903 年。

密德塞　Middlesex

密德福　Mitford，英著作家，生於1787年，卒於1855年。

常伯爾世爵　Comte de Chambord

常沐伯　Schomberg

康摩律　Cromwell，今譯克倫威爾，英國共和政治首領，生於 1599 年，卒於 1658 年。

情瞀　Emotional

教辟　The Theological Bias

條頓　Teutons

清淨黨　Puritans

理以禮　Lyell，英地質學家，生於1797年，卒於1875年。

理物浦學館　Liverpool College

理查德第二　Richard the Second，英王，生於 1367 年，卒於 1400 年。

理塞古　Lycurgus，斯巴坦之古代立法官，約生於紀元前九世紀。

理溫斯敦　Livingstone，蘇格蘭探險家，生於 1813 年，卒於 1873 年。

理德　Reed

畢斯麻克　Bismark，今譯俾斯麥，德政治家，生於 1815 年，卒於 1898 年。

痕都　Hindu

第勒威廉　William Teller

脫來法加之戰　Battle of Trafalgar，1805 年。

脫來斯特　Trieste

脫理夫植　Travethick

莫斯科洼　Moscow

訥白爾　Napier

通攝力說　Law of Gravitation

陰格理　Ingres，法畫家，生於 1780 年，卒於 1867 年。

鹿林　Lorraine

麥音之法　Maine Law

## 十二劃

喻術　Nature of the Social Science

凱徹　Caesar，羅馬政治家，生於紀元前百年，死於紀元前 44 年。

勞理彼得　Sir Peter Laurie

喀拉遜　Clarkson

堪白蘭　Cumberland

彭丹佐治　George Bentham

彭尼爾律　Penal Statutes，刑法。

彭贊斯　Penzance

斐拉　Fellah，埃及之農夫。

斯巴丹　Sparta

斯丕克　Speke

斯考德　Sir Walter Scott，蘇格蘭小說家及詩人，生於 1771 年，卒於 1832 年。

斯克格　Dr. Stark

斯密　Adam Smith，蘇格蘭經濟學家，生於 1723 年，卒於 1790 年。

斯密威良　William Smith，英地質學家，生於 1769 年，卒於 1839 年。

斯密歷山大　Alexander Smith

斯爾威斯特　Sylvester，英數學家，生於 1814 年，卒於 1897 年。

斯賓塞　Herbert Spencer，英哲學家，生於 1820 年，卒於 1903 年。

斯摩勒　Smollett

斯璧特　Spithead

普洛特爾　Proctor

智絯　Intellectual

森約翰　St. John

湯孫威廉　Sir W. Thomson，英數學家及物理學家，生於 1824 年，卒於 1907 年。

淯　Incoherence

腓尼加　Phoenicia

華哈伯　Wahhab

華效卑　Wahhabee

華理　Whalley

華禮士　Wallace，英國大生物學家，生於 1823 年，卒於 1913 年。

著科　Concrete Science

費扆　Faye，法天文學家，生於 1814 年，卒於 1902 年。

鄂布查德　Amy Robsart

鄂崙　Rhone，今譯龍河。

鄂謨　Homer，希臘詩人。

鄉邑清訟局　County Courts

開事律　Case laws，事律。

閒科　Organic Science
雅占恪　Agincourt
雅各　King James，英王，生於 1566 年，卒於 1625 年。
雅美加　Jamaica
雅訥瑪豆　Matthew Arnold，今譯亞諾爾特，英批評家，生於 1822 年，卒於 1888 年。
雅墨加　Jamaica
雅覺訥特　Juggernaut
黑子　Solar spots
黑林　Black Forest
黑海　Euxine
軹首鶯　Two-headed nightingale
涅伏（腦氣筋）　Nerve-trunks

## 十三劃

幹局　Structure
愛爾蘭　Ireland
愛爾蘭　Irish
愛德華　Milne Edwards
愛德華第三　Edward III，英王，生於 1312 年，卒於 1377 年。

溫則　Winchester

葉舒會　Society of Jesus

葛來斯敦　Gladstone，頁二二四作格來斯敦。

葛蘭活特世爵　Lord Cranworth

該理　Cayley

路益斯　Mr. G. H. Lewes

達用　Utilitarian

達那亞　Tanoa

達費　Davy，英化學家，生於 1778 年，卒於 1829 年。

達爾文　Darwin，英國大生物學家，生於 1731 年，卒於 1802 年。

達爾背　Derby，英人。

達爾敦　Dalton，英化學家，生於 1766 年，卒於 1844 年。

## 十四劃

嘉來勒　Carlyle，蘇格蘭史家，生於 1795 年，卒於 1881 年。

嘉提勒　Captain Carteret

嘉德　Dr. Carter

察理第一　Charles I，英王，生於 1600 年，卒於 1649 年。

歌白尼之日局論　Copernican Theory of the Solar System. 歌氏為波蘭天文學家，生於 1473 年，卒於 1543 年。

歌萬　Cowan

漢薩得　Hansard

瑪可里　Macaulay，英史家，生於1800年，卒於1859年。

瑪烈　Mallet

福克爾　Hooker，英植物學家，生於1817年，卒於1911年。

福格思　W. J. Fox

福勒茨　Joseph Fletcher

福勞特　Froude

窩得祿　Waterloo，頁二三作窩得路。

維尼斯　Venice，意城。

維陀休固　Victor Hugo，今譯囂俄，法國大文豪，生於1802年，卒於1885年。

維廉侯失勒　Sir William Herschel，德人，生於1738年，卒於1822年。

維廉若耳治　George III，英王，生於1738年，卒於1820年。

蓉莉　Curry powder，今譯加利粉。

蒙德新奴　Montesinos

赫什爾　Dr. Hessel

赫胥黎　Huxley，英生物學家，生於1825年，卒於1895年。

赫蔓孫　Mr. Jonathan Hutchinson

輕息母本　Cheap capital

遠因　Original cause
遠果　Remote result

## 十五劃

噴矢譏誹之報　Punch
德和氏　Defoe，英著作家，生於 1659 年，卒於 1731 年。
摩庚（摩根）　De Morgan
摩理哈斯　Mauritius
摩辟利埃　Mobilier
摩閼伯　Moabite
撒遜　Saxon
撒穆爾　Samuel
穀格　Cook，英航海家，生於 1728 年，卒於 1779 年。
穀羅特　Grote，英史家，生於 1794 年，卒於 1871 年。
羯羅崛闍　Calcutta
質學導論　Introduction to Chemical Philosophy
魯密里　Romilly，英法律家，生於 1757 年，卒於 1818 年。
鋠驗之科（安那托美）　Anatomy
麪黎　Bread，今譯麵包。
嘐羅斯　Russia，即今俄國。

## 十六劃

歷山埠　Alexandria

噶來爾　Carlisle

學詖　The Educational Bias

憲生　Preparation in Biology

戰栗黨人　The Quaker

撻實圖　Tacitus，羅馬史家。

燕湼爾　Jenner，今譯勤納，英醫士，生於 1749 年，卒於 1823 年。

盧來德　Wright

盧侖和特　Rumford

盧拔　Roebuck

盧騷　Rousseau

穆拉貝　Mourad-Bey

穆勒　John Stuart Mill，今譯彌爾，英哲學家及經濟學家，生於 1806 年，卒於 1873 年。

穆護　Mahomet，回教之創造者，生於570年，卒於632年。

穌馬理　Somali

糖燒　Gin，酒名。

翰密登　Sir W. R. Hamilton，頁二一作罕彌勒登。

諾曼　Normans

賴不拉斯　Laplace，法數學家及天文學家，生於 1749 年，卒於 1827 年，今譯拉普拉斯。

賴查魯　Lazarus

錫域爾律　Civil Laws，民法。

衛湼　Werner

## 十七劃

龍巴哈都　Rum Bahadur

闞伯刺的弗　'Abd-el-Lateef

嬰什戈　Enciso

嬰匪毒之白人　The white infidel

彌勒登　Milton，今譯密爾頓，英詩人，生於 1608 年，卒於 1674 年。

戴惟士　Dives

## 十八劃

繕性　Discipline

聶梅碩斯　Nemesis

藍馬克　Lamarck，法國大生物學家，生於 1744 年，卒於 1829 年。

藍欽　Rankine

藍蒙西　Ramsay，蘇格蘭化學家，生於 1852 年，卒於 1916 年。

雜質　Compound

額里查白　Queen Elizabeth，英后，生於 1533 年，卒於 1603 年，今譯依利薩白。

額羅孟加　Erromanga

額蘭葯　Atlantic 今譯大西洋。

## 十九劃

懷庚　Huyghens

羅若拉　Loyola

羅捷　Roget

羹脯　Beef，今譯牛肉。

## 二十劃

懸擬（海卜梯思）　Hypothesis

蘇格拉第　Socrates，希臘哲學家，生於紀元前 469 年，卒於紀元前 399 年。

## 二十一劃

護商律　Anti-Corn-Law

護登都　Hottentot

## 二十五劃

顯理第七　Henry VII，英王，生於1457年，卒於1509年。

嚴復先生翻譯名著叢刊

# 群學肄言

作者◆赫伯特・斯賓塞 Herbert Spencer
譯者◆嚴復

發行人◆王學哲
總編輯◆方鵬程
主編◆葉幗英
責任編輯◆吳素慧
校對◆吳娟
美術設計◆吳郁婷

出版發行：臺灣商務印書館股份有限公司
台北市重慶南路一段三十七號
電話：（02）2371-3712
讀者服務專線：0800056196
郵撥：0000165-1
網路書店：www.cptw.com.tw
E-mail：ecptw.cptw.com.tw
網址：www.cptw.com.tw

局版北市業字第 993 號
臺一版一刷：1970 年 4 月
臺二版一刷：2009 年 8 月
定價：新台幣 300 元

ISBN 978-957-05-2392-8

群學肄言 ／ 赫伯特・斯賓塞（Herbert Spencer）
著：嚴復譯.
臺二版. -- 臺北市：臺灣商務， 2009.08
面 ； 公分. --（嚴復先生翻譯名著叢刊）
譯自：*The Study of Sociology*
ISBN 978-957-05-2392-8（平裝）.

1. 社會學　2. 方法論

540.2　98009375

《天演論》
作者　托馬斯・亨利・赫胥黎
譯者　嚴　復
定價　**180 元**(平裝)・**280 元**(精裝)
叢書　嚴復先生翻譯名著叢刊

嚴復譯述《天演論》不是純粹直譯，而是有評論、有發揮。他將《天演論》導言分為 18 篇、論文分為 17 篇，分別冠以篇名，並對其中 28 篇加了按語。嚴復在按語中指出，植物、動物中都不乏生存競爭、適者生存、不適者淘汰的例子，人類亦然。人類競爭其勝負不在人數之多寡，而在其種其力之強弱。

---

《社會通詮》
作者　愛德華・甄克思
譯者　嚴復
定價　**250 元**(平裝)・**350 元**(精裝)
叢書　嚴復先生翻譯名著叢刊

此書實際上講的是政治進化史。甄克思認為，在宗法社會和國家社會(即軍國社會)之間存在著一個“拂特之制”(feudelism，今譯封建制度)的時期。受到甄克思這種進化史觀的影響，嚴復認為當時的中國終於進入軍國社會階段，屬於七分宗法、三分軍國性質的國家。

《名學淺說》

作者　威廉・史坦利・耶方斯

譯者　嚴復

定價　**250 元**(平裝)・**350 元**(精裝)

叢書　嚴復先生翻譯名著叢刊

為傳播西方思潮，嚴復首次將耶方斯的 *Primer of Logic* 譯介至中國，此書概括傳統邏輯的所有問題，嚴復以「名學」二字譯稱西方邏輯（Logic）之學，開啟後來中國邏輯課程的授課之門。嚴復的譯述以半文言文，中間意恉，承用原書；引喻設譬，則多用己意，此書更推動時人對西方邏輯思想的認識。

---

《群己權界論》

作者　約翰・斯圖亞特・穆勒

譯者　嚴復

定價　**180 元**(平裝)・**280 元**(精裝)

叢書　嚴復先生翻譯名著叢刊

嚴復以「自繇」二字譯述穆勒對個人尊嚴與自由的想法，由一人一己之自繇，乃至一會一黨之群體，須明白群己權限之劃分，使不偏於國群而壓制小己，亦不袒護小己而使國群受害，並強調自由民主制度的實施其實是涉及一個國家的形勢與國民程度。對於自由的內涵、個人與群體、公域與私域間的權界，析論分明。

# 讀者回函卡

感謝您對本館的支持，為加強對您的服務，請填妥此卡，免付郵資寄回，可隨時收到本館最新出版訊息，及享受各種優惠。

姓名：________________________ 性別：□男 □女

出生日期：____年____月____日

職業：□學生 □公務（含軍警） □家管 □服務 □金融 □製造
□資訊 □大眾傳播 □自由業 □農漁牧 □退休 □其他

學歷：□高中以下（含高中） □大專 □研究所（含以上）

地址：________________________________________

________________________________________

電話：（H）____________________（O）____________________

E-mail:________________________________________

購買書名：________________________________________

您從何處得知本書？

□書店 □報紙廣告 □報紙專欄 □雜誌廣告 □DM廣告
□傳單 □親友介紹 □電視廣播 □其他

您對本書的意見？（A/滿意 B/尚可 C/需改進）

內容 ______ 編輯 ______ 校對______ 翻譯 ______

封面設計______ 價格______ 其他 ____________________

您的建議：

________________________________________

________________________________________

________________________________________

臺灣商務印書館

台北市重慶南路一段三十七號 電話：（02）23713712轉分機50~57

讀者服務專線：0800056196 傳真：（02）23710274

郵撥：0000165-1號 E-mail：ecptw@cptw.com.tw

網路書店網址：www.cptw.com.tw